Horizontes:
Cultura y literatura

TERCERA EDICIÓN

Graciela Ascarrunz Gilman

University of California, Santa Barbara

Carmen Benito-Vessels

University of Maryland, College Park

 HH **HEINLE & HEINLE PUBLISHERS**

I(T)P

Boston, Massachusetts 02116, U.S.A.
A Division of International Thomson Publishing, Inc.
The ITP logo is a trademark under license.

*Boston • Albany • Bonn • Cincinnati • Detroit • Madrid • Melbourne • Mexico City
New York • Paris • San Francisco • Singapore • Tokyo • Toronto • Washington*

The publication of *Horizontes: Cultura y literatura* was directed by the members of the Heinle & Heinle College Foreign Language Publishing Team:

Wendy Nelson, Editorial Director
Amy R. Terrell, Market Development Director
Gabrielle B. McDonald, Production Services Coordinator

Also participating in the publication of this program were:

Publisher: Vincent Duggan
Managing Editor: Beth Kramer
Associate Developmental Editor: Amy M. Jennings
Project Manager: Kristin Swanson
Photo/Video Specialist: Jonathan Stark
Assistant Editor: George Lang
Associate Market Development Director: Melissa Tingley
Production Assistant: Lisa Winkler
Manufacturing Coordinator: Wendy Kilborn
Photo Coordinator: Lisa Winkler
Interior Designer: Margaret Ong Tsao
Cover and Back Photos: Ulrike Welsch
Cover Designer: Dina Barsky

Library of Congress Cataloging-in-Publication Data

Gilman, Graciela Ascarrunz,
     Horizontes: Cultura y literatura / Graciela Ascarrunz Gilman.
   Carmen Benito-Vessels. — 3rd ed.
        p.   cm.
     Includes index.
     ISBN 0-8384-7258-3
     1. Spanish language—Readers—Civilization, Hispanic.
   2. Civilization, Hispanic.   I. Sugano, Marian Zwerling, 1951–
   II. Benito-Vessels, Carmen.   III. Title.
   PC4124.C5654   1996
   468.6'421—dc20

Manufactured in the United States of America

ISBN: 0-8384-7258-3
10 9 8 7 6 5 4 3 2

Contenido

Preface

TO THE STUDENT

The book you have in your hands complements the *Horizontes: Gramática y conversación* textbook. These volumes, together with a workbook/laboratory manual *(Manual de ejercicios y de laboratorio)* and a series of cassette tapes, make up a program designed to help you climb the proficiency ladder from elementary to advanced Spanish at the college level. The *Horizontes* program takes you through a complete review of what you learned in beginning Spanish classes and creates a new learning environment for you to explore. It provides appropriate new materials to meet your needs and interests as you continue your study of Spanish.

Horizontes: Cultura y literatura is designed, as its title suggests, to lead you to places where you might realistically expect to use all the grammar and vocabulary you have spent the past year learning. People typically acquire new language skills so they can appreciate the culture of the people who live the language. A marvelous part of that culture is expressed through art and the written word. This *Horizontes* text will introduce you to what we think is an exciting sample of the way native speakers of Spanish use their language to record the way they think, act, and feel in situations ranging from the daily preoccupations of city life to the profound expression of traditions and myths.

Fourteen readings in this third edition are different from those of the second edition. They have been taken from recent newspaper and magazine articles, as well as from collections of short stories, essays, and poetry. In our selection, we have tried to give you a taste of the wide range of cultural and literary expressions in the Spanish speaking world from Spain to Mexico and throughout Latin America to the many places in the United States where Spanish speakers have made their homes.

Each of the ten chapters in *Horizontes: Cultura y literatura* reflects the theme of the corresponding lesson in *Horizontes: Gramática y conversación*. Exercises and oral activities for each of the readings are meant to help you build on the speaking skills you are working on in the grammar portion of your course. This will hold true whether your teacher has chosen to use the reader as a partner to the *Horizontes* grammar text or independently.

Perhaps you have purchased this reader for a culture and civilization course or for a conversation-only class. If so, your teacher made a good choice. We designed the culture and literature component of our program to be flexible enough to meet many diverse needs. For whatever kind of course, *Horizontes: Cultura y literatura* is aimed at a single goal: to help you become a better speaker of Spanish. Reading proficiency is part of the language-learning task and your proficiency and understanding are increased by discussion both before and after your reading. We hope that you will enjoy what you read and will want to talk about your reactions afterward, in your increasingly fluent Spanish.

TEXT ORGANIZATION

A word of explanation about the way we have organized *Horizontes: Cultura y literatura:*

PRIMEROS PASOS

We added this part to the second edition to introduce the chapter's theme with realia; that is, visually stimulating authentic uses of the Spanish printed word taken from many aspects of the Hispanic world. This section includes conversation exercises we call *¡Observemos!, ¡Charlemos!,* or *Puntos de vista.* Their purpose is to prepare you for the subject matter of the reading selections in each chapter.

PREPÁRESE A LEER

Each *Lectura* is introduced with a prereading activity consisting of a text and conversation exercises. These might be designed around surveys, grammar charts, and other exercises, all of which should remind you of particular aspects of the *Lectura* to take into account while reading. We know that students typically find it difficult to follow the sense of a sustained reading, so we also give you some tips on how to approach the understanding of each text. And because reading is nothing if not the recognition and comprehension of words, we provide you with a list of what we think is essential *Vocabulario* for both the reading and for communication with fellow students in class afterward.

¿SABÍA UD. QUE...?

This section is a kind of elaborated footnote that explains cultural points found in the readings. We have highlighted interesting social, historical, literary, or linguistic concepts, the understanding of which are necessary for a particular passage of the text. They are also interesting notes in themselves.

¡A LEER!

Each lesson presents several magazine articles, one or two literary prose pieces, and one or more poems. Some of the readings are more challenging than others. We leave it to your teacher to select those you might best be expected to handle and enjoy.

DESPUÉS DE LEER

We have been where you are at this stage of your language learning and we know how you are likely to feel when you have worked your way to the end of the selection and are left thinking, "Well, that was interesting, but what does it mean?" So after each reading we have provided comprehension and creative activities. One type tests how well you understood the basic facts: who did what to whom, where, and what happened? The other kind lets you respond with your imagination and reveals ways in which you can become a more effective reader.

¡Charlemos!, for example, stresses your ability to say what you think—in Spanish, of course. This calls for spontaneous, creative responses to the readings.

Situaciones and *Actividades* emphasize the way Spanish can be used in practical situations such as interviews, genuine conversations, and in-depth discussions of specific topics.

Puntos de vista and *Temas de reflexión* let you expand on ideas introduced in the readings, perhaps in conversation with classmates or in individual class presentations. You are invited to think for yourself here and to draw on personal experience to discuss aspects of the lesson theme.

Through the pleasure of reading *Horizontes: Cultura y literatura* you will have the opportunity to explore the fascinating cultural world of Spanish. This is one of the great benefits of your work over the past year mastering grammar and vocabulary. Quite apart from the linguistic benefits you will find in this reader, *Horizontes: Cultura y literatura* is your reward for a job well done in *Horizontes: Gramática y conversación* and your key to the cultural and literary life of the Hispanic world.

Compañero de lectura CD-ROM

The *Horizontes: Cultura y literatura Compañero de lectura CD-ROM* is designed to help you maximize your understanding and enjoyment of each of the selected texts. The *Compañero de lectura* is a unique tool for refining your reading skills, providing three valuable support functions. First, pop-up glosses on unfamiliar words provide fast hints to keep you moving smoothly through the text. Second, convenient annotations on vocabulary, structure, culture, and literary interpretation are available to you at the bottom of your screen. Third, all readings are read aloud, so that you can appreciate the beauty of the spoken language while developing your listening comprehension skills.

The *Compañero de lectura* is available on a CD-ROM that runs on both Windows and Macintosh machines. Readings which are supported by the *Compañero de lectura* are identified by icons in the *Horizontes: Cultura y literatura* table of contents and next to each reading as it appears in the textbook.

Dedicamos esta edición de *Horizontes*
a la memoria de Graciela Ascarrunz Gilman,
profesora y amiga, cuyo amor por la enseñanza del español
es lazo de entendimiento entre el mundo hispano y el anglosajón.

Acknowledgments

During the past few years we have shared many of the readings with our students in classes at the University of California, Santa Barbara. We thank them for their warm and intelligent reception and their perceptive comments and suggestions. We would also like to thank Marian Zwerling Sugano for her contributions to the second edition of the *Horizontes* program.

We would like to thank Wendy Nelson, Editorial Director, and Amy M. Jennings, Associate Developmental Editor, at Heinle & Heinle, for their support throughout the revision of *Horizontes* 3/e. Many thanks also to our friends and colleagues whose support, creative suggestions, and constructive criticism helped make this third edition of *Horizontes* possible, and to our production team: Kristin Swanson, project manager and copyeditor; Camilla Ayers and Sharon Buzzell Inglis, proofreaders; Margaret Tsao, designer; and Victory Productions, Inc., compositor.

We are very grateful to the following reviewers for their many insightful suggestions on this edition of *Horizontes: Cultura y literatura:*

Jeanette Harker
Florida Atlantic University

April Koch
University of Texas-El Paso

Kimberly Kowalczyk
University of San Diego

Elina McPherson
Loyola College

Olga Marina Moran
Cypress College

Judith Nemethy
New York University

Bradley Shaw
Kansas State University

Carmen Urioste Azcorra
Arizona State University

Andrea Warren Hamos
Assumption College

Juergen Kempf and the Teaching Assistants at
University of California-Irvine:

Yvette Aparicio
Elsie Araujo
María Falcon
Garrett Gregg
Franciso J. Iñíguez

Saúl Jiménez S.
Esther Marion
Michelle Natan
Jennifer Ryan
Sally Stokes Sefami

Lección 1

La vida social

PRIMEROS PASOS

La presencia hispana en lo que hoy es los Estados Unidos data de hace muchos siglos; casi desde el momento en que llegaron los primeros españoles al Nuevo Mundo. Poco a poco la cultura hispana se fue extendiendo por la Florida, Nuevo México, Tejas, Arizona, Colorado y California, cuyos mismos nombres hablan de esa presencia. Desde entonces hasta ahora, por diferentes razones, miles de mexicanos, puertorriqueños, cubanos y otros grupos hispanos han venido a vivir y a trabajar en los Estados Unidos. Hoy en día son numerosísimas las comunidades hispanas en este país y su distribución geográfica es cada vez más amplia. No hay más que pasear por las calles de Miami, Los Ángeles, Santa Bárbara, El Paso, Nueva York, Boston o Washington D.C. para darse cuenta del impacto de la lengua y culturas hispánicas en el mundo anglosajón. Cualquier persona interesada puede encontrarlo casi todo en español: librerías, teatro, cine, emisoras de radio, periódicos, restaurantes, supermercados, centros médicos, asesorías jurídicas, colegios, peluquerías, asociaciones deportivas, oficios religiosos, centros culturales y mucho más. Hoy, más que nunca, el español está al alcance de su mano — ¡aproveche la oportunidad!

Actividades

A. ¡Observemos!

Observe con atención las fotografías de la izquierda. Se trata de hispanos famosos que Uds. probablemente conocen. Trabaje con su compañero(a) y...

1. describan lo que ven en cada una de las fotografías.

2. emparejen los nombres que aparecen en el número tres con las fotografías.

3. digan a cuántas de las seis personas conocen y qué saben de su vida social y personal.
   a. César Chávez
   b. Gloria Estefan
   c. Celia Cruz

d. José Canseco

e. Antonio Banderas

f. Gabriela Sabatini

B. ¡Charlemos!

Pregúntele a su compañero(a).

1. ¿Quién es tu cantante favorito(a)? ¿Cuál crees que es su mejor canción? ¿Has asistido a alguno de sus conciertos? ¿Dónde? ¿Cuándo?

2. ¿Te gustan los deportes en equipo, en parejas o individuales? ¿Qué deporte practicas? ¿Cuándo lo practicas? ¿Con quién lo practicas?

PREPÁRESE A LEER

Actividad

¡Charlemos!

Seguramente Ud. y su compañero(a) de clase saben lo que es aburrirse en una fiesta y no saber qué hacer para matar el aburrimiento y divertirse un rato. Hablen de esas fiestas o reuniones familiares en las que a veces se sienten tan fuera de lugar que prefieren irse a dormir. Consideren éstas y otras preguntas.

1. ¿Qué haces cuando estás en una fiesta muy aburrida? ¿Te quedas hasta el final de la fiesta o te marchas temprano? ¿Te pones de mal humor y no hablas con nadie? ¿Qué haces para no sentirte tan molesto(a)? ¿aburrido(a)? ¿Qué crees que se puede hacer en estos casos?

2. ¿Te aburres o te diviertes en las fiestas y reuniones familiares? ¿De qué habla tu familia en esas ocasiones?

VOCABULARIO

Para hablar de fiestas

a pesar de los esfuerzos *in spite of efforts*
aburrido(a) *boring*
alegre/divertido(a) *fun*
el (la) anfitrión(a) *host(ess)*
invitar *to invite*
el (la) invitado(a) *guest*
    aportar alegría *to bring happiness*
        buen humor *good mood*

contar un chiste *to tell a joke*
marcharse *to leave*
organizar un juego *to organize a game*
quejarse *to complain*
sentirse molesto(a) *to feel annoyed, upset*
tocarle (a uno) una fiesta *to happen to be at a party*

¡A LEER!

El siguiente artículo apareció en la revista *Buen Hogar,* que se publica en México.

Si te toca una fiesta aburrida...

energías

alegrar/sin sabor

levantarte bien temprano

Si te toca una fiesta aburrida, lo más lógico es que quieras marcharte lo antes posible... Sin embargo, no quieres hacerlo para que los anfitriones no se sientan molestos. Se trata de una situación bastante frecuente... Antes de tomar una decisión, piensa si has tratado con todas tus *fuerzas* de
5 aportar un poco de alegría y buen humor a esa fiesta. A veces nos quejamos de algo que podemos solucionar nosotros mismos. Charla con los invitados, cuenta algún chiste, organiza algún juego... En fin, haz todo lo que puedas por *echar un granito de pimienta* en esa salsa que *no sabe a nada...* Si a pesar de tus esfuerzos, el «funeral» continúa, agradece a tus anfitriones
10 la invitación y, con la excusa de que al día siguiente tienes que *madrugar,* regresa a casa sin mostrar tu aburrimiento y sabiendo que has actuado como todos esperaban de ti.

DESPUÉS DE LA LECTURA

Actividades

A. ¿Qué dice la lectura?

Empareje la columna **A** con la columna **B,** según la lectura.

A

1. Si estás en una fiesta aburrida lo lógico es...
2. Generalmente no quieres marcharte de una fiesta aburrida para que...
3. Antes de tomar la decisión de salir de una fiesta aburrida...
4. Si a pesar de tus esfuerzos, la fiesta sigue aburrida...

B

a. trata de mostrar alegría, hablar con los invitados, contar algún chiste.

b. da las gracias a los anfitriones y no muestres aburrimiento.

c. los anfitriones no se den cuenta de que estás molesto(a).

d. que quieras marcharte.

Puesto de flores en Las Ramblas de Barcelona

B. Encuesta

Ha llegado el momento de ser sincero(a). Llene la siguiente encuesta. Luego, con un(a) compañero(a) de clase, comenten sus respuestas para ver si Uds. tienen varias respuestas en común.

ENCUESTA

1. ¿Con quién hablas de tus sentimientos?
   a. ___ Con mis padres.
   b. ___ Con un(a) amigo(a) o mi novio(a).
   c. ___ Con cualquiera.
   d. ___ Con nadie.

2. ¿Qué haces cuando tienes un problema serio?
   a. ___ Pido consejo.
   b. ___ Medito con la almohada.
   c. ___ Trato de no pensar en él.

3. ¿Qué haces si llegas a una fiesta y el anfitrión no aparece por ningún lado?
   a. ___ Me quedo en un rincón para que los otros invitados no me vean.
   b. ___ Me presento a la persona que está más cerca.
   c. ___ Espero tranquilamente a que llegue el anfitrión.

4. Si tienes un disgusto con tu novio(a) y no te sientes bien, ¿cómo resuelves tu situación?
   a. ___ Espero a que pase el disgusto; no me gusta contar mis penas.
   b. ___ Se lo cuento a alguien, porque hablando se alivian las penas.
   c. ___ Me encierro en casa y me paso el día en la cama.

5. Si sabes que has sido injusto(a) con alguien, ¿qué haces?
   a. ___ Rectifico mi conducta.
   b. ___ Trato de no pensar en eso para no rectificar.
   c. ___ Soy incapaz de admitirlo.

Situación

¡Una fiesta aburridísima!

Estamos en una fiesta en la que casi nadie se conoce. El anfitrión (La anfitriona) (un/a estudiante de la clase) presenta a sus invitados y durante la fiesta trata de que todos se diviertan, pero los invitados parecen estar aburridos. Entre todos Uds. traten de alegrar la fiesta. Inventen algún chiste, organicen un juego, hagan uso de su imaginación y echen ese granito de pimienta que aconseja el artículo anterior, para que la fiesta de su amigo(a) no termine en un funeral.

PREPÁRESE A LEER

Actividad

¡Charlemos!

Pregúntele a su compañero(a).

1. ¿Cómo te sientes cuando la persona que tanto te gusta te llama para invitarte a una fiesta? ¿Nervioso(a)? ¿contento(a)? ¿Por qué?

2. ¿Te ha pasado alguna vez que mientras alguna persona está hablando, tú no la estás escuchando porque estás pensando en otras cosas? ¿Podrías hablar de una de estas ocasiones?

3. ¿Qué haces cuando te vienen ideas deprimentes? ¿Tratas de pensar en otras cosas? ¿Llamas a alguien para hablar de tus tristes preocupaciones?

VOCABULARIO

de pronto *suddenly*
el miedo *fear*
sentirse libre *to feel free*

soñar despierto(a) *to daydream*
suspirar por alguien *to yearn for someone*
trasladarse a *to move to*

¡A LEER!

El siguiente artículo apareció en la revista *Coqueta* de México.

Haz de tu fantasía algo provechoso

Sin darte cuenta empiezas a imaginarte que el (la) chico(a) por quien tanto suspiras va a llamar para invitarte a ir a una fiesta. De pronto, algo te trae de nuevo a la realidad: te encuentras en la mitad de la clase de matemáticas y tu profesor te está haciendo una pregunta. ¿Dónde has
5 estado? Pues soñando despierto(a).

the one which

Tu atención se traslada a un lugar y a una situación diferente de *la que* estás viviendo en ese momento. Sin embargo, cuando sueñas despierto(a), generalmente es con cosas agradables. El miedo a las situaciones difíciles nunca forma parte de tu imaginación. Jerome L. Singer, profesor de
10 Sicología de la Universidad de Yale, Connecticut, afirma que, cuando sueñas despierto(a), tu cerebro se siente libre de presiones y *pone a flote* tus ilusiones.

libera

DESPUÉS DE LA LECTURA

Actividad

¡Charlemos!

Después de leer «Haz de tu fantasía algo provechoso» hágale a su compañero(a) de clase las siguientes preguntas.

1. Cuando sueñas despierto(a), ¿es con cosas agradables o desagradables?
2. ¿Estás de acuerdo con lo que dice el artículo, que «El miedo a las situaciones difíciles nunca forma parte de tu imaginación» (ll. 8–9)? ¿Por qué?
3. ¿Es provechosa la fantasía? ¿Cómo?
4. ¿Te pasa con frecuencia que mientras estás en una clase dejas de prestar atención al profesor y tu pensamiento se traslada a otras situaciones? ¿Qué haces en esos casos? ¿Crees que el profesor se da cuenta cuando los estudiantes no están atentos en la clase?
5. ¿Qué haces cuando te toca una clase aburrida?

PREPÁRESE A LEER

Actividades

A. Estrategias para una buena entrevista

La entrevista es un ejemplo formal de comunicación oral. El éxito de una entrevista depende tanto del entrevistador como del entrevistado.

Si Ud. es el (la) entrevistador(a)...

1. Tiene que prepararse muy bien antes de la entrevista. Hay que averiguar todo lo relacionado con el motivo de la entrevista y pensar en preguntas que provoquen las respuestas que Ud. desee y que sean interesantes para el público.
2. Durante la entrevista, muéstrese interesado(a) en la conversación. Si el (la) entrevistado(a) hace un comentario interesante, aproveche la ocasión para hacer una o dos preguntas más relacionadas con el último comentario. La

entrevista no debe ser algo mecánico y, en ocasiones, puede desviarse del camino trazado por el (la) entrevistador(a).

3. Hay que ser agresivo(a) sin dejar de ser comprensivo(a), persistente pero no obstinado(a). Si el (la) entrevistado(a) prefiere no hablar sobre un asunto específico, es aconsejable enfocar el tema desde un ángulo diferente o simplemente pasar a otro tema de conversación.

Si Ud. es el (la) entrevistado(a)...

1. Es importante que se prepare bien antes de la entrevista, anticipando las preguntas.

2. Durante la entrevista escuche bien las preguntas para poder dar una respuesta directa y, sobre todo, correcta.

3. Trate de no estar nervioso(a) y no se deje intimidar por el (la) entrevistador(a).

B. Los grandes entrevistadores

Trabaje con un(a) compañero(a) de clase.

1. Comenten sobre algunas entrevistas que han oído por radio, leído en los periódicos o visto en la televisión.

2. Piensen en los entrevistadores más conocidos de la «tele» y describan sus estilos (Barbara Walters, Ted Koppel, Geraldo Rivera, Ricki Lake, Oprah Winfrey y David Letterman).

C. Encuesta sobre los deportes

Antes de que Ud. lea la entrevista con el futbolista mexicano Hugo Sánchez, que desde hace unos años jugó para el equipo español Real Madrid, nos interesa saber si Ud. es aficionado(a) a los deportes en equipo y si su compañero(a) de clase comparte su opinión. Para eso, llene la siguiente encuesta.

ENCUESTA

1. ¿Es Ud. aficionado(a) a los deportes?
   Sí, mucho. _____
   Sí, un poco. _____
   No. _____

2. ¿Ha jugado o juega al...

	fútbol?	fútbol americano?	básquetbol?	béisbol?
Sí, mucho.	_____	_____	_____	_____
Sí, un poco.	_____	_____	_____	_____
No.	_____	_____	_____	_____

---

3. En su opinión, ¿cuál es el mejor jugador de...
   fútbol? _____
   fútbol americano? _____
   básquetbol? _____
   béisbol? _____

4. En su opinión, ¿cuál es el equipo que este año merece ser el campeón nacional en...
   fútbol americano? _____
   básquetbol? _____
   béisbol? _____

D. Puntos de vista

Ahora compare con uno(a) de sus compañeros lo que Ud. y él (ella) han escrito en la encuesta e intercambien ideas sobre estos apasionantes deportes.

VOCABULARIO

Para hablar de fútbol

aprovechar *to take advantage*
colgar las botas *to hang up one's boots, to quit*
el (la) deportista *sportsman, sportswoman*
el futbolista *soccer player*

jugar en un equipo *to play on a team*
procurar *to obtain; to try*
seguir los pasos de *to follow the steps of; to keep an eye on one's actions*

¡A LEER!

A continuación, Ud. va a leer un fragmento de una entrevista que apareció en la revista española *Lecturas*. Mientras lee, recuerde las estrategias de una buena entrevista y piense si las preguntas del entrevistador provocan buenas respuestas.

Hugo Sánchez

Entrevista con Hugo Sánchez, futbolista mexicano

Julio Sánchez

importantes
tiene título de dentista

Hugo Sánchez fue uno de los futbolistas más *cotizados* de España y del mundo. Formó parte del equipo Real Madrid. El jugador *está licenciado en odontología* y cuando deje el deporte planea abrir una clínica dental. Cuando salió del Real Madrid, volvió a México y ahora está fichado por el equipo Dallas Burns de los Estados Unidos.

JULIO: Ahora que las competencias futbolísticas nacionales se han terminado, ¿os iréis de vacaciones?

HUGO: Sí. Planeamos ir a México, a ver a mi familia. Ser jugador de un equipo como el Real Madrid te obliga a llevar una vida casi *monástica,* y por esto ahora hay que aprovechar las vacaciones para dedicarte a los tuyos y descansar.

JULIO: ¿Es difícil *compaginar* la vida familiar con la deportiva?

HUGO: Para mí, no… Soy muy feliz de tener una esposa y unos hijos que aceptan y *comparten* mi profesión.

JULIO: ¿Cuál es tu mayor virtud y cuál es tu mayor defecto?

HUGO: Mi mayor virtud es ser muy ambicioso; mi peor defecto es ser muy impulsivo.

JULIO: ¿Es importante para ti ser un ídolo en tu país?

HUGO: Sí, es agradable ver que en México se siguen mis pasos. He procurado dar siempre a mis compatriotas alegrías y orgullo, tanto cuando jugaba con la Selección como cuando lo hacía en otros equipos.

JULIO: ¿Has pensado en jubilarte?

HUGO: Como todo deportista, he pensado que llegará un día en que tendré que colgar las botas. Me gustaría hacerlo en el Real Madrid que es, sin duda, el mejor equipo del mundo.

JULIO: ¿Y después?

HUGO: Me gustaría seguir *vinculado* al mundo del fútbol, pero también deseo abrir una clínica dental en Madrid y ejercer la profesión que me gusta, que es la de dentista.

El famoso jugador, después de mostrarnos su casa, a los suyos y a sus invitados, confiesa con sencillez que la familia y el fútbol son los dos amores de su vida.

Marginal glosses:
- de monasterio (línea 10)
- combinar
- participan en
- relacionado

DESPUÉS DE LA LECTURA

Actividades

A. ¿Qué dice la lectura?

Complete las siguientes oraciones.

1. Hugo Sánchez es un futbolista de nacionalidad _____ que juega en _____.
2. Cuando Hugo deje el deporte, piensa _____.
3. La mayor virtud de Hugo es _____ y el peor defecto es _____.
4. Según Hugo, el mejor equipo del mundo es _____.
5. Los dos amores de la vida de Hugo son _____.
6. ¿Qué sabe Ud. del equipo Dallas Burns?

B. ¡Charlemos!

Pregunte a su compañero(a).

1. ¿Quién es para ti el mejor jugador de fútbol americano? ¿de básquetbol? ¿de tenis?
2. Algunos atletas hispanos han alcanzado gran popularidad en Estados Unidos y Europa. ¿Qué sabes de José Canseco? ¿de Pelé? ¿de Gabriela Sabatini? ¿Piensas que los grandes deportistas son personas fáciles o difíciles de tratar? ¿Por qué?

C. Creación

1. Teniendo en cuenta las estrategias para una buena entrevista, prepare una serie de preguntas para hacerle una entrevista a uno(a) de los deportistas de su universidad.
2. Entreviste a su ídolo universitario y hágale las preguntas que ha preparado.
3. Informe a la clase sobre su entrevista.

Humor

Lea la siguiente conversación entre un funcionario, o sea un empleado de alta categoría, y una recepcionista.

> —Está al teléfono un señor que desea entrevistarlo sobre el secreto de su éxito— avisa la secretaria a su jefe por el altavoz.
> Hay un largo silencio; luego el funcionario pregunta:
> —¿Periodista o policía?

Comente…

1. sobre los pensamientos del funcionario durante el largo silencio.
2. las razones que puede tener un policía para entrevistar a un funcionario.
3. las virtudes y defectos de los funcionarios.
4. las ventajas y desventajas de ser el jefe.

PREPÁRESE A LEER

Actividad

Puntos de vista

Si Uds. conocen a la cantante Gloria Estefan, hablen de sus canciones y sus conciertos. Tengan además en cuenta las siguientes preguntas.

1. ¿Saben Uds. cuál es su país de origen? ¿Qué tipo de canciones le gusta cantar? ¿Cuáles son sus canciones más famosas?
2. ¿Recuerdan Uds. el accidente que Gloria tuvo en marzo de 1990 durante una gira de conciertos? Si lo recuerdan, ¿podrían comentar qué le pasó mientras viajaba en su autobús por Pennsylvania?

VOCABULARIO

Para hablar del talento musical

atreverse a decir *to dare say*
el (la) cantante *singer*
darse por vencido(a) *to give up*
escribir canciones *to write songs*
la esperanza *hope*

la gira *tour*
grabar un álbum *to record an album*
interesarse por *to be interested in*
la letra *lyrics (of a song)*
el primer/último éxito *first/last success*

¡A LEER!

El siguiente fragmento, tomado de una entrevista a Gloria Estefan, apareció en *Más*, revista que se distribuía gratis en los Estados Unidos. Mientras lee, observe la manera en que Enrique Fernández presenta la entrevista con Gloria Estefan, que es diferente de la entrevista anterior. El entrevistador toma únicamente algunos comentarios de la entrevistada y los incorpora a su propio relato.

Entrevista con Gloria Estefan   Enrique Fernández

Mis canciones son como fotografías de mis emociones», dice Gloria Estefan, la misma muchacha introvertida que en sus años de estudiante se interesó por la sicología. Entonces escribía poemas precursores de sus canciones sobre «lo que todo el mundo ha pensado alguna vez». Son
5 canciones directas y coloquiales sobre lo que uno quiere decir a algún ser querido, pero no se atreve.

    Las raíces latinas de Gloria son profundas y su vida, que hoy parece tan glamorosa, ha sido marcada por la misma *dureza* y esfuerzo que *encarnan* los latinos que vienen a los Estados Unidos con sólo algunos centavos y muchos
10 sueños. Sus padres salieron de La Habana cuando Gloria *era apenas una*

dificultad/enfrentan

sólo un bebé

criatura. Llegaron a Miami con poco dinero y con la esperanza de poder volver a Cuba algún día. El padre de Gloria había sido oficial del ejército cubano y en Miami se incorporó, con otros cubanos exiliados, a la brigada que intentó en 1961 la invasión de Playa Girón. Fue capturado y <u>per-</u>
se inscribió
15 <u>maneció</u> en prisión durante dieciocho meses, mientras Gloria y su madre esperaban ansiosas su retorno a Miami. Al regresar a Miami *se enroló* inmediatamente en el ejército americano y fue enviado a Vietnam.

El talento musical de Gloria fue plenamente reconocido y estimulado desde un principio por Emilio Estefan, director del grupo *The Miami Latin*
20 *Boys,* quienes luego cambiarían su nombre por el de *Miami Sound Machine.* Cuando la banda grabó su primer álbum, *Renacer,* Emilio sugirió que Gloria escribiera algunas canciones. De ahí salió «Tu amor conmigo», su primer éxito.

Gloria escribe las letras de sus canciones en inglés y en español, y muchas
25 de ellas, como *«Anything for You»* tienen versiones en los dos idiomas.

> Me fascina ser bilingüe —explica—, porque abre un horizonte más amplio a mi experiencia. Tenemos dos idiomas que son nuestros. Siempre escribo mis canciones en los dos idiomas, jamás las traduzco. Es un acercamiento totalmente distinto. Trato de extraer el significado
> 30 general y comienzo desde el principio; son dos maneras completamente diferentes de comunicarse y de pensar sobre cualquier cosa, sobre la vida misma. *«Anything for You»* en español es más festiva; así son las emociones latinas. La versión en inglés es fatalista, más resignada, como quien se da por vencida. En español es más un *reto* o una amenaza.

desafío

35 Gloria, como tantos otros cubano-americanos de su generación, domina perfectamente el español y el inglés y por haber crecido entre dos mundos — el mundo latino de su familia y el anglosajón de Miami — se siente como en casa en ambas culturas musicales.

DESPUÉS DE LA LECTURA

Actividades

A. Verdadero o falso

Si una oración es falsa, diga por qué.

1. V ✓ F ___ Cuando Gloria Estefan era estudiante, se interesaba por la sicología y la poesía.

2. V ___ F ✓ Los padres de Gloria salieron de Cuba cuando ~~ella tenía quince años~~.

3. V ✓ F ___ La canción «Tu amor conmigo», escrita por Gloria, fue su primer éxito.

4. V ✓ F ___ Gloria traduce las canciones del español al inglés.

5. V ___ F ✓ Gloria puede comunicarse mejor en español que en inglés.

B. Puntos de vista

1. ¿Podría Ud. explicar el siguiente comentario de Gloria: «Mis canciones son como fotografías de mis emociones»? ¿Piensa Ud. que sus canciones son directas sobre lo que uno puede decir a los seres más queridos? ¿Podría dar algún ejemplo?

2. ¿Conoce Ud. unas canciones de otros artistas hispanos, como «Es por ti» de Jon Secada, «El concierto» de Luis Miguel, «Dicen que soy» de India, «Todo a su tiempo» de Marc Anthony, *«Life is Good»* de Emilio, *«How We Roll»* de Los Barrio Boyzz, «Un millón de rosas» de La Mafia, «No se parece a nada» de Albita o «Desesperado» de *Soundtrack?* ¿Cuál es la canción que más le gusta?

Situación
Entrevista: En busca de una estrella

Ud. es un(a) entrevistador(a) famoso(a) como Larry King, David Letterman o Barbara Walters y está entrevistando a varios artistas que quieren ser estrellas. Tanto el (la) entrevistador(a) como los entrevistados (los estudiantes de la clase) deben prepararse con preguntas y posibles respuestas para la entrevista. Ésta es la oportunidad para demostrar su talento para la música, el baile, el canto, la pintura u otras artes.

PREPÁRESE A LEER

LENGUA
Los antónimos

La palabra **antónimo** quiere decir **contrario.** El antónimo del adjetivo **bonito** es **feo;** del verbo **salir** es **entrar.**

Práctica

¡Al contrario!

En las siguientes oraciones, tomadas del relato «El Ángelus» de Elena Poniatowska (que figura a continuación), cambie la palabra en letra cursiva por el antónimo correspondiente. No olvide que los verbos tienen que estar en el mismo modo y tiempo verbal.

1. La ciudad *se cierra* sobre sus moradores.	a. acompañadas
2. Las campanas suenan entonces tan *solitarias.*	b. odiar
3. Van cubriendo el cielo del *atardecer.*	c. proteger
4. No nos permite *amar* como quisiéramos.	d. abrirse
5. *Moverse* a todos lados.	e. amargo
6. *Dulce* compañía.	f. amanecer
7. No me *desampares.*	g. estarse quieto

Los diminutivos

Los diminutivos en general expresan algo pequeño: **casa →casita, lago→laguito.** Los sufijos que expresan el diminutivo son:

- **–ecito** (por lo general) para las palabras de una sola sílaba que terminan en consonante.

  sol → sol**(e)cito**   flor → flor**(e)cita**

  voz → voc**ecita**   luz → luc**ecita**

- **–cito** para las palabras de más de una sílaba que terminan en vocal **–e,** o en consonante **–n** o **–r.**

  calle → calle**cita**   nube → nube**cita**

  joven → joven**cito**   corredor → corredor**cito**

- **–ito** para todas las demás palabras.

  árbol → arbol**ito**   cielo → ciel**ito**

  abuelo → abuel**ito**   piedra → piedr**ita**

A veces los diminutivos expresan el afecto de la persona que habla.

Práctica

¡Qué amable!

Dé los diminutivos de las siguientes palabras.

la esquina	el amor	el camión	el cielo
la rama	la flor	el hilo	la ventana
la fuente	la luz	el lago	la nube

VOCABULARIO

Para hablar de la vida

la arena *sand*
el atardecer *dusk*
el campanario *bell tower*
el campo *countryside*
el cielo *sky*
el crepúsculo *twilight*
la fuente *fountain*
la hierba *grass*

la infancia *childhood*
el lago *lake*
la loma *hill*
nacer *to be born*
la nube; nublado *cloud; cloudy*
la oración *prayer*
la piedra *stone*
el sol; hace sol; asolearse *sun; to be sunny; to sun oneself*

Expresiones idiomáticas

darse cuenta de *to realize*
estar a punto de *to be about to*
fijarse en *to notice*
ocurrírsele (a uno) *to think about*

ponerse a (+ infinitivo) *to start to*
quitarle el tiempo (a alguien) *to take time away (from someone)*
sacar de sus casillas (a alguien) *to enrage*

¡A LEER!

LA AUTORA Y SU OBRA

Elena Poniatowska nació en París (1933) y adoptó la nacionalidad mexicana en 1968. Desde 1954 ejerce el periodismo y se ha destacado en el género de la entrevista. Escribe además ensayos, novelas y cuentos. Sus libros más famosos son *Hasta no verte Jesús mío; ¡Ay vida, no me mereces!* y *La noche de Tlatelolco.* «El Ángelus» es uno de los relatos del libro *Más largo es el silencio.* En los últimos años, Elena Poniatowska se ha convertido en uno de los escritores — tanto literarios como políticos — más notables de México.

1. Dé un primer vistazo a la lectura, teniendo en cuenta…
   a) el título.
   b) los sustantivos y adjetivos que la autora usa para describir la vida en la ciudad.

2. Lea con mucha atención el cuento y fíjese en las siguientes expresiones:

afinar el oído: escuchar atentamente
estado de gracia: puro
mero: mismo

ni de noche ni de día: nunca
saciar el hambre: quedar satisfecho(a)
si se descuida: si no presta atención

El Ángelus   Elena Poniatowska

Catholic noon prayer

helpless
starving

escuchar con mucha atención

encontrarse

anguish

En el crepúsculo, a la hora del *Ángelus,* la ciudad se cierra sobre sus moradores. El Ángelus aún se da en los talán-talán de los campanarios pueblerinos y las campanas suenan entonces tan solitarias, tan *desamparadas* y tan *hambrientas* como los hombres. Muchos niños cantan el
5 Ángelus para dar las gracias y dormir en paz, porque Ángelus significa dar luz sobre el espíritu del que descansa […] A la hora del Ángelus, si uno *afina* bien el oído, puede percibir un rumor de alas; legiones y legiones celestiales que van cubriendo el cielo del atardecer, y si ustedes se descuidan, señoras y señores, podrán *toparse* con su Ángel de la Guarda, a la
10 vuelta de cualquier encuentro, en la acera de esta Angelópolis, un angel de carne y hueso y un pedazo de pescuezo, en esta ciudad que no nos permite amar como quisiéramos, para saciar nuestra hambre. Se necesita el estado de gracia para amar por encima de los cláxons, los pleitos, las *angustias,* el esmog, la violencia, el moverse a todos lados y en ninguna dirección y,

«…podrán toparse con su Ángel de la Guarda…en la acera de esta Angelópolis…»

---

vestido de turkey buzzard

15 antes de ser ángeles amorosos, nos llega el edicto y la condena. Entonces, volvemos a repetir junto al Ángel en potencia, aunque se haya *disfrazado* de *zopilote* negro:

Ángel de mi guarda
dulce compañía
20 no me desampares
ni de noche ni de día.

DESPUÉS DE LA LECTURA

Actividades

A. Comprensión

Conteste las siguientes preguntas.

1. ¿De qué ciudad puede estar hablando Poniatowska? ¿Puede ser cualquier ciudad?

2. ¿Ha vivido Ud. en algún lugar desde donde podía oír «el talán-talán» de las campanas?

3. ¿Cómo habla Poniatowska de los ángeles? ¿Ha oído Ud. hablar del Ángel de la Guarda?

4. ¿Qué sentido tiene hablar de una Angelópolis? ¿Qué efecto produce la alusión a cosas tan diferentes como *cláxons, angustia, esmog, Ángel de la Guarda,* y *zopilote negro*?

*«Ángel de mi guarda…
no me desampares…»*

B. Puntos de vista

1. ¿Cree Ud. en los ángeles? ¿Qué le parece el nombre de la ciudad californiana «Los Ángeles»? ¿Conoce algún relato extraordinario sobre los ángeles?
2. ¿Sabe cuál es la estatua del ángel más famoso en la Ciudad de México?
3. ¿Qué querrá decir Poniatowska con «se necesita el estado de gracia para amar por encima de los cláxons»?

C. ¡Charlemos!

En nuestra infancia todos tuvimos un cuento, una canción o una oración que nos gustaba escuchar antes de dormir. Con un(a) compañero(a) de clase, hable de uno que le gustaba.

PREPÁRESE A LEER

Actividad

¡Charlemos!

Pregúntele a su compañero(a).

1. ¿Cuáles son los aspectos de la vida que te dan más placer y los que te dan menos placer? ¿Por qué?
2. Cuando te sientes feliz, ¿qué haces? ¿Con quién te gusta estar en esos momentos? ¿Y cuando estás triste? ¿En qué momentos buscas la compañía de tu familia?
3. ¿Podrías decirme dos cosas que te apasionan? ¿Por qué?

¡A LEER!

EL AUTOR Y SU OBRA

Gabriel Celaya (1911–1991) es un poeta español, autor de una copiosa obra lírica de contenido social. Entre sus libros de poesía se encuentran *La soledad cerrada*, *Tranquilamente hablando*, *Las cartas boca arriba* y *Poesía urgente*. Celaya es también autor de ensayos y relatos, como *Inquisición a la poesía*. El fragmento que figura a continuación pertenece a esta obra.

Poesía y trabajo Gabriel Celaya

Es inútil decir que en Poesía, el trabajo no es todo. Ni en Poesía, ni en nada. Pero como prevenía Cocteau: «Hay que hurgar a las Musas», es decir, provocarlas. Y el mejor modo de hacerlo, como he tratado de explicar, es trabajar. Quien no comprenda esto y siga creyendo que el poeta
5 es un ser superior y no un obrero, aunque un obrero especial, como especial de otro modo es un médico o un electricista, no entenderá nunca lo que quiere decir «poesía social» en su recto sentido.

[…]

Quiero recordar también que el poeta está siempre detrás de su poema,
10 calculando, pensando y hasta maniobrando, como el tapicero está detrás de su tapiz, manejando muy conscientemente los hilos de la *trama* que, sólo al otro lado, donde a él no le ve, producirán su efecto. Cada verso, *por muy espontáneo que parezca*, cada palabra que es siempre una palabra escogida con preferencia a otra aproximada, cada sílaba contada o cantada, presuponen
15 una elección, y por tanto, un tácito o expreso juicio. El poeta no es nunca poeta por casualidad o sólo por inspiración. Si dice *así y no asá*, y hasta si comete una aparente irregularidad, expresando en bárbaro lo que sería fácil verter en lenguaje correcto o normal, es porque un latente juicio crítico funciona en él y porque trabaja su obra.

plot, weave
no matter how spontaneous it seems

this way and not that way

DESPUÉS DE LA LECTURA

Actividad

Comprensión

Conteste las siguientes preguntas.

1. ¿Qué piensa Gabriel Celaya de los poetas?
2. ¿Está usted de acuerdo con que un poeta trabaja del mismo modo que un médico o un electricista?

3. ¿Piensa Ud. que la inspiración no es tan importante como el trabajo para escribir un buen poema?

4. Gabriel Celaya compara la poesía con un tapiz. ¿Con qué la compararía Ud.? *las pinturas*

5. ¿Escribe Ud. poesía? ¿Conoce personalmente a algún poeta? ¿Cuál es su poeta favorito?

Yo estaba ~~es~~ joven

el poeta = hombre
la poetiza = mujer
la poesía = el poema
(poetry)   una (poem)

infinitivos = substantivos

Lección 2

De turismo por el mundo hispano

PRIMEROS PASOS

Si Uds. se encuentran de turistas en España, es muy posible que viajen por tren usando el sistema ferroviario RENFE (Red Nacional de Ferrocarriles Españoles), que ofrece servicios en los siguientes trenes: el tranvía, el rápido, el expreso, el Talgo y el AVE (tren de alta velocidad). Este último tren es casi tan veloz y cómodo como un avión y cuenta con aire acondicionado, televisión, música, almohadas y auriculares para cada pasajero(a); además, los asientos son reclinables y se proporcionan mantas.

Actividades

A. Puntos de vista

Observe con atención la ilustración de la izquierda. Se trata de un anuncio que apareció en el periódico madrileño *El País*. Trabaje con un(a) compañero(a) de clase y (a) comenten qué ven y qué les llama la atención, (b) digan qué sugiere el título, (c) lean con atención lo que RENFE aconseja y ofrece a sus clientes y (d) contesten las siguientes preguntas.

1. ¿Qué sugiere RENFE que se debe hacer para evitar contratiempos?
2. ¿Dónde se pueden comprar los billetes de tren?
3. ¿Cuántas agencias de viajes hay en la ciudad de Madrid y sus alrededores?
4. ¿A qué hora abre sus puertas la Estación Príncipe Pío?
5. Si Ud. desea comprar un billete Madrid–Barcelona en domingo, ¿dónde puede hacerlo?
6. En la frase «Mejora tu tren de vida» RENFE juega con la palabra **tren**. ¿Qué creen Uds. que quiere decir esta frase en el contexto del anuncio?

B. ¡Charlemos!

Pregúntele a su compañero(a).

1. ¿Cuál es el sistema ferroviario que opera en los Estados Unidos? ¿Crees que esa compañía ofrece buenos servicios al país? ¿Has viajado alguna vez por tren en los Estados Unidos?
2. ¿Sabes si los trenes americanos ofrecen un servicio de entrega de billetes a domicilio como lo hace RENFE en España?
3. ¿Cuáles son algunas de las ventajas y las desventajas de viajar en tren?
4. ¿Qué medio de comunicación consideras el más seguro? ¿Por qué?

C. Un billete de RENFE

Cuando decida viajar en uno de los trenes de RENFE en España, Ud. debe comprar su billete, pero antes de subir al tren verifique si toda la información es correcta: (a) la clase de tren en el que va a viajar (AVE, Talgo, expreso, rápido), (b) el tipo de coche que desea (coche cama o coche de fumador), (c) la fecha de salida, (d) la hora de salida, (e) la ciudad de destino y (f) el precio del billete.

Con un(a) compañero(a) de clase, complete el siguiente diálogo, usando la información del billete de RENFE.

—¿Sabías que el día _____ de _____ salgo de _____ a Madrid?
—¡No me digas! ¿Vas en el expreso?
—No. Tengo reservado un asiento en _____, porque es un tren más rápido y cómodo que el expreso.

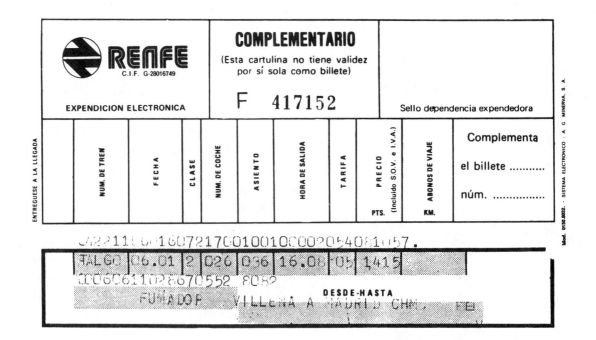

—Me imagino que no podrás fumar durante el viaje.

—¡Ya lo creo! Mi billete es para coche _____.

—¿A qué hora sales de Villena?

—A las _____ de la tarde.

—¿Pagaste el billete en dólares o en pesetas?

—En _____, ¡por supuesto!

—¿Cuánto cuesta el viaje de Villena a Madrid?

—_____.

—No es muy caro. Me gustaría ir contigo.

Situaciones

A. Rumbo a Madrid

Ud. se encuentra ya en el tren Talgo rumbo a Madrid y quiere aprovechar las horas de viaje para preparar un informe que tiene que presentar a su llegada. El (La) pasajero(a) de al lado, sin embargo, no tiene nada que hacer, se aburre, no puede dormir y decide hablar con Ud. del tiempo, del servicio de trenes, de su familia. ¿Qué hace Ud.?

B. Entrega a domicilio

Si Ud. ha leído el anuncio de RENFE, «Si viene ahora, seguro que se va» (pág. 22), sí sabe que la compañía tiene un servicio de entrega de billetes a domicilio. Imagínese que Ud. ha llamado de inmediato al 501 33 33 para reservar un asiento en el Talgo que sale a las 4:08 P.M., el día 1º de junio y ha pedido que se lo entreguen a domicilio. Son las 8:00 de la mañana del 1º de junio y su billete aún no ha llegado. Todo(a) nervioso(a), Ud. se presenta en la estación y el (la) empleado(a) le anuncia que no podrá viajar en el Talgo de las 4:08 P.M. porque no hizo su reserva con antelación. ¿Qué hace Ud.?

PREPÁRESE A LEER

Actividad

En el aeropuerto

Formen grupos de tres estudiantes. Imagínense que se encuentran en el aeropuerto Benito Juárez de la Ciudad de México. Cada uno de Uds. parte a diferentes lugares.

1. Seleccione una de las siguientes tarjetas de embarque (pág. 26) y diga: (a) con qué compañía viaja, (b) a qué ciudad y país viaja, (c) cuál es el número de su vuelo y (d) el número de su asiento.

2. Invente un motivo de viaje y conteste: (a) ¿Cuánto tiempo piensa estar en el lugar de destino? (b) ¿Qué piensa hacer? (c) ¿Dónde piensa alojarse?

LENGUA: El presente del indicativo

En la siguiente lectura «Comida celestial» (pág. 28), Ud. encontrará que la mayoría de los verbos está en el presente del indicativo.

Recuerde Ud. que…

1. el presente del indicativo de los verbos regulares tiene las siguientes terminaciones.

–ar	esperar:	esper**o**, esper**as**, esper**a**, esper**amos**, esper**áis**, esper**an**
–er	comer:	com**o**, com**es**, com**e**, com**emos**, com**éis**, com**en**
–ir	subir:	sub**o**, sub**es**, sub**e**, sub**imos**, sub**ís**, sub**en**

2. algunos verbos cambian la vocal del radical en el presente del indicativo y del subjuntivo. Este cambio no afecta las formas de **nosotros** y **vosotros.**

e → ie	despertar:	desp**ie**rto, desp**ie**rtas, desp**ie**rta, despertamos, despertáis, desp**ie**rtan
o → ue	poder:	p**ue**do, p**ue**des, p**ue**de, podemos, podéis, p**ue**den
e → i	pedir:	p**i**do, p**i**des, p**i**de, pedimos, pedís, p**i**den

3. hay verbos que en la primera persona del presente del indicativo añaden una **g.**

disponer: dispon**g**o	bendecir: bendi**g**o	poner: pon**g**o
tener: ten**g**o	traer: trai**g**o	salir: sal**g**o

4. también hay verbos que en la primera persona del presente del indicativo sufren el cambio **c → zc.**

ofrecer: ofre**zc**o   reconocer: recono**zc**o   parecer: pare**zc**o

5. algunos verbos son reflexivos.

dar**se** cuenta de   detener**se**   deshacer**se** de
arrepentir**se** de   despedir**se** de

6. otros verbos, como **ser, estar, ir** y **dar,** terminan en **y** en la primera persona del presente.

ser: so**y**   estar: esto**y**   ir: vo**y**   dar: do**y**

Práctica

En el avión

Complete los diálogos con el verbo apropiado en el tiempo presente.

1. querer, servir, tener, volar

—¿Cuántas comidas _____ la azafata en este vuelo?
—Yo _____ la impresión de que son dos.
—¿_____ que se lo pregunte a la azafata?
—De acuerdo. Cuando (yo) _____, sólo pienso en comer.

2. dar, distraerse, ofrecer, poner, recordar

—Esta línea aérea siempre les _____ zapatillas a los viajeros. Yo me las _____ porque son muy cómodas.
—Esas cosas a mí no me interesan. Si la azafata me _____ revistas, (yo) _____ leyendo. (Yo) _____ que en mi último viaje leí cinco revistas.

VOCABULARIO

Para hablar de los trenes

el asiento (reclinable) *(recliner) seat*
el coche cama *sleeping car*
      comedor *dining car*
      fumador *smoking car*
de ida y vuelta y enlaces *round trip and connections*
evitar contratiempos *to avoid mishaps*

el precio del billete *price of the ticket*
el recargo *surcharge*
sacar/comprar el billete/el boleto *to get/buy a ticket*
la tarifa/el pasaje *fare*
tener prisa *to be in a hurry*
el (la) viajero(a) *traveler*

Para hablar de los aviones

el auxiliar de vuelo *flight attendant*
    ofrecer zapatillas de género *to offer cloth slippers*
    tapar con mantas *to cover with blankets*

la azafata *stewardess*
la edad de oro *golden age*
la época *epoch, time period*

el **vuelo** *flight*
  aterrizar *to land*
  el **descenso en picada** *nose dive*

la **escala** *stop over*
frenar *to brake*
rumbo a *en route to, bound for*

Expresiones

a todo tren *very fast*
es como si *it is as if*

ser (por) culpa de *to be the fault of*
el **tren de vida** *way of living*

¡A LEER!

van
de otros tiempos

El viajar en avión se ha convertido más que en un lujo en una necesidad de nuestra época. Hoy todo el mundo viaja en avión. Niños, jóvenes, personas mayores y ancianos *se trasladan* de un lugar a otro en forma rutinaria. Los viajeros del presente como los de *antaño,* cuando están en el avión, evitan pensar en los posibles peligros y se concentran en la lectura y en la comida que les sirven. Por eso las aerolíneas de todo el mundo presentan, como uno de los atractivos del viaje, la comida que se sirve en sus aviones.

    El artículo «Comida celestial» apareció en la revista chilena *Ercilla.* Ud. leerá los comentarios de un pasajero que, de regreso a su país, se queja de la comida y del mal estado de uno de los aviones.

Comida celestial Turulo W.

Feliz aquella edad de oro de los viajes vía Panagra, en que las comidas significaban un banquete y se ofrecía hasta sopa y aperitivo.

uanto más grandes son los aviones, los platos que se sirven son más chicos. Y…para qué hablar de la calidad de los vinos y de su servicio, cuyo descenso ha ido en picada. ¿Y qué *saca uno con reclamar?* Antes le daban al viajero la oportunidad de mandar una carta al gerente de la
5   empresa para dar sus impresiones del vuelo. Ahora es «o lo toma o lo deja».

A veces, la *exigüidad* de los platos se compensa con la frecuencia con que se sirven. Si vuela Ud. en determinada compañía rumbo a Europa, lo despertarán en cada escala, así sean las cuatro de la mañana, para pedirle que coma una *bandeja* con *fiambres.* Es como si, a medida que suben pasajeros,
10   quisieran deshacerse de la carga que esa comida significa para el pobre avión.

Recordamos épocas pasadas, en que volar por Panagra significaba un banquete. A uno le daban hasta sopa y aperitivo. Además lo *tapaban* con mantas *escocesas* y le ponían zapatillas de género y ofrecían jugos a cada
15   rato. En fin, hacían todo lo posible para que, en las horas de vuelo, el aparato digestivo lo distrajera a uno de la conciencia de estar viajando *contra natura.*

Los placeres gastronómicos aéreos son directamente proporcionales al estado del avión.

n las aerolíneas de cierto país limítrofe que nos trajeron de vuelta a Chile, la cosa fue tan mala o peor. Pero no fue por culpa del almuerzo que, *salvo* ser servido a las once de la mañana, como en un jardín infantil, estuvo escaso pero fino. La culpa de que se nos declarara en ese vuelo una dispepsia fue mirar por la ventana, mientras comíamos nuestro pollo a
25   la húngara, y advertir con horror que el alerón de la izquierda (esa parte del ala con que el avión frena al aterrizar) estaba atrozmente *abollado* y *descascarado.*

Vimos aquel alerón y ya no tuvimos conciencia más que para imaginarnos qué iría a pasar en los próximos cuatro segundos. Como se espera
30   que ocurra en estos casos de agonía, *desfilaron* a continuación ante nuestros ojos, como en una vertiginosa película, todos los menús que hemos comido en nuestra vida, y nos arrepentimos de más o menos el cuarenta por ciento de ellos.

Cuando aquella *carcancha* aérea se detuvo, pudimos darnos cuenta de
35   que perdonábamos la mantequilla *desabrida,* el pan minúsculo y hasta el vino. Nos despedimos de la azafata, hasta la eternidad, con amplia sonrisa y bendijimos la *escalerilla* que, aunque *temblequeante,* no nos separaba más de tres metros *del suelo.*

Glosses (margin):

se obtiene con quejarse

pequeñez

tray/cold cuts

cover
de Escocia (Scotland)

not the natural way

excepto

dented
peeling off

pasaron

objeto viejo
sin sabor

stairs/poco sólida
de la tierra

DESPUÉS DE LA LECTURA

Actividades

A. Verdadero o falso

Si es falso, diga por qué.

1. V___ F___ En los vuelos de hoy no hay a quién reclamar. La idea es: «o lo toma o lo deja».

2. V___ F___ No se despiertan a los pasajeros en las escalas que hace el avión.

3. V___ F___ El viajero recuerda épocas pasadas en las que la comida era mejor.

4. V___ F___ En los vuelos de nuestra época, las azafatas tapan a los pasajeros con mantas escocesas y les dan zapatillas de género.

5. V___ F___ En el vuelo de regreso a Chile, al viajero le sirvieron el almuerzo a las once de la mañana.

6. V___ F___ Al mirar por la ventana del avión, el viajero vio que una parte del ala estaba en malas condiciones.

7. V___ F___ Cuando el avión aterrizó, los pasajeros se dieron cuenta de que no les sirvieron pan con mantequilla.

8. V___ F___ Los pasajeros se sintieron aliviados en el momento de bajar por la escalera del avión, aunque ésta no era muy firme.

B. Estas vacaciones vienen con un nuevo juego de platos.

En la lectura anterior hemos visto que un pasajero chileno se queja de que la comida que sirven en los aviones de hoy no es buena. Pero…, ¿qué diría él si viera el siguiente anuncio que apareció en varias revistas?

Observe, con un(a) compañero(a), los apetitosos platos que presenta el anuncio. Hagan sus comentarios teniendo en cuenta lo siguiente.

1. Digan si en uno de sus viajes en avión han tenido la oportunidad de comer algún plato como los del anuncio. ¿Cuál(es) les sirvieron y cuál(es) no les sirvieron?

2. ¿Qué sugiere el anuncio cuando dice: «viajar amplía la mente» y luego añade: «…y la cintura»?

3. Según el anuncio, ¿cómo se pueden perder las libras que uno gana comiendo en el avión? ¿Están Uds. de acuerdo con esa afirmación?

4. ¿Son muy comunes estos anuncios? ¿Qué piensan Uds. de ellos?

C. ¿Qué tipo de viajero(a) es Ud.?

Lea las siguientes descripciones sobre los diferentes tipos de viajeros y con un(a) compañero(a) de clase intercambie ideas. Identifíquese con uno de ellos.

1. **Los precavidos:** Son aquellos que se preparan para cualquier eventualidad que pueda suceder y tratan de controlarla. En las valijas o maletas de estos viajeros se encontrará siempre una caja con todo tipo de medicinas, porque están dispuestos a combatir cualquier enfermedad que se presente en el camino.

2. **Los nostálgicos:** Son aquellos viajeros que empacan fotografías de toda la familia para no sentirse solos o para poder mostrar al resto del mundo la imagen de los seres queridos. Pasan semanas apuntando teléfonos y direcciones de las personas a quienes enviarán tarjetas y cartas con el membrete de sus hoteles. Estos viajeros pasan horas en sus hoteles o sentados en cafés al aire libre escribiendo postales y anunciando que han salido de sus hogares.

3. **Los teorizantes de lo imprescindible:** Estos viajeros se atienen a la teoría de que hay que viajar con poco equipaje y salen de sus hogares con el mínimo de cosas. Estas personas emplean parte del viaje comprando todo lo que decidieron dejar atrás por ser innecesario. En realidad no creen que hay que viajar con lo imprescindible. Simplemente odian tener que empacar o hacer la maleta.

Situaciones

A. Despedida en el aeropuerto

Ud. es uno(a) de esos viajeros a quien le cuesta mucho trabajo salir de su casa porque cree que en su ausencia nadie puede hacer lo que Ud. hace. Al despedirse de su novio(a), le deja Ud. una interminable lista de encargos de cosas que hay que hacer en su ausencia. Ruéguele una y otra vez que no se olvide de cumplir con todos sus pedidos. ¿Cómo reacciona el (la) novio(a) a sus recomendaciones?

B. No puedo perder el avión

Ud. comenzó sus preparativos de viaje muy temprano para evitar el apuro de última hora. Sin embargo, al entrar en la carretera que lo (la) llevará al aeropuerto, encuentra que la ruta está cerrada debido a un accidente. Cuando finalmente llega al aeropuerto le comunican que no puede abordar porque el avión está listo para salir en tres minutos. ¿Qué hace? Con un(a) compañero(a) de clase presente esta situación.

PREPÁRESE A LEER

Actividad

Generaciones

¿La llamada «Generación X» o la «Generación Mex»? La revista *Sí* en su número de primavera del 96 afirma que la «Generación Mex» está compuesta por unos 30.000.000 (treinta millones) de latinos/hispanos y que en el año 2010 será la mayoría minoritaria de los Estados Unidos.

¿Conocen Uds. a alguien que pertenezca a una de estas generaciones? ¿Están Uds. de acuerdo con los ideales de estas generaciones? ¿Cómo se diferencian los *hippies,* los *punks* y la Generación X?

LENGUA: Los cognados

Al leer el artículo que sigue, Ud. va a encontrar palabras que tienen el mismo origen que las palabras equivalentes en inglés y, por lo tanto, son fáciles de reconocer. Por ejemplo, preste atención al siguiente párrafo que aparece en el artículo que va a leer.

«El movimiento *hippy* era una juventud dispuesta siempre a pasear al filo de la navaja y a introducir nuevas fórmulas de rebelión contra una presión social que consideraba injusta».

1. ¿Podría Ud. dar el significado en inglés de las siguientes palabras o frases?

   el movimiento *hippy*
   introducir fórmulas de rebelión
   una presión social que consideraba injusta

Con el vocabulario que ya conoce y poniendo atención en aquellas palabras que tienen el mismo origen en inglés (cognados), se puede comprender su significado en la lectura sin tener que recurrir al diccionario.

Otras veces se puede reconocer el verbo y adivinar el sustantivo, o reconocer el sustantivo y adivinar el verbo.

Por ejemplo: la búsqueda — buscar
el escándalo — escandalizar
la tolerancia — tolerar

2. ¿Podría Ud. dar el verbo correspondiente a estos sustantivos? ¿Cuál es la traducción al inglés del sustantivo y del verbo? Recuerde que algunos verbos pueden ser reflexivos.

la prohibición	la educación	el refugio
la rebelión	la práctica	la invasión
la existencia	el escándalo	el triunfo

VOCABULARIO

Para hablar del naturismo

disfrutar de *to enjoy*
el (la) nudista; el nudismo *nudist; nudism*
  vestirse, desvestirse *to get dressed, to undress*

la playa *beach*
sentirse a salvo *to feel safe*
el traje de baño/el bañador *bathing suit*

La rebelión de la juventud

la actitud contestataria *defiant attitude*
la comisaría *police station*
hacer caso omiso *to ignore*
el juzgado *court (of law)*

el luchador *fighter*
las reglas y las leyes *rules and regulations*
los seguidores *followers*
el sobresalto *alarm, sudden fright*

¡A LEER!

A continuación Ud. leerá un texto sobre la transformación que en los últimos años ha sufrido el naturismo en España.

1. Primero dé un vistazo al artículo. Lea el título y la introducción.
2. Lea el comienzo de cada párrafo y verá que hay una secuencia en la evolución del naturismo en España.
3. Repase rápidamente el artículo, prestando atención a los cognados y a su posible significado.
4. Vuelva a leer más detenidamente el artículo.

¿Sabía Ud. que...?   **La Guardia Civil** es una organización legal y armada de España que fue fundada en 1844 con el propósito de mantener el orden público.

Los nudistas se instalan en las cálidas playas españolas   Javier Montoya

El concepto de naturismo ha sufrido una profunda transformación en los últimos años. De ser una actitud contestataria en la década de los 60 se ha convertido en una tradición de familias enteras.

evadir
"ghettos"/de ninguna manera

Comenzó como una actitud contestataria utilizada por los jóvenes de los años 60 para *desmarcarse* de las reglas de la sociedad. Los nudistas, entonces, sólo podían refugiarse en unos cuantos «guetos» en los que *ni siquiera* se sentían a salvo de las persecuciones de la Guardia Civil. En ellos,

5 *al menos,* llegaban a tener la sensación de disfrutar de una libertad sin
límites y de acercarse un poco más a la vida natural, rompiendo los
cánones de la época.

El movimiento *hippy* era una juventud dispuesta siempre a *pasear al filo
de la navaja* y a introducir nuevas fórmulas de rebelión contra una presión
10 social que consideraban injusta.

Era, entonces, el *florecimiento* del «vive como quieras» y de la búsqueda
de la naturaleza por encima de reglas, leyes y conductas morales.

Los años pasaron entre continuos sobresaltos y *carreras* delante de la
autoridad, entre días tranquilos de playa y tardes poco *sosegadas* de juzgado
15 o comisaría. Aquellos héroes *desarmados* y desvestidos, que proclamaban un
mundo sin *ataduras* y una sociedad *despojada* de todos los absurdos rituales
que la adornaban, son ahora responsables padres de familia, instalados
cómodamente en una sociedad que antes atacaban.

Ya no son solamente los jóvenes los que *se desnudan* en las playas. Los
20 tímidos bañadores *topless* de hace años, que escandalizaban a los visitantes,
son ahora norma aceptada, o al menos consentida, por una gran parte de la
sociedad que probablemente ya no entendería una playa en la que no
existieran. Pero el nudismo ha sido y es algo más que desvestirse.

Según los propios naturistas, el nudismo es una práctica esencialmente
25 familiar que nace de la idea de que todas las partes del cuerpo tienen el
mismo derecho a recibir los beneficios del sol y del aire para conseguir una
salud más completa. El concepto, por lo tanto, ha cambiado sensiblemente.
Aquellos jóvenes contestatarios han encontrado en esta práctica un nuevo
concepto que ofrecer a sus hijos dentro de lo que ellos consideran una edu-
30 cación más permisiva.

Disfrutar del sol

L as prohibiciones se han relajado, y aquellas noticias que invadían cada año
la prensa sobre las detenciones de grupos nudistas van perdiendo fuerza
poco a poco. Eso sí, siguen existiendo en España dos zonas claramente
35 diferenciadas en cuanto a permisividad. La costa mediterránea, donde sus
habitantes toleran, a veces simplemente haciendo caso omiso, este tipo de
turismo. Las costas del Cantábrico y del Atlántico donde aún siguen pro-
duciéndose *enfrentamientos* con las «fuerzas vivas» de las localidades donde
los nudistas pretenden *asentarse.*
40 Pero el avance del nudismo era casi imposible de *detener* y no se quedó
en las playas, sino que invadió las ciudades y obligó a crear espacios en las
piscinas urbanas. En Madrid, desde hace años, funcionan áreas especiales
para naturistas en algunas piscinas municipales.

La evolución que ha sufrido la sociedad española en los últimos años ha
45 significado para el naturismo la posibilidad de existir sin tener que per-
manecer al margen de la legalidad.

A pesar de que actualmente parece triunfar más — al menos está más de
moda — la vuelta al bañador y a la moda de playa, el naturismo mantiene
un importante número de seguidores. La *contestación* al sistema murió hace
50 años, pero algunas de aquellas formas de oponerse a él siguen vivas. El
espíritu de los naturistas es ahora otro muy distinto. Quizás actualmente

---

Marginal glosses:

at least

to live dangerously

comienzo

running around
calmadas
sin armas
obligaciones/libre

desvisten

confrontaciones
establecerse
parar

protesta

En España existen dos zonas diferenciadas en cuanto a permisividad.

predomine más en la filosofía naturista el culto al cuerpo que la vuelta a la vida salvaje.

Aquellas utopías de los años 60 acabaron con el paso del *hippy* al *yuppie*.

refugio

55 Puede que el naturismo sea — como otras manifestaciones sociales que triunfan en nuestros días — sólo un *reducto* para la nostalgia de aquellos viejos luchadores de un sueño imposible.

DESPUÉS DE LA LECTURA

Actividades

A. ¿Qué dice la lectura?

Empareje la columna **A** con la columna **B,** según la lectura.

A

1. Los nudistas de los años 60...

2. El movimiento *hippy* introdujo...

3. La búsqueda de la naturaleza estaba por encima de...

4. Los tímidos bañadores *topless* de hace años...

B

a. invadió las ciudades y obligó a crear espacios en las piscinas urbanas.

b. *hippy* al *yuppie*.

c. nuevas fórmulas de rebelión contra la sociedad.

5. Los naturistas dicen que, para una salud más completa, todas las partes del cuerpo…

6. En la costa mediterránea de España…

7. El nudismo en España no se quedó en las playas sino que…

8. Las utopías de los años 60 acabaron, con el paso del…

d. los habitantes toleran el nudismo.

e. tienen el mismo derecho a recibir el sol.

f. ahora son norma aceptada.

g. se refugiaron en unos cuantos guetos.

h. reglas, leyes y conductas morales.

B. ¿Qué significa para Ud.?

Trabaje con un(a) compañero(a) de clase. Digan qué significan para Uds. los siguientes términos.

1. la libertad sin límites
2. ser un(a) luchador(a)
3. escandalizar a la sociedad
4. la conducta moral
5. la prohibición del nudismo

C. Puntos de vista

Con un(a) compañero(a) de clase, intercambie ideas sobre el nudismo, teniendo como guía las siguientes preguntas.

1. Durante las vacaciones, ¿han visitado Uds. alguna vez una playa de nudistas? ¿Cuándo? ¿Dónde? ¿Cómo era esa playa?

2. ¿Piensan Uds. que en los Estados Unidos, como en España, los nudistas tienden a invadir las playas y las piscinas públicas? Si su respuesta es negativa, den algunas razones. Si Uds. aprueban el nudismo, ¿dónde piensan que debe practicarse?

3. Se dice que está de moda el culto al cuerpo. ¿Es este culto parte de la filosofía naturista? ¿En qué consiste el culto al cuerpo?

thong   4. Hay un traje de baño muy pequeño llamado *tanga* que tiene su origen en Brasil. ¿Lo han visto Uds.? ¿Qué opinión tienen de él?

5. En el estado de la Florida está prohibido el uso del traje de baño «tanga» por ser exhibicionista. ¿Aprueban Uds. que las autoridades de un estado les prohiban llevar un tipo de traje de baño o piensan que esto va en contra de la libertad del individuo? Expliquen su respuesta.

PREPÁRESE A LEER

Actividad

¡Charlemos!

Pregúntele a su compañero(a).

1. ¿Te gusta vivir en una ciudad o en un pueblo? ¿Por qué? ¿Cómo es la ciudad (el pueblo) donde vives? ¿Cómo son las casas? ¿las calles? ¿las plazas? ¿Hay una iglesia cerca de tu casa? ¿Cómo es?

2. ¿Cómo es la casa donde vives? ¿Vives en una casa de apartamentos? ¿Cuál es tu rincón favorito? Si la casa tiene jardín, ¿cómo es? ¿Podrías describir cómo es tu dormitorio?

¿Cómo es la ciudad ideal? ¿Cómo la imagina Ud.?

VOCABULARIO

Para hablar del pueblo

la acera *sidewalk*
el ataúd *coffin*
el banco *bench*
la campana *bell*
el campanario *bell tower*
la calle *street*
el cementerio *cemetery*

la cerca *fence*
el empedrado *stone pavement*
las hojas *leaves*
la iglesia *church*
el jardín *garden*
la losa *tombstone*
la pared de vidrio *glass wall*

el piso *apartment; floor*
la puerta de madera *wooden door*
el ramaje *branches*

Las pasiones

el amor *love*
la envidia *envy*
la maldad *evil*

el techo *roof*
la tumba *tomb*
la villa *country manor, small town*

el odio *hatred*
la rabia *rage, anger*

Práctica

Familia de palabras

Elimine la(s) palabra(s) que por su significado no correspondan al grupo.

1. la puerta, el techo, el odio, la pared
2. la pared de vidrio, el empedrado, la calle, la acera
3. el cementerio, el ataúd, la tumba, la envidia
4. la casa, la villa, el techo, el palacio
5. el jardín, el árbol, la pared, el ramaje

¡A LEER!

LA AUTORA Y SU OBRA

Mercè Rodoreda (1909–1983) es una de las escritoras más sólidas de la literatura catalana de nuestro siglo. Su primera novela, *La plaza del diamante*, publicada en 1962, tuvo mucho éxito. «Viaje al pueblo de vidrio» pertenece a una serie de cuentos, *Viajes y flores* (1980). La autora mezcla con sutileza humor, fantasía y una profunda observación de la condición humana, bajo el pretexto de hablarnos de viajes imaginarios, como el que leeremos.

En el siguiente cuento, Mercè Rodoreda nos ofrece una experiencia única: un viaje imaginario a un pueblo de vidrio. A través de su cristal, la autora va describiendo el pueblo y penetrando en la condición humana. En el pueblo de vidrio todo es de una pureza extrema y las grandes pasiones como la envidia, la maldad y el odio no se manifiestan y acaban por desaparecer.

1. Preste atención al título y a la primera oración.
2. Al ir leyendo el cuento, fíjese en qué orden se presentan los detalles del pueblo de vidrio.
3. Al leer la descripción, tenga en cuenta los colores y los sonidos que aparecen en la imagen del pueblo que se va formando.
4. Observe si los adjetivos usados en la narración se refieren a rasgos físicos, sicológicos o espirituales.
5. Vea si hay comparaciones y qué mundo presentan esas comparaciones.

Viaje al pueblo de vidrio   Mercè Rodoreda

normalmente es

bell clappers

los muebles
palacio/*eagles*
con las alas abiertas

imperfección/*nails*/shell

Moderados y agradables

éxtasis

ocultar/confusos/apagar

no muestran

destruyera

desconocidas

Absolutamente todo era de vidrio, empezando por lo que *acostumbra a ser* de madera, por ejemplo: paredes y techos, puertas interiores y exteriores, el empedrado de las calles también, las aceras, la iglesia y su campanario, las campanas, los *badajos,* las losas del cementerio, los ataúdes, las tumbas, para que si te interesa puedas seguir el proceso de la descomposición del cuerpo humano…los bancos y las cercas de los jardines públicos y de los jardines particulares, todo lo que constituye *el mobiliario* de un piso, de una villa, de un *palacete.* El monumento a las *águilas* era un gran árbol de vidrio sin hojas con siete águilas *aliabiertas* en el ramaje. El monumento a la luna consistía en una enorme bola de vidrio trabajada con cráteres, con montes espectaculares. Los habitantes del pueblo de vidrio no necesitan poseer libros, saben encontrar en el espacio, grabado para la eternidad, todo lo que ha pasado en el mundo, todo lo que pasará, todo lo que las llamas destruyeron en la biblioteca de Alejandría. La sabiduría del mundo es suya. Me impresionó mucho que no hubiera nada que no se pudiera ver y este nada que no se pudiera ver quiere decir el vivir de cada día de la gente. Una gente maravillosamente hermosa, con un cuerpo bien organizado, sin *tara,* con unas *uñas* tan perfectas como media *cáscara* de huevo de paloma, con los cabellos como cascadas de agua, con unos ojos de transparencia absoluta y de una expresión angelical. *Contenidos y afables,* con la mente clara… Total: una gente de nivel superior tanto físico como intelectual, de un gran magnetismo, poderosos y temibles. Estas personas tan envidiadas que alcanzan edades patéticas, viven, naturalmente, a la vista de todos, lo cual les obliga a contener los malos humores, los *arrebatos,* la rabia, la envidia, el odio, el deseo, en los más extremistas, de matar…y a fuerza de *esconder* su maldad, sus instintos, los confesables y los *turbios,* de *ahogar* las malas pasiones, acaban por no tenerlas. ¿Monotonía? No lo sé. Lo que sé es que todo el mundo es de una pureza extrema. El único espectáculo que no se permiten dar completamente es el espectáculo de hacer el amor, que hacen detrás de vidrios gruesos de los que *velan* los detalles, porque el detalle es lo que cuenta, pero aún así, a pesar de ello, puedes llegar a ver qué pasa y puedes admirar los grados de sublimación a que llegan en los momentos más exaltados de la aventura sexual, llamémosla amorosa. Los ves comer; comen como si no comieran y la expresión de sus rostros, por más hambrientos que se sientan a la mesa, nunca es bestial, como no es bestial su cara o lo que puedes adivinar de su cara en el morir del amor. No los vi nunca preocupados, nunca con las cejas juntas — tienen las frentes altas y lisas — nunca con los ojos lanzando fuego, aunque alguna bestia nocturna les *estropeara* las flores del jardín, todas de vidrio. Es el pueblo que me ha dejado el mejor de los recuerdos. «¿Por qué, si se enamoró de él, no se instaló allí?» «Porque mi trabajo no es detenerme sino ir siempre adelante; continuar la infinita busca y captura de corazones oscuros y costumbres *ignoradas».*

DESPUÉS DE LA LECTURA

Actividades

A. ¿Qué dice la lectura?

Conteste las siguientes preguntas.

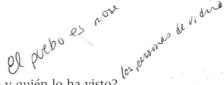

1. ¿Dónde está el pueblo de vidrio y quién lo ha visto?

2. ¿Qué personajes aparecen?

3. ¿Quién o quiénes hablan en este cuento? ¿Da o dan opiniones personales? ¿Cuáles?

4. ¿La voz del narrador presenta este pueblo de manera positiva o negativa? ¿Por qué?

5. ¿Está Ud. de acuerdo con esas cualidades o defectos que, según la voz narradora, tiene el pueblo de vidrio?

6. Si lo compara con ciudades y pueblos conocidos, ¿qué le falta a la imagen de este pueblo?

7. ¿Con cuál de las siguientes ideas relaciona Ud. la posible existencia de ese pueblo que es todo de vidrio? ¿Pureza de espíritu? ¿Frialdad? ¿Fragilidad? ¿Sinceridad? Justifique y comente sus opiniones.

B. Temas de reflexión

Con un(a) compañero(a) de clase, intercambie ideas, teniendo en cuenta las siguientes preguntas.

1. ¿Les gustaría vivir en un pueblo de vidrio? ¿Por qué sí o por qué no?

2. ¿Les parece que ese pueblo es mejor o peor que los pueblos de la realidad cotidiana?

3. ¿Qué creen Uds. que sugiere el uso de la imagen del vidrio?

4. ¿Piensan Uds. que hay una cierta actitud irónica por parte de la voz narradora del cuento? ¿Podrían explicar su respuesta?

5. ¿Pertenecería este cuento al género de la literatura de ciencia ficción? ¿Por qué?

C. Creación

En grupos de tres o cuatro estudiantes, intercambien ideas e imagínense cómo sería una ciudad toda de plástico, de oro, de seda u otro material. Escriban un breve relato para leerlo o representarlo en clase.

PREPÁRESE A LEER

VOCABULARIO

Para hablar del mundo

el barro humano *humanity*
la cosecha de verdades *harvest of truths*
  escrutar el arcano *to look for secret meanings*
el ensueño *daydream*
  lejano(a) *distant*
  osado(a) *daring, bold*

el orbe *world*
el planeta *planet*
  girar *to spin*
los siglos *centuries*
sondar/sondear *to fathom*

¡A LEER!

EL AUTOR Y SU OBRA

Amado Nervo (1870–1919) es uno de los grandes poetas mexicanos del movimiento literario llamado «modernismo». Su poesía es diáfana y musical y su métrica es innovadora. Escribió una extensa obra. Entre sus libros se encuentran *Serenidad, Elevación, Plenitud, La amada inmóvil* y *El arquero divino.* El poema «El gran viaje» fue escrito a principios de este siglo.

Al leer el poema…

1. piense a quién o a quiénes habla la voz poética; si hay alguien que responde; si hay alguna expresión afirmativa; si hay alguna expresión exclamativa.
2. ¿Qué sugiere el título?
3. ¿Podría ser un poema profético? Si es así, ¿qué otros grandes viajes ha realizado la humanidad en el transcurso de este siglo? ¿Quién podría ser para Ud. otro Cristóbal Colón?

El gran viaje   Amado Nervo

¿Quién será, en un futuro no lejano,
el Cristóbal Colón de algún planeta?
¿Quién logrará, con máquina potente,
sondar el océano

cielo   5 del *éter* y llevarnos de la mano
allí donde llegaran solamente

bold   los *osados* ensueños del poeta?

¿Quién será, en un futuro no lejano,
el Cristóbal Colón de algún planeta?

10 ¿Y qué sabremos tras el viaje augusto?
¿Qué nos enseñaréis, humanidades
de otros orbes, que giran
en la divina noche silenciosa,
y que acaso, hace siglos que nos miran?

15 Espíritus a quienes las edades,
flow   en su *fluir* robusto
key   mostraron ya la *clave* portentosa
de lo Bello y lo Justo,
¿cuál será la cosecha de verdades
20 que deis al hombre, tras el viaje augusto?

examinará lo secreto   ¿Con qué luz nueva *escrutará el arcano?*
¡Oh, la esencial revelación completa
que fije nuevo molde al barro humano!

¿Quién será, en un futuro no lejano,
25 el Cristóbal Colón de algún planeta?

DESPUÉS DE LA LECTURA

Actividades

A. ¿Qué dice el poema?

Conteste las siguientes preguntas.

1. ¿Cuál es la pregunta incesante que se hace el poeta? ¿Qué entiende Ud. por el «Cristóbal Colón de algún planeta» (v. 2)?

2. ¿Cómo interpreta Ud. «el océano del éter» (v. 4–5)? ¿Por qué dice Amado Nervo que los ensueños del poeta han llegado tan lejos?

3. ¿Cuál es «el viaje augusto» (v. 10)? ¿Podría ser la vida misma? ¿la muerte?

4. ¿Qué podrían enseñarnos las «humanidades de otros orbes» (v. 11–12)? ¿Cómo imagina el poeta a los habitantes de estos orbes?

B. Temas de reflexión

1. ¿Qué efecto produce la constante repetición del verso «¿Quién será…?» en el poema?

2. ¿Cómo contestaría Ud. la pregunta del poeta? El que nos lleve a «sondar el océano del éter» (v. 4–5), ¿será un poeta, un científico, un filósofo o Dios mismo? Para Ud., ¿es éste un poema de ciencia ficción o, más bien, un poema religioso?

3. ¿Cómo imagina Ud. el mundo después del «viaje augusto» (v. 10)? ¿Cambiaremos tan pronto como poseamos «la clave portentosa de lo Bello y lo Justo» (v. 17–18)? ¿En qué consiste esta «clave»?

Lección 3

LA UNIVERSIDAD DE LOS '90

La Universidad Peruana Cayetano Heredia ha logrado en sus casi tres décadas (1961-1990) un sólido prestigio en la formación de médicos, científicos y odontólogos, gracias a la devoción de sus profesores, la calidad del alumnado y el apoyo de la comunidad.

Empezando los '90 nuestra Universidad proyecta su desarrollo. Y lo hace teniendo en cuenta las necesidades del país. Con la atención de la salud como eje y criterios educativos modernos, Cayetano incursionará en nuevas profesiones: la medicina veterinaria, la farmacia industrial, la educación en ciencias y la educación especial, para niños en desventaja.

Ello sólo será posible con el apoyo de la Sociedad y del Estado, que venimos recibiendo y agradecemos.

En Cayetano Heredia ningún alumno es separado por incapacidad de pago, cumpliendo democráticamente con dar opción al más capaz. Queremos mantener esta tradición herediana, pero los tiempos que vivimos son difíciles y hacen necesaria la ayuda renovada de la banca, la industria y nuestros exalumnos.

Porque Cayetano Heredia debe seguir siendo un orgullo del Tercer Mundo, como es reconocida en círculos internacionales.

UNIVERSIDAD PERUANA CAYETANO HEREDIA

SPIRITUS UBI VULT SPIRAT

Los senderos
de la enseñanza

PRIMEROS PASOS

El anuncio de la Universidad Peruana Cayetano Heredia se publicó en la revista *Caretas*. Es una universidad privada que, para mantenerse, cuenta con la primordial ayuda de la empresa privada.

Actividades

A. Puntos de vista

1. Con un(a) compañero(a), observe y comente la presentación del anuncio y el emblema de la universidad. ¿Qué podría significar la antorcha y la serpiente en el campo de la educación?
2. Después lea con atención lo que la universidad ofrece e intercambie ideas con su compañero(a) sobre los siguientes temas: (a) campos de más prestigio de la universidad, (b) profesiones que piensa desarrollar en esta década, (c) el apoyo que necesita para lograr sus metas y (d) la tradición que desea mantener.

B. ¡Charlemos!

Pregúntele a su compañero(a) lo siguiente.

1. ¿Cuánto tiempo hace que estudias en esta universidad? ¿Qué estudias? ¿Qué proyectos tienes para el futuro en cuanto a tus estudios y tu carrera?
2. ¿Cuáles son las ventajas y desventajas de las universidades del Estado? ¿de las universidades privadas? ¿Sabes cuáles son los campos de más prestigio de esta universidad? ¿Con qué apoyo cuenta esta universidad?

PREPÁRESE A LEER

Actividad

Puntos de vista

El ingreso a la universidad es siempre un importante tema de conversación y debate. Todos tenemos algo que decir al respecto. Teniendo como guía las siguientes preguntas, intercambien ideas sobre el tema con algunos de sus compañeros.

1. ¿Cuáles son los requisitos para entrar en una universidad norteamericana? ¿Creen Uds. que es muy difícil ingresar a las universidades en los Estados Unidos?
2. ¿Qué piensan Uds. del examen de conocimiento SAT y otras pruebas similares que se exigen para ingresar a la universidad? ¿Creen Uds. que prueban la capacidad intelectual de los jóvenes? ¿Califican con rigor a los alumnos?
3. Cuando los estudiantes a los dieciocho años ingresan a nuestras universidades, ¿generalmente saben qué carrera quieren seguir? ¿Sabían Uds. qué querían estudiar? ¿Se han decidido ya por una carrera? ¿Cuál?

VOCABULARIO

Para hablar del ingreso a las universidades

el (la) alumno(a)/el (la) estudiante *student*
desconcertarse *to become confused, disconcerted*
empeñarse en *to persist (in), to be bent on*
examinarse *to be tested*
realizar el trámite *to carry out an administrative process*
ser capaz de *to be capable of*
el (la) asistente de cátedra *adjunct professor; teaching assistant*
el bachillerato *high school degree*
el (la) corrector(a) *(examination) grader*
el (la) examinador(a) *test administrator*
el expediente académico *school record*
la facultad *school (division of the university), department*
favorecer *to favor*
el ingreso a la universidad *college (university) admission*

las inscripciones *enrollment*
el (la) licenciado(a) *college or university graduate*
la matrícula *registration (fee)*
el nombre de pila *first name*
la oficina de admisión *admission office*
la papeleta de calificación *official grade report*
perjudicar *to damage, harm*
el plazo se vence (se cumple) en *the deadline is*
el (la) profesor(a)/el (la) catedrático(a) *professor*
la prueba *test, proof*
la prueba de selectividad *university entrance exam*
celebrarse *to be held*
la sede/el domicilio *headquarters, home address*
la solicitud *application*
el tribunal de examen *exam committee*

Práctica

A. Los sinónimos

Las palabras en cursiva de la columna **A** aparecerán en la lectura. Emparéjelas con los sinónimos de la columna **B**.

A	*B*
1. En el mes de junio *se celebra* el sorteo de preguntas de la Prueba de Selectividad.	a. pude, conseguí
2. El sorteo es en *la sede* del Ministerio de Educación.	b. se efectúa, se lleva a cabo
3. Era el tema que mejor sabía pero me *desconcerté* muchísimo.	c. confundí, alteré
4. No *fui capaz* de acordarme del nombre de pila de Zurbarán.	d. después del, siguiente al
5. La verdadera liberación no llega el día *posterior al* examen sino cuando se tiene la papeleta de calificación en la mano.	e. el local, el edificio

B. ¡A inscribirse!

Complete la oración con la(s) palabra(s) correspondiente(s). Haga los cambios necesarios.

cumplirse el plazo   empeñarse en   (el) expediente académico
(las) inscripciones   (el) trámite de ingreso   lo que

1. Hoy se realizan _____ en la Universidad Complutense.
2. Antes de _____ para las cinco universidades madrileñas se calculaba que 15.000 estudiantes realizarían _____.
3. A veces los padres _____ obligar a sus hijos a realizar estudios que no desean.
4. El padre dice que lo peor es que su hijo no sabe _____ le conviene.
5. El hijo tiene un excelente _____ para estudiar lo que quiera.

¿Sabía Ud. que...?

En España, a fines del mes de junio de cada año, muchísimos estudiantes que desean entrar a la universidad deben pasar por la Prueba de Selectividad. Esta prueba de ingreso a la universidad selecciona a los mejores estudiantes. Una cuarta parte de los muchachos se queda con las ganas de seguir la carrera que le gusta porque otros alumnos obtienen mayor puntuación.

Si los chicos y chicas no aprueban el examen de ingreso, prácticamente se les cierran las puertas de las universidades españolas porque en ese país no existen instituciones de dos años, como los *junior colleges* norteamericanos, que preparan a los estudiantes que no alcanzan la puntuación de ingreso universitario.

¡A LEER!

La suerte

A continuación, Ud. leerá dos artículos sobre la Selectividad en España. Al leer «*El azar* decide el futuro profesional de 300.000 jóvenes», artículo que apareció en la revista española *Cambio 16,* tenga en cuenta los siguientes puntos: (a) el proceso del sorteo de las preguntas de la Prueba de Selectividad, (b) las preocupaciones de los estudiantes que han seguido el Curso de Orientación Universitaria (COU), (c) el criterio de la corrección de las pruebas y (d) la puntuación que se necesita para lograr el ingreso a la universidad.

El azar decide el futuro profesional de 300.000 jóvenes
Fernando Urías/Fátima Uríbarri

una lotería

En la sede del Ministerio de Educación y Ciencia, en la calle Alcalá de Madrid, en el mes de junio se celebra *un sorteo.* Casi 35.000 chicos y chicas madrileños, sus familias, sus amigos y sus profesores «darían cualquier cosa» por saber el resultado de este sorteo: de el saldrán las
5 preguntas de la Prueba de Selectividad.

En el resto de España, otros 265.000 estudiantes del Curso de Orientación Universitaria (COU) están también nerviosos. Para ellos, aprobar la difícil Prueba de Selectividad es importantísimo. En teoría el examen es fácil, lo que es verdaderamente selectivo es el curso preuniversitario
10 (COU).

«Es imposible saber cuáles van a ser las preguntas de la Prueba de Selectividad, ni siquiera lo sabemos nosotros», afirma Francisco Moreno, catedrático de Lengua Española en la Universidad de Alcalá de Henares, que durante varios años ha sido coordinador de área y miembro del tri-
15 bunal del examen.

subjects

Cada uno de los coordinadores de las quince *asignaturas* que entran en Selectividad hace varios modelos de examen que después serán sorteados en el ministerio. El resultado del sorteo sólo lo sabe un par de personas.

va a tener la responsabilidad

Una de ellas *se encargará* de hacer las miles de fotocopias que luego llegarán
20 a las manos de los alumnos.

«Esto es peor que la lotería. —dice Fernando Muñoz— No voy a estar tranquilo hasta que no tenga la nota en mi mano». Casi todos piensan igual: la lotería no termina el día del examen, luego hay que tener suerte con el corrector.

preparan

25 En los exámenes que *confeccionan* los coordinadores van incluidas las respuestas y una serie de instrucciones para el profesor que debe corregir el examen. El criterio personal del corrector puede perjudicar o favorecer la nota.

play tricks on you

A veces los nervios *juegan malas pasadas.* Sixto Armán, licenciado en
30 Historia, recuerda que tuvo suerte porque le preguntaron en la prueba de arte sobre su pintor favorito: Zurbarán. «Era el tema que mejor sabía pero

Estas estudientes madrileños están contentísimos. ¿Puede ser que hayan aprobado la Prueba de Selectividad?

confundí / pude
fallo de la memoria

me desconcerté muchísimo porque no *fui capaz de* acordarme de su nombre de pila», cuenta Sixto. Ese *lapsus* le hizo perder bastante tiempo.

La verdadera liberación no llega el día posterior al examen sino cuando
35 se tiene la papeleta de calificación en la mano. Para algunos, un cuatro en Selectividad no es suficiente; *hace falta* que la media con las notas obtenidas durante el Bachillerato Unificado de Polivalente (BUP) y el Curso de Orientación Universitaria (COU) dé un resultado mínimo de cinco puntos.

es necesario

España es el país donde más influyen las calificaciones del bachillerato.
40 En otros países de la CE, como Francia, el Reino Unido e Italia, el expediente académico sólo *se tiene en cuenta* para subir la nota final. Sin embargo, no es el expediente académico lo que baja las calificaciones. Normalmente sucede lo contrario: el expediente académico baja con la Selectividad.

se considera

DESPUÉS DE LA LECTURA

Actividades

A. ¿Qué dice la lectura?

Complete las oraciones de acuerdo con la lectura.

1. El sorteo de las preguntas que aparecerán en la Prueba de Selectividad es en el mes de _____ en la ciudad de _____.

2. Más de treinta mil muchachos y muchachas en Madrid darían cualquier cosa por _____.

3. En el resto de España, los estudiantes de COU también están _____ porque para ellos es muy importante _____.

4. Cada uno de los coordinadores de las quince _____ hace varios_____.

5. El resultado del sorteo de preguntas para la Prueba de Selectividad sólo lo saben _____.

6. El criterio personal del corrector de exámenes puede _____.

7. Sixto Armán recuerda que en la Prueba de Selectividad no _____ del pintor Zurbarán, debido a un *lapsus* que _____.

8. Para calcular la nota final se tiene en cuenta la Prueba de Selectividad y _____.

B. Puntos de vista

Con un(a) compañero(a), comente la Prueba de Selectividad que deben aprobar los estudiantes españoles para entrar en la universidad. Pueden usar éstas y otras preguntas:

1. ¿Creen Uds. que es justo que muchachos de diecisiete años se jueguen su futuro cuando aún no están formados ni tienen una personalidad definida? ¿Qué alternativas hay para este tipo de estudiantes en los Estados Unidos?

2. Para un examen de ingreso a la universidad, ¿piensan Uds. que un sistema de sorteo de preguntas podría ser mejor o peor que un sistema de selección de preguntas apropiadas? Expliquen su respuesta.

PREPÁRESE A LEER

LENGUA: *Lo que*

Recuerde Ud. que...

> **lo que** *(what, that which)* se usa para referirse a una idea imprecisa. Preste atención a las siguientes oraciones que aparecerán en la lectura.

1. No sabes **lo que** quieres y, **lo que** es peor, no sabes **lo que** te conviene.
2. Tienes nota suficiente para hacer **lo que** te dé la gana.

Práctica

Los sinónimos

Las palabras de la columna **A** aparecerán en la lectura. Empareje los sinónimos de las columnas **A** y **B**.

A	B
1. aparcar	a. la cola
2. descender	b. a veces
3. la estudiante	c. obligar
4. solicitar	d. estacionar
5. la nota	e. ingresar
6. la fila	f. bajar
7. en ocasiones	g. terminar
8. forzar	h. pedir
9. concluir	i. la alumna
10. entrar	j. la entrada
11. la admisión	k. la calificación

¡A LEER!

El siguiente artículo adaptado apareció en *El País*. En el artículo la periodista Gabriela Cañas comenta el caso actual de una mujer profesional en Europa.

Premio a la nueva mujer europea   Gabriela Cañas

«Hay que acostumbrarse a tener empleos para los que nos sobran estudios».

quitado
personalidad

premiada

to resign oneself

crecer, aumentar

contribución

backwardness

erónica Alcázar es una de esas jóvenes sobradamente preparadas que, sin embargo, aún no le ha *arrebatado* a nadie su despacho y su coche oficial. Pero si el nuevo modelo de mujer europea coincide con su *perfil*, ya pueden temblar unos cuantos porque esta madrileña de veintiocho años que acaba de ser *galardonada* con el premio «La nueva mujer europea» que patrocina el Parlamento Europeo en España es una apasionada de la política [5] y ya ha empezado a recibir ofertas de trabajo. En cualquier caso ella es de la opinión que los de su generación deben cambiar la mentalidad y empezar a comprender que hay que *conformarse* con empleos modestos que no se correspondan con tan altos niveles de preparación.

Licenciada en ciencias políticas con la especialidad en sociología política, [10] Verónica Alcázar sigue preparándose. Ha trabajado ya en distintas empresas en los sectores de publicidad y márketing con vistas a *profundizar* en su pasión política y preparar la tesis doctoral en el Instituto Ortega y Gasset sobre la *aportación* política de las mujeres españolas a la transición. Porque Verónica Alcázar es profundamente feminista y si algún día logra dedicarse [15] a la política le gustaría trabajar en el ámbito de la mujer. «Sufrimos un *retraso* importante respecto al resto de las mujeres europeas», explica.

no tenemos	«La consideración de la mujer es más avanzada fuera y *carecemos* de figuras
	20 importantes del pensamiento político profundo como hay en Italia, en
	Alemania o en Francia».
debido a	Verónica Alcázar se considera parte de una generación indefinida *por*
	culpa de la cronología. «Cuando Franco murió yo tenía siete años y cuando
	empecé a entender las cosas ya se había hecho la transición política»,
	25 explica. «Así que los de mi generación nos hemos perdido un poco todo.
	La siguiente generación a la mía, ésa a la que absurdamente llaman
	Generación X, es diferente. Se ha movilizado más. Creo que, en general los
	jóvenes de ahora somos más solidarios. De alguna manera estamos volvien-
	do al espíritu de mayo del 68».
nacer	30 En mayo de 1968, Verónica Alcázar acababa de *venir al mundo*. Sus
	padres y la generación que les siguió han hecho posible, dice, gente como
with flying colors	ella. Gente muy prepararda que superó *con creces* el complejo español de
	desconocer, por ejemplo, cualquier idioma extranjero, pero que se desespera
	ante el incierto futuro laboral. «Tenemos que darnos cuenta de que hay
conseguir	35 que cambiar de mentalidad», dice. «Que no es posible *acceder a* los puestos
to act beneath one's station	de trabajo para los que estamos preparados y que no se nos deben *caer los*
	anillos por desempeñar empleos más modestos».
	El premio anual a la mujer europea está dotado con 1,5 millones de
comes in handy	pesetas. Un que *le viene muy bien* a la ganadora para poder seguir con su
	40 tesis y comprarse otro ordenador porque el suyo se ha quedado, dice, muy
outdated	*desfasado*.

DESPUÉS DE LA LECTURA

Actividad

Verdadero o falso

Si es falso, diga por qué.

1. V _____ F _____ Verónica Alcázar es profesora en un instituto.

2. V _____ F _____ Las mujeres españolas están menos preparadas para competir en el mundo laboral que otras mujeres europeas.

3. V _____ F _____ Las mujeres alemanas están menos preparadas que las francesas y más que las españolas.

4. V _____ F _____ Verónica Alcázar pertenece a la Generación X.

5. V _____ F _____ Los jóvenes de hoy están excesivamente cualificados para los puestos que desempeñan.

6. V _____ F _____ Los jóvenes españoles de hoy pueden hablar varios idiomas extranjeros.

7. V _____ F _____ Verónica cree que sólo hay que aceptar los puestos de trabajo para los que uno se prepara con sus estudios, nada por debajo de su nivel de estudios.

8. V _____ F _____ Verónica está aprendiendo a manejar el ordenador.

Situación

¡Piensa en el futuro!

Ud. es un padre (madre) español(a) que se preocupa mucho por la carrera que va a seleccionar su hijo(a). Desea que su hijo(a) sea arquitecto(a) como Ud., para que pueda trabajar en su oficina. Su hijo(a), sin embargo, desea ser poeta y escribir poesía. En este momento Ud. está tratando de convencer a su hijo(a) de que su decisión es un grave error.

PREPÁRESE A LEER

Actividad

Puntos de vista

Ahora les toca a Ud. y a su compañero(a) hablar de los grandes problemas que tienen las universidades en los Estados Unidos. Intercambien ideas al respecto y den sus opiniones a la clase.

1. El costo de la matrícula universitaria sube cada día más. ¿A qué creen que se debe este incremento constante? ¿Cómo se podría solucionar este asunto?

2. El número de estudiantes por clase ha ido en aumento en los últimos años y los profesores prácticamente ya no conocen a los estudiantes. ¿Cuáles serían algunas soluciones posibles?

3. ¿Cuáles son algunos de los problemas que los estudiantes tienen cuando las clases de los dos primeros años de estudio están prácticamente en manos de los asistentes de cátedra?

4. ¿Piensan Uds. que los profesores se dedican más a la enseñanza que a la investigación? Según Uds., ¿se debe enseñar e investigar al mismo tiempo? Expliquen sus respuestas.

VOCABULARIO

Para hablar de los problemas universitarios

el aula *classroom*
la consigna política *political slogan*
el (la) decano(a) *dean*
desarrollar sus labores *to carry out his (her) work*
ingresar a/egresar de *to enter/to leave the university*
matricularse *to enroll*
el personal docente *teaching staff*
plantear soluciones *to present solutions*
el (la) rector(a) de la universidad *university president*

los recursos económicos *economic resources*
el porcentaje *percentage*
el presupuesto *budget*
el sueldo promedio *average salary*
aprobar(se) una ley *to approve a law*
crear un impuesto *to create a tax*
incrementar los bienes *to increase the assets*
invertir alrededor de *to invest approximately*
situarse al margen de *not to be involved*
la universidad estatal (privada) *state (private) university or college*

Práctica

Antónimos

En las siguientes oraciones, cambie la palabra en cursiva por el antónimo apropiado. Si es un verbo póngalo en la forma correspondiente.

antigua	diferente	egresar de
entrar en	menos	responder
último		

1. Cada año *ingresan a* la Universidad de San Marcos 3.000 jóvenes.
2. ¿Cuál es la universidad más *moderna* de América?
3. Hay que *preguntar* por qué no hay dinero para las universidades.
4. Este año *hemos salido de* una crisis económica.
5. Lo *primero* que hay que hacer es reducir el presupuesto por alumno.
6. Las universidades privadas son las *más* afectadas.
7. En las universidades privadas el problema es *el mismo*.

¿Sabía Ud. que...?   **Inti** es el nombre quechua del **sol.** El sol era el dios de los Incas. La moneda peruana lleva el nombre en quechua — los intis — y en español — los soles.

¡A LEER!

El siguiente artículo apareció en el semanario peruano *Caretas*. Esta revista dedicó varios artículos a los problemas de la educación en Perú.

La problemática universitaria de Perú

En una dura reunión, los rectores de todas las universidades peruanas analizan y plantean soluciones sobre los problemas que afrontan los centros que ellos dirigen.

El sistema universitario de Perú no podía situarse al margen de la crisis económica. Las universidades estatales son, en este caso, las más afectadas. Ellas, en un gran porcentaje, tienen las cuentas en rojo, están *sobregiradas* y San Marcos — la más antigua universidad de América — está

5 en la *encrucijada* más difícil de su historia.

En la década del 60 el sueldo promedio de un profesor universitario era de 700 dólares mensuales. Por estudiante se invertían alrededor de 350 dólares al año. Algunos rectores señalan que ahora el salario de un profesor alcanza los 150 dólares mensuales y el presupuesto por alumno al año es

10 de setenta dólares.

overdrawn
dilemma

Facultad de Medicina de la Universidad Autónoma de México

«¿Qué es lo que ha pasado?», se preguntan los rectores. Y ellos mismos se responden: «En los últimos veinte años la Universidad ha entrado en una *pendiente de angostamiento* económico, cuando justamente debía haberse triplicado la inversión. Por eso a nadie debe sorprendernos la crisis univer-
15 sitaria».

Las diferencias en infraestructura entre las universidades nacionales y algunas particulares son abismales. Recorrer hoy los ambientes de la *UN* Mayor de San Marcos, de la UN de Ingeniería o de la UN Federico Villarreal, por citar las más conocidas, es doloroso; sus aulas y patios están deteriora-
20 dos y sus murales están pintados con las *consabidas* consignas políticas. Pero silenciosamente, y con los pocos medios con que cuentan, las universidades estatales tratan de desarrollar sus labores de investigación y, a pesar de todos los problemas, año tras año egresan buenos profesionales.

En cambio, en tres o cuatro universidades *particulares,* como la Universidad
25 Peruana Cayetano Heredia o la Universidad de Lima, la realidad es distinta. Los amplios jardines, las bibliotecas y los cursos dictados con regularidad pueden hacer suponer que actúan con sus propios recursos. Pero no es así. Si no fuera por la ayuda privada, estas universidades también estarían por caer.
30 Las autoridades universitarias, sin embargo, parecen haber encontrado la salida inmediata mediante la creación del Fondo de Desarrollo Universitario. Los recursos — de aprobarse la ley en el Congreso — *ascenderían* a 60 mil millones de intis aproximadamente y saldrían de un impuesto por crearse con base en la publicidad. Con este *monto* se incrementarían los bienes y
35 servicios y, lo que es más importante, se saldría de las cuentas en rojo.

sharp decline

Universidad Nacional

conocidas

privadas

would amount to

cantidad total

DESPUÉS DE LA LECTURA

Actividades

A. Verdadero o falso

Si es falso, diga por qué.

1. V___ F___ Las universidades estatales de Perú están pasando por una crisis económica.
2. V___ F___ San Marcos es la universidad más antigua de América.
3. V___ F___ Un profesor universitario gana al mes un sueldo promedio de 700 dólares.
4. V___ F___ El presupuesto por alumno al año es de setenta dólares.
5. V___ F___ No hay diferencias en infraestructura entre las universidades públicas y las privadas.
6. V___ F___ A pesar de los problemas, las universidades estatales desarrollan sus labores de investigación.
7. V___ F___ La Universidad Peruana Cayetano Heredia es una institución estatal.
8. V___ F___ Las autoridades universitarias no encuentran una salida inmediata a la crisis universitaria.

B. Estadísticas universitarias

Observe con atención el cuadro sobre las universidades de Perú (pág. 57) y después conteste las preguntas.

1. ¿Cuántos estudiantes ingresaron en 1989 a las universidades públicas de Perú? ¿a las universidades privadas? ¿Piensa Ud. que estas cifras son altas? ¿bajas? ¿Sabe Ud. cuántos estudiantes ingresaron a su universidad este año?
2. ¿Cuál es el total de alumnos matriculados en las universidades públicas de Perú? ¿en las privadas? ¿en su universidad?
3. ¿Cuál es la universidad pública con más estudiantes en Perú? ¿con menos estudiantes?
4. ¿Cuántas personas enseñan en la Universidad Nacional Mayor de San Marcos? ¿en la Universidad Femenina del Sagrado Corazón?

UNIVERSIDADES DEL PERU
INGRESADOS, ALUMNOS MATRICULADOS Y DOCENTES SEGUN UNIVERSIDADES. 1989 E.

Universidades	Ingresantes	Alumnos	Docentes
Universidades Públicas	43330	293786	18026
1. UN Mayor de San Marcos	5860	48549	4831
2. UN de San Antonio Abad	3226	14821	950
3. UN de La Libertad	2350	20553	805
4. UN de San Agustín	3436	21927	1020
5. UN de Ingeniería	1500	12703	1112
6. UN San Luis Gonzaga	1760	20048	704
7. UN San Cristóbal de Huamanga	1083	7442	479
8. UN del Centro del Perú	1851	14919	599
9. UN Agraria La Molina	944	4215	494
10. UN de la Amazonía Peruana	950	3665	327
11. UN del Altiplano	1255	7273	513
12. UN de Piura	1060	5369	357
13. UN de Cajamarca	926	4896	411
14. UN Pedro Ruiz Gallo	581	7922	536
15. UN Federico Villarreal	4426	44650	1982
16. UN Hermilio Valdizán	2147	9515	244
17. UN Agraria de la Selva	220	1055	131
18. UN Daniel Alcides Carrión	1770	5790	286
19. UN de Educ. Enrique. G. y Valle	3119	13155	844
20. UN del Callao	1266	8986	351
21. UN José F. Sánchez Carrión	2082	7940	339
22. UN Jorge Basadre Grohmann	567	3965	296
23. UN Santiago Antúnez de Mayolo	302	2350	236
24. UN de San Martín	286	972	86
25. UN de Ucayali	363	1106	93
26. UN de Tumbes	....	....	....
27. UN del Santa	....	....	....
Universidades Privadas	32825	151972	8219
28. PU Católica del Perú	1776	10954	1111
29. U. Peruana Cayetano Heredia	1177	2846	426
30. U. Católica Santa María	2908	11116	524
31. Univ. del Pacífico	341	1146	194
32. Universidad de Lima	2115	15725	756
33. U. de San Martín de Porres	7225	39259	2397
34. U. Fem. del Sagrado Corazón	800	2906	367
35. U. Inca Garcilaso de la Vega	6732	30600	1174
36. U. de Piura	566	2329	177
37. Universidad Ricardo Palma	2503	13036	555
38. U. Andina Néstor Cáceres V.	1200	3869	....
39. Universidad de los Andes	1150	4604	74
40. Universidad Unión Incaica	500	1700	105
41. Universidad Andina del Cusco	650	1689	80
42. U. Víctor Andres Belaunde	660	2450	94
43. U.P. de Apurímac	687	1327	23
44. Universidad de Tacna	850	2286	74
45. U.P. de Chiclayo	680	2170	47
46. U.P. San Pedro	305	1960	41
TOTAL	76155	445758	26245

E = Cifra Estimada   .... Información no disponible
FUENTE: Depto. de Informática y Documentación DID/ANR, Lima, febrero 1989.

PREPÁRESE A LEER

Actividades

A. Puntos de vista

Con un(a) compañero(a), hable de las diferentes maneras que hay en los Estados Unidos de aprender una lengua extranjera. Consideren las siguientes preguntas.

1. ¿Se puede aprender bien un idioma sin salir de los Estados Unidos? Fuera de las escuelas, los colegios y las universidades, ¿dónde se puede aprender un idioma extranjero?

2. Cuando Uds. quieren practicar el español, ¿qué hacen? ¿Hay en su ciudad clubes y organizaciones especiales para practicar otras lenguas?

3. ¿Qué opinión tienen Uds. de la enseñanza de idiomas en la universidad? ¿Es fácil? ¿difícil? ¿divertida? ¿Hay muchos alumnos en las clases? ¿Tienen Uds. la oportunidad de hablar en clase?

B. ¡Charlemos!

Pregúntele a su compañero(a).

1. ¿Cómo definiría Ud. a los *yuppies*? ¿Sabe de dónde viene la palabra?

2. ¿Hay en su familia o conoce a personas *yuppies*? ¿Quién(es)? ¿Qué hacen? ¿Cómo viven? ¿A dónde les gusta ir? ¿En qué trabajan?

LENGUA: Verbos con el pronombre reflexivo

Recuerde Ud. que:

Hay verbos que se usan con el pronombre reflexivo que van seguidos de una preposición. Al leer el artículo, ponga atención a los siguientes verbos.

darse cuenta de *to realize*	¿Te das cuenta de lo importante que es practicar el inglés?
dedicarse a *to devote one's self to*	Hasta hace poco yo me dedicaba a la exportación.
ponerse a *to start, to begin*	Los muchachos se ponen a bailar.
ponerse de moda *to become fashionable*	En Madrid se están poniendo de moda los *pubs*.
toparse con *to meet by chance*	Al entrar al restaurante *Speakers* te topas con Danny, el portero.

VOCABULARIO

Para hablar de la práctica del inglés en los **pubs**

el alarde *ostentation*
corregir *to correct*
en la barra *at the bar*
entre copa y copa *while drinking*
insólito *unusual*

llevar a cabo *to carry out*
poner a prueba *to put to the test, to try out*
residir *to reside, to live*
tomar una copa *to have a drink*

Práctica

En el bar Speakers

Lea las siguientes oraciones que aparecerán en la lectura y reemplace la(s) palabra(s) en cursiva por una de las siguientes expresiones sinónimas.

| estudiantes | extraño | hace ostentación |
| mientras toman | remediar | viven |

1. En el bar *Speakers* de Barcelona, los clientes hablan en inglés *entre copa y copa.*
2. El local *Speakers* no *tiene alarde* de diseño.
3. Los ingleses que *residen* en nuestra ciudad piden y desean un bar típicamente español.
4. Contratar a un profesor es algo *insólito* y divertido.
5. Lo que encuentro es que cada vez hay más *alumnos* en las clases.
6. Esas nuevas ideas intentan *corregir* las deficiencias de las academias.

¡A LEER!

En el siguiente artículo, que apareció en la revista *Tribuna* de Barcelona, leeremos sobre los nuevos métodos de aprender inglés que han surgido en España. Al leer, tenga presente las opiniones: (a) de la columnista de la revista *Tribuna,* (b) del dueño de un local de enseñanza en Barcelona, (c) del promotor de los profesores de inglés llamados *taxi-teachers* o profesores de inglés que se «alquilan» en discotecas y (d) de un estudiante que está muy satisfecho con las nuevos métodos de enseñanza.

Yuppies *y estudiantes practican el inglés mientras toman una copa*   Julia Sousa

Cenar tranquilamente o tomarse una copa con los amigos puede tener una nueva utilidad: practicar el inglés hablando sin tenerse que ir a Inglaterra. En las grandes ciudades españolas, se están poniendo de moda los *pubs* y los restaurantes adonde acuden estudiantes y ejecutivos
5 para charlar con nativos ingleses en un ambiente más *distendido* que el de una clase. Algunas discotecas han inventado un sistema de alquiler de profesores durante veinte minutos, que permite hablar y bailar al mismo tiempo.

—¿Tú sabes lo que cuesta convencer a un cliente en inglés y por telé-
10 fono? Yo sí, porque ése era mi trabajo hasta ahora, puesto que me dedicaba a la exportación. Por eso te das cuenta de lo importante y necesario que es poder practicar este idioma o cualquier otro en tu propio país sin tener que coger un vuelo y pasar una temporada en Londres o Nueva York —asegura Ferrán Mestres, director y dueño del local barcelonés *Speakers.*

15 Aquellos que no hablan la lengua de Shakespeare no deben ir al restau- rante *Speakers* en la calle Conde de Borrell porque allí sólo se habla en inglés entre copa y copa o *degustando un manjar* en el restaurante. Si no, que se lo pregunten a las personas que han visitado el local y se han topado con Danny, un portero natural de Dallas, la ciudad de los malvados Ewing,
20 porque él les recordará que se han equivocado de bar.

Speakers no tiene alardes de diseño ni tampoco pretende *plagiar* un *pub* inglés —porque nos hemos dado cuenta de que los nativos que residen en nuestra ciudad piden y desean un bar típicamente español y no uno parecido a los que tienen en su país —asegura Ferrán Mestres.

25 En la barra es posible leer *Newsweek, The Guardian* o *Financial Times,* mientras Luke, un australiano muy audaz, va preparando *combinados.* Pero para quienes la lectura *no es santo de su devoción,* existe una salita en donde se pueden ver videos de programas americanos y británicos. Y, cuando no, cantar. El local organiza fiestas a la americana, en donde no falta una gui-
30 tarra que recuerde sonidos de lejanas tierras.

Taxi-teachers

Los «*taxi-teachers*» son profesores que se alquilan en ciertas discotecas por 300 pesetas cada veinte minutos.

35 No se trata de que el profesor de inglés llegue a casa en un taxi, sino de una práctica entre *novedosa* y divertida, que ha llevado a cabo la discoteca *Bikini* de Barcelona. «El año pasado pusimos a prueba los *taxi-teachers* y el experimento funcionó muy bien. Consiste en alquilar por veinte minutos a un profesor con el que puedes hablar y aprender inglés mientras escuchas
40 un concierto o te pones a bailar. Los veinte minutos cuestan 300 pesetas, un valor muy *asequible* para cualquiera», explica Kike Fernández.

Por las noches suele verse a los *modernos* de la ciudad disputándose a los profesores, especialmente en los meses anteriores a los exámenes. «Yo alquilé un 'profe' de éstos en varias ocasiones —afirma Carlos Ribó—. Me

---

Margin glosses:

abierto, libre

saboreando un buen plato

imitar

cócteles
isn't their cup of tea

nueva

razonable
jóvenes

En muchos establecimientos se practica el inglés entre copa y copa.

45 fue bien. Era algo insólito y divertido, además mucho más barato que las clases de la escuela. Porque lo que encuentro es que cada vez hay más alumnos en las clases y, sin embargo, los precios no bajan. Al contrario, si quieres una enseñanza de calidad, cada vez te piden más y apenas puedes hablar en clase».

50   Esas nuevas ideas intentan hacer negocio, pero también corregir las deficiencias de las academias. Si el éxito acompaña a estas iniciativas y *consiguen* una clientela importante, los *tours* que se organizan todos los años para aprender idiomas tendrán que decir adiós a buena parte de sus ingresos.

obtienen

DESPUÉS DE LA LECTURA

Actividades

A. ¿Qué dice la lectura?

Complete las oraciones de acuerdo con la lectura.

1. Ferrán Mestres es _____ restaurante *Speakers* que se encuentra en _____.
2. Las personas que no hablan inglés no _____ porque allí sólo _____.
3. La gente de Barcelona desea un bar _____.
4. En la barra del restaurante es posible _____.
5. En las fiestas que se organizan en el restaurante *Speakers* no falta _____.
6. Los *taxi-teachers* son _____.
7. Una lección de veinte minutos con un *taxi-teacher* cuesta _____.
8. Carlos Ribó dice que en las clases de la escuela cada vez _____.

B. ¿Quiénes son?

¿Podría Ud. decir quiénes son las siguientes personas que están mencionadas en el artículo?

1. Danny
2. Carlos Ribó
3. Ferrán Mestres
4. Luke

C. Yo creo...

En sus propias palabras, describa y dé su opinión sobre...

1. el *pub*-restaurante *Speakers.*
2. la discoteca *Bikini.*
3. los *taxi-teachers* de España.

D. ¡A actuar!

Y ahora ha llegado la hora de actuar. La mitad de la clase está en este momento divirtiéndose en el restaurante *Speakers* y la otra mitad en la discoteca *Bikini.* Pero en lugar de aprender inglés, Uds. están practicando el español con los dueños, los camareros, los porteros y, sobre todo, con los *taxi-teachers.* ¡A actuar!

E. Puntos de vista

Observen el aviso del programa para aprender inglés, *Follow Me System,* que fue desarrollado por la BBC de Londres y el Consejo de Europa. Intercambien ideas sobre los sistemas de enseñanza de idiomas que aparecen constantemente en periódicos y revistas. Tengan en cuenta éstas y otras preguntas.

1. ¿Creen que es posible aprender un idioma dedicando sólo media hora al día? Después de dos semanas de estudio de una lengua, ¿piensan Uds. que es posible hacerse entender en la ciudad, en el aeropuerto o en un hotel?

"Un sistema como éste, que enseña básicamente a hablar inglés, debe aplicarse a todos los idiomas"

La BBC de Londres, en colaboración con el Consejo de Europa, ha desarrollado un método revolucionario para que todas las personas, que no tienen tiempo ni ganas de estudiar, **hablen inglés.**

Basta con que Ud. dedique **media hora al día,** en su propio hogar y a la hora que Ud. desee.

En **sólo dos semanas,** usted sabrá defenderse en un aeropuerto y en un hotel; preguntar y orientarse en una ciudad, entendiendo 8 entonaciones diferentes.

Así de fácil, de la misma forma que Ud. aprendió a hablar su lengua materna: **asociando** imágenes y situaciones con las palabras para comprender su significado.

El método FOLLOW ME SYSTEM de la BBC debe su éxito a qué **proporciona satisfacciones** y **resultados inmediatos,** porque es un sistema **divertido y cómodo** basado en cintas de video, **cassettes** y **material gráfico.**

Éstos son los resultados: de 4.133 personas españolas que en el último año utilizaron FOLLOW ME SYSTEM y se presentaron a examen para conseguir el Certificado de la Universidad de Cambridge, aprobaron 3.247; es decir, se alcanzó el 78,56 % de eficacia.

Todavía está usted a tiempo. Solicite una demostración gratuita en el Stand de Follow Me

Una promoción cultural de

DEMOSTRACION GRATUITA

Les ruego me hagan una demostración gratuita, sin compromiso, del método FOLLOW ME SYSTEM.

DATOS PERSONALES

Nombre y Apellidos _____

_____

Domicilio _____

_____

Localidad _____

_____ C. P. _____

Provincia _____

Teléfono _____

Para conseguir su regalo, presente este cupón en el stand FOLLOW ME

2. ¿Cuál es su experiencia en el aprendizaje de una lengua? ¿Piensan Uds. que es fácil aprender una lengua con video-libros? ¿Qué lugar tienen los video-libros, casetes y material gráfico en la enseñanza?

F. ¡Charlemos!

La BBC está sacando constantemente al mercado video-libros sobre distintos temas. Por ejemplo, ofrecen varios videos que de enseñan a jugar al tenis, entrenar un perro, mantenerse en forma y muchas otras cosas. Piense en algo que le gustaría aprender con video-libros y háblele a un(a) compañero(a) sobre este posible aprendizaje.

PREPÁRESE A LEER

Actividad

¡Charlemos!

Cuéntele a su compañero(a) lo que recuerda de su ingreso en la escuela primaria. ¿Fue Ud. con sus padres? ¿Iba Ud. de la mano de su madre? ¿de su padre? ¿Cómo era la mañana? ¿Hacía fresco? ¿viento? ¿Se sentía Ud. contento(a)? ¿triste? ¿orgulloso(a)? ¿Cómo iba vestido(a)? ¿Recuerda Ud. cómo era el aula? ¿el (la) maestro(a)? No sea tímido(a). Hable de esa inolvidable experiencia.

LENGUA: *Ser, estar* y *hacer*

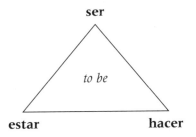

Recuerde Ud. que...

los verbos **ser, estar** y **hacer** corresponden al verbo *to be* cuando expresan lo siguiente.

Ser

Identificación:	**Es** una **niña** infinitamente tierna.
Características de las personas y de las cosas:	La niña **es cariñosa** con su madre.

Estar

Estados y condiciones:　　　　El aire **está sucio** por la contaminación.
Lugar:　　　　Yo **estoy aquí** con ella.

Hacer *(En tercera persona)*

Expresiones del tiempo:　　　**Hace fresco.**

Al leer el cuento «Al colegio» ponga atención a estos verbos.

Práctica

¿Ser, estar o hacer?

1. Hoy las calles _____ húmedas y _____ fresco.
2. Me doy cuenta de que nosotras _____ más amigas que nunca.
3. Yo no _____ cansada, pero sí impaciente.
4. Mi niña ya _____ en el patio del colegio.
5. _____ sol y la mañana _____ clara.
6. Los autobuses _____ llenos de estudiantes.
7. El colegio de mi niña _____ muy lejos.
8. Hoy _____ el primer día de clases.

VOCABULARIO

Para hablar del primer día de clase

agruparse en el rincón *to form a group in the corner*
el colegio/la escuela *grade school*
dar vergüenza *to be ashamed of or embarrassed by*
esperar la llamada a clase *to wait for the call to class*
los niños (las niñas) *boys (girls)*
　　darse la mano *to shake hands*

la pizarra *blackboard*
el pupitre *student desk*
sentir una sensación de orgullo *to feel a sense of pride*
la tiza *chalk*

La naturaleza

el aire fresco *fresh, cool air*
　　mañanero *morning air*
el árbol *tree*
la flor *flower*
las hojas de otoño *autumn leaves*

la lluvia *rain*
la mañana fría *cold morning*
　　húmeda *humid*
la niebla *fog, mist*
el sol *sun*

La calle y el parque

alejarse por la acera *to disappear down the sidewalk*
coger/tomar el taxi (el metro, el autobús) *to take a taxi (subway, bus)*
emprender un viaje *to take a trip, to start out*
la fila de taxis *the line of taxis*

llevar de paseo *to take for a ride (a walk)*
pasar delante de *to pass in front of*
salir a la calle *to go out onto the street, to leave the house*
tener prisa *to be in a hurry*

¡A LEER!

LA AUTORA Y SU OBRA

Carmen Laforet (n. 1921) es una de las escritoras más conocidas de España. Escribió su primera novela, *Nada,* cuando tenía veintidós años. Allí la autora muestra el espíritu de desilusión que reinaba en España después de la Guerra Civil.

«Al colegio» es el tierno relato de una madre que acaba de dejar a su pequeña hija en el colegio. Mientras Ud. lee el cuento (a) siga cuidadosamente la cronología de este día tan importante y (b) analice las diferentes emociones que este hecho despierta en una madre.

Al colegio (Estampa)   Carmen Laforet

Vamos cogidas de la mano en la mañana. Hace fresco, el aire está sucio de niebla. Las calles están húmedas. Es muy temprano.

Yo me he quitado el guante para sentir la mano de la niña en mi mano, y me es infinitamente tierno este contacto, tan agradable, tan amical, que la 5 *estrecho* un poquito emocionada. Su propietaria vuelve hacia mí la cabeza y con el *rabillo* de los ojos me sonríe. Sabe perfectamente la importancia de este *apretón,* sabe que yo estoy con ella y que somos más amigas hoy que otro día cualquiera.

Viene un aire vivo y empieza a romper la niebla. A todos los árboles de 10 la calle se les caen las hojas, y durante unos segundos corremos debajo de una lenta lluvia de color tabaco.

—Es muy tarde; vamos.

—Vamos, vamos.

Pasamos corriendo delante de una fila de taxis parados, huyendo de la 15 tentación. La niña y yo sabemos que las pocas veces que salimos juntas casi nunca dejo de coger un taxi. A ella le gusta; pero, a decir verdad, no es por alegrarla por lo que lo hago; es, sencillamente, que cuando salgo de casa con la niña tengo la sensación de que *emprendo* un viaje muy largo. Cuando medito una de estas escapadas, uno de estos paseos, me parece divertido 20 ver la *chispa* alegre que se le enciende a ella en los ojos, y pienso que me gusta infinitamente salir con mi hijita mayor y oírla charlar; que la llevaré de paseo al parque, que le iré enseñando, como el padre de la buena *Juanita,* los nombres de las flores; que jugaré con ella, que nos reiremos, ya que es tan graciosa, y que, al final, compraremos *barquillos* — como hago 25 cuando voy con ella — y nos los comeremos alegremente.

Luego resulta que la niña empieza a charlar mucho antes de que salgamos de casa, que hay que peinarla y hacerle las *trenzas* (que salen pequeñas y *retorcidas* como dos *rabitos* dorados debajo del *gorro*) y cambiarle el traje, cuando ya está vestida, porque *se tiró encima un frasco* de leche condensada, 30 y cortarle las uñas, porque al meterle las *manoplas* me doy cuenta de que

press
corner
squeeze

comienzo

spark

personaje en un cuento para niños
thin rolled wafers

braids
twisted / little tails / bonnet
spilled a can
mittens

cape
almost dragged along

shipwreck

disipa

han crecido… Y cuando salimos a la calle, yo, su madre, estoy casi tan cansada como el día en que la puse en el mundo… Exhausta, con un abrigo que me cuelga como un *manto;* con los labios sin pintar (porque a última hora me olvidé de eso), voy andando *casi arrastrada* por ella, por su
35 increíble energía, por sus infinitos «porqués» de su conversación.

—Mira, un taxi. —Éste es mi grito de salvación y de *hundimiento* cuando voy con la niña… Un taxi.

Una vez sentada dentro, *se me desvanece* siempre aquella perspectiva de pájaros y flores y lecciones de la buena Juanita, y doy la dirección de casa
40 de las abuelitas, un lugar concreto donde sé que todos seremos felices: la niña y las abuelas, charlando, y yo, fumando un cigarrillo, solitaria y en paz.

Pero hoy, esta mañana fría, en que tenemos más prisa que nunca, la niña y yo pasamos de largo delante de la fila tentadora de autos parados. Por primera vez en la vida vamos al colegio… Al colegio, le digo, no se
45 puede ir en taxi. Hay que correr un poco por las calles, hay que tomar el metro, hay que caminar luego, en un sitio determinado, a un autobús… Es que yo he escogido un colegio muy lejano para mi niña, ésa es la verdad; un colegio que me gusta mucho, pero que está muy lejos… Sin embargo, yo no estoy impaciente hoy, ni cansada, y la niña lo sabe. Es ella ahora la

caress
50 que inicia una *caricia* tímida con su manita dentro de la mía; y por primera vez me doy cuenta de que su mano de cuatro años es igual a mi mano grande: tan decidida, tan poco suave, tan nerviosa como la mía. Sé por este contacto de su mano que le *late* el corazón al saber que empieza su vida de

palpita
trabajo en la tierra, y sé que el colegio que le he buscado le gustará, porque
55 me gusta a mí, y que aunque está tan lejos, le parecerá bien ir a buscarlo cada día, conmigo, por las calles de la ciudad… Que Dios pueda explicar el porqué de esta sensación de orgullo que nos llena y nos iguala durante todo el camino…

Con los mismos ojos ella y yo miramos el jardín del colegio, lleno de hojas
60 de otoño y de niños y niñas con abrigos de colores distintos, con mejillas que el aire mañanero vuelve rojas, jugando, esperando la llamada a clase.

Me parece mal quedarme allí; me da vergüenza acompañar a la niña

take care of herself
hasta última hora, como si ella no supiera *ya valerse por si misma* en este mundo nuevo, al que yo la he traído… Y tampoco la beso, porque sé que ella
65 en este momento no quiere. Le digo que vaya con los niños más pequeños, aquellos que se agrupan en el rincón, y nos damos la mano, como dos amigas. Sola, desde la puerta, la veo marchar, sin volver la cabeza ni por un momento. Se me ocurren cosas para ella, *un montón de* cosas que tengo que

a lot of
decirle, ahora que ya es mayor, que ya va al colegio, ahora que ya no la
70 tengo en casa, a mi disposición a todas horas… Se me ocurre pensar que cada día lo que aprenda en esta casa blanca, lo que la vaya separando de mí — trabajo, amigos, ilusiones nuevas —, la irá acercando de tal modo a mi alma, que al fin no sabré dónde termina mi espíritu ni dónde empieza el suyo…
75 Y todo esto quizá sea falso… Todo esto que pienso y que me hace sonreír, tan tontamente, con las manos en los bolsillos de mi abrigo, con los ojos en las nubes.

Las niñas tienen prisa por llegar al colegio.

spotted
ansiosa

Pero yo quisiera que alguien me explicase por qué cuando me voy alejando por la acera, *manchada* de sol y niebla, y siento la campana del cole-
80 gio llamando a clase, por qué, digo, esa expectación *anhelante,* esa alegría, porque me imagino el aula y la ventana, y un pupitre mío pequeño, desde donde veo el jardín, y hasta veo clara, emocionantemente, dibujada en la pizarra con tiza amarilla una A grande, que es la primera letra que yo voy a aprender…

DESPUÉS DE LA LECTURA

Actividades

A. ¿Qué dice la lectura?

Conteste las siguientes preguntas.

1. ¿Cuál es la relación entre la narradora y la niña? ¿Cómo lo sabemos? *madre y hija*
2. ¿Podría Ud. describir el paisaje, el tiempo, la estación del año? ¿Qué importancia tienen en el cuento?
3. ¿La narradora nos cuenta las experiencias de un solo día o de varios días y salidas parecidas?

4. ¿Qué acontecimiento importante marca este día?

5. La madre dice que en sus salidas casi nunca deja de coger un taxi (ll. 15–16). Pero hoy, ¿qué medios de transporte usa para llegar al colegio de la niña? ¿Por qué?

6. ¿De qué se da cuenta la madre al recibir una caricia tímida de la niña (ll. 50–53)?

7. Al llegar al jardín del colegio, ¿cómo se separan madre e hija? Resuma la actitud de la narradora ante la separación.

B. Temas de reflexión

1. Este cuento lleva el subtítulo de «Estampa». ¿Podría Ud. explicar por qué?

2. La identificación total entre la madre y la hija, que culmina en el último párrafo, se puede observar desde el comienzo del cuento. ¿Podría Ud. mencionar algunos detalles que a través del relato muestran la estrecha unión entre la madre y la hija?

PREPÁRESE A LEER

EL AUTOR Y SU OBRA

Juan Ramón Jiménez (1881–1958) fue un poeta español que recibió el Premio Nóbel de Literatura en 1956. Es una de las máximas figuras de la lírica española. Como prosista escribió el relato *Platero y yo,* en el que narra sus andanzas por las tierras de España acompañado de un paciente burrito. Como poeta escribió *Almas de violeta, Ninfas, La soledad sonora, Estío, Canción* y otros. La influencia de este poeta sobre los escritores de la generación siguiente en España y en Hispanoamérica ha sido inmensa.

¡A LEER!

Nocturno soñado   Juan Ramón Jiménez

La tierra lleva por la tierra
mas tú, mar,
llevas por el cielo.
   ¡Con qué seguridad de luz de plata y oro
5 nos marcan las estrellas
la ruta!—Se diría
que es la tierra el camino
del cuerpo,
que el mar es el camino
10 del alma—.

Sí, parece
que es el alma la sola viajera
del mar, que el cuerpo, solo,
se quedó allá en las playas,
saying good-bye   15 sin ella, *despidiéndola*,
pesado, frío, igual que muerto.
¡Qué semejante
el viaje del mar al de la muerte,
al de la eterna vida!

DESPUÉS DE LA LECTURA

Actividades

A. ¿Qué dice la lectura?

Conteste las siguientes preguntas.

1. ¿Qué querrá decir el título «Nocturno soñado»? ¿A quién se dirige el poeta? ¿Qué es la tierra para el poeta? Y el mar, ¿qué es? ¿Hacia dónde va el mar?

2. ¿Qué quiere decir para Ud. la frase «luz de plata y oro»? ¿Qué efecto logra el poeta con los versos 5–10? ¿Puede Ud. pensar en otros sustantivos que representen las dualidades «tierra/mar» y «cuerpo/alma»?

3. En su opinión, ¿cuál es el tono dominante del poema?

B. Temas de reflexión

1. Es posible que Ud. conozca otros poemas u otros relatos que se refieran a la vida o a la muerte como si fueran viajes. Compárelos con el poema de Juan Ramón y explique sus preferencias.

2. ¿Podría Ud. darle un final distinto a este poema? Discuta esta idea con un(a) compañero(a) y escriba los tres últimos versos (líneas del poema) expresando sus propias ideas.

Lección 4

CONTRATO DE ARRENDAMIENTO
DE FINCAS URBANAS

7.ª CLASE

0009623

EJEMPLAR PARA EL ARRENDATARIO

Impuesto sobre Transmisiones Patrimoniales y Actos Jurídicos Documentados.

Título Primero.—Transmisiones Patrimoniales.

Real Decreto legislativo 3.050/1980, de 30 de diciembre (B. O. del E. número 29, de 3 de febrero de 1981).

Artículo 12.1.—Podrá satisfacer la deuda tributaria mediante la utilización de efectos timbrados en los arrendamientos de fincas urbanas, según la siguiente escala:

Base		Pesetas
Hasta	5.000 pesetas	15
De 5.000,01 a	10.000 pesetas..	30
De 10.000,01 a	20.000 pesetas..	65
De 20.000,01 a	40.000 pesetas..	130
De 40.000,01 a	80.000 pesetas..	280
De 80.000,01 a	160.000 pesetas..	560
De 160.000,01 a	320.000 pesetas..	1.200
De 320.000,01 a	640.000 pesetas..	2.400
De 640.000,01 a	1.280.000 pesetas..	5.120
De 1.280.000,01 en adelante, 4 pesetas por cada 1.000 o fracción.		

Artículo 10.2.e).

En los arrendamientos servirá de base la cantidad total que haya de satisfacerse por todo el período de duración del contrato; cuando no constase aquél, se girará la liquidación computándose seis años, sin perjuicio de las liquidaciones adicionales que deban practicarse, caso de continuar vigente después del expresado período temporal; en los contratos de arrendamiento de fincas urbanas sujetas a prórroga forzosa se computará, como mínimo, un plazo de duración de tres años.

IDENTIFICACION DE LA FINCA OBJETO DEL CONTRATO

Finca, local o piso (1) __BAJOS TORRE__ cto. _____

Calle __TRES__ núm. __15__

Ciudad __CASTELLDEFELS__ Provincia __BARCELONA__

En __Castelldefels__, a __Ocho__

de __Septiembre__ de mil novecientos __Ochenta y siete__,

reunidos Don __JURGEN KEMPFR__

_____, natural de __KASSEL__

provincia de __ALEMANIA__, de — años, de estado

_____, y profesión __Profesor__, vecino al presente

de __Oceanside,CA/ USA__, con documento nacional

de identidad n.º __Pasaporte: F 9909434__

expedido en __Cosulado General de Alemania en Los Angeles__,

con fecha __2-Junio-1.983__, en concepto de arrendatario, por

sí o en nombre de __PROPIO——__,

como __ARRENDATARIO__ del mismo (1), y Doña __CARMEN GOMEZ HERNANDEZ__

de — años, de estado __Soltera__, vecino de __Castelldefels__

C/ 3 nº15.Estudio.—, con documento nacional de identidad

número __37.842.926__, expedido en __BARCELONA__,

con fecha __30-Juliode 1.985__, como (2) __PROPIETARIA__, hemos

contratado el arrendamiento del inmueble urbano que ha sido identificado encabezando este contrato, por tiempo de (3) __NUEVE MESES—__, y precio de __CUATROCIENTAS NOVENTA Y CINCO MIL PTAS (495.000.-Pts)__ pesetas cada

año, pagaderas por __meses adelantados__ / __a 55.000.-Pts/mes__ con las demás condiciones

que se estamparán al dorso.

Formalizado así este contrato, y para que conste, lo firmamos por duplicado. Fecha ut supra.

EL ARRENDATARIO,   EL ARRENDADOR,

(1) Táchese lo que no proceda.
(2) Expresar el carácter con que interviene, si es Dueño, Apoderado o Administrador.
(3) Determinar el plazo de arrendamiento, si es por meses o años.

La vida familiar

PRIMEROS PASOS

Actividades

A. Puntos de vista

Lea y observe con atención el contrato de arrendamiento de Fincas Urbanas. Después diga qué le llama la atención y si los contratos de arrendamiento en los Estados Unidos son similares y llevan la misma información. Después conteste las siguientes preguntas.

1. ¿Cuándo se firmó el contrato? ¿Entre quiénes? ¿Dónde?
2. ¿Qué nacionalidad tiene el señor que alquila el piso? ¿Qué profesión?
3. ¿Por cuánto tiempo se firmó el contrato? ¿Cuánto pagó por mes el señor Kempff?

B. ¡Charlemos!

Pregúntele a su compañero(a).

1. ¿Dónde vives? ¿Vives en una casa o en un apartamento?
2. ¿Cuánto pagas de alquiler por tu apartamento/casa? Si firmaste un contrato, ¿por cuánto tiempo lo firmaste? ¿Tuviste que depositar una suma adicional o fianza como garantía de cuidado y limpieza? ¿Cuánto?
3. ¿Prefieres vivir con tu familia, solo(a) o con un(a) campañero(a) de cuarto? ¿Quién hace la limpieza de tu habitación o apartamento? ¿Cuántas veces a la semana, al mes o al año haces la limpieza?

Situación

Preguntas personales

Usted desea alquilar una habitación y se encuentra delante del (de la) propietario(a) que, muy indiscreto(a), le hace muchísimas preguntas. Conteste sin miedo y decida si verdaderamente desea arrendar una habitación en la casa de una persona tan fastidiosa.

PREPÁRESE A LEER

Actividad

¡Charlemos!

Pregúntele a su compañero(a).

1. ¿Cómo fueron las relaciones con tus padres mientras vivías con ellos? ¿Se irritaban si llegabas tarde? ¿Pensaban que eras ordenado(a) o desordenado(a)? ¿responsable o irresponsable? ¿ahorrativo(a) o derrochador(a)?

2. ¿Tenían tus padres muchas exigencias? ¿Cuáles? ¿Piensas que tenían razón?

3. ¿Podrías contarme algo de tu adolescencia? ¿Cuáles fueron tus grandes alegrías? ¿tus grandes preocupaciones?

VOCABULARIO

Para hablar de los problemas familiares

al fin y al cabo *in the end; after all*
el alquiler *the rent*
la conducta *behavior*
después de la tormenta viene el sol/la calma
  after the storm the sun comes up/all is quiet
los hijos *children*
  alcanzar la edad *to reach the age*
  atreverse a *to dare*
  correr un peligro *to run the risk, to be in danger*
  derrochar; derrochador(a) *to waste, to squander; squanderer, spendthrift*
  desdeñar *to disdain, to scorn*
  detestar *to detest, to hate*

irritarse por *to become irritated by*
soportar *to bear, to stand, to tolerate*
tender a *to tend to*
trasnochar; trasnochador(a) *to stay up all night; one who parties all night*
los padres *parents*
  apoyar *to support*
  educar *to raise, to bring up*
  inquietarse/preocuparse *to worry*
  perder el sueño *to lose sleep*
el sonido atronador *thundering sound*
uno de cada tres *one out of three*

Práctica

En familia

Complete las oraciones con las siguientes palabras. Ponga el verbo en la forma correspondiente.

alcanzar la edad	al fin y al cabo	preocuparse
soportar	educar	la tormenta

1. Si mis hijas no llegan hasta la medianoche, yo _____ muchísimo.
2. Cuando tú _____ que yo tengo ahora, comprenderás mis inquietudes.
3. ¡Por supuesto que se rebelan contra los padres! _____ son jóvenes.
4. Francamente te digo que (yo) no _____ que llegues muy tarde.
5. Después de _____ viene la calma.
6. Cuando tú llegas a ser padre o madre, ¿cómo piensas _____ a tus hijos?

¡A LEER!

El artículo «Gustos» apareció en el periódico *El País* de Madrid. Pertenece a una columna que presenta diariamente comentarios sobre la vida actual. El artículo que vamos a leer es sobre la conducta de los jóvenes de hoy.

Recuerde Ud. que:

Los padres *(parents)* se refiere al padre y a la madre.
Los hijos *(children)* se refiere a los niños y niñas de la familia.

Gustos   Ignacio Carrión

madrugada	Nuestros hijos —comentan mis amigos— se irritan si nos preocupamos por ellos. No soportan que perdamos el sueño cuando llegan al *amanecer*. Ni que nos inquieten los peligros que corren. Ni que anticipemos los problemas que, la mayoría de las veces, se van a producir.

Nuestros hijos —comentan mis amigos— se irritan si nos preocupamos por ellos. No soportan que perdamos el sueño cuando llegan al *amanecer*. Ni que nos inquieten los peligros que corren. Ni que anticipemos los problemas que, la mayoría de las veces, se van a producir.

5 Detestan el valor práctico de la experiencia *ajena*. Al fin y al cabo observan con pesar que una de cada tres parejas es un *fracaso* matrimonial. Nos prefieren sumisos a una causa sin propósito definido y dispuestos a apoyar un estilo de vida común, exageradamente consumista.

Me pregunto cómo serán nuestros hijos cuando les toque ser padres y, 10 mas aún, cómo serán sus hijos cuando alcancen la edad que ahora tienen los nuestros. ¿Seguirán trasnochando hasta la madrugada? ¿Desdeñarán el sol y el ejercicio físico durante el verano si no los acompaña el sonido atronador de los grupos musicales?

Imagino que después de la tormenta vendrá la calma, y la generación 15 siguiente reaccionará contra los gustos de hoy no porque sean malos, sino porque no son los que los promotores de gustos de moda consideran *vendibles*.

La conducta de los hijos tiende siempre a ser la opuesta a la conducta de los padres, quienes, *a su vez*, reaccionamos en su momento contra la de 20 nuestros *progenitores*.

Tal vez los hijos de nuestros hijos serán ordenados. No perderán cosas. Amarán el silencio. Serán mas deportistas y menos derrochadores. Dormirán de noche y estarán despiertos de día. Y no *regañarán* a sus padres —aunque quizá *la emprendan* con sus abuelos— si éstos se atreven a dar 25 una opinión adversa o a negarles algo cuando es imposible acceder a todo.

Glosses (left margin):
madrugada
de otra persona / failure
que se pueden vender
in turn / padres
disutirán / discutan

DESPUÉS DE LA LECTURA

Actividades

A. ¿Qué dice la lectura?

Conteste las siguientes preguntas.

1. En el primer párrafo del artículo «Gustos» el periodista nos da los comentarios de sus amigos sobre los hijos. ¿Cuáles son estos comentarios?

2. ¿Qué preguntas se hace a sí mismo el periodista en el segundo párrafo?

3. ¿Por qué piensa el columnista que después de la tormenta vendrá la calma? ¿Está Ud. de acuerdo con él? ¿Por qué sí? ¿Por qué no?

4. ¿Cuál es la esperanza final del columnista?

B. ¡Charlemos!

Pregúntele a su compañero(a).

1. ¿Cómo deseas que sean tus hijos cuando tú seas madre o padre? ¿Les permitirás que trasnochen hasta la madrugada o les exigirás que lleguen a la casa a una hora determinada? ¿Por qué?

2. Cuando tus hijos sean adolescentes, ¿te gustaría que trabajaran para que aprendieran lo que es ganarse la vida o preferirías que se dedicaran primero a sus estudios?

Situación

¡Ya es muy tarde!

Son las cinco de la mañana. Ud. ha trasnochado. Al entrar en su casa se encuentra con su padre o su madre que, esperando por Ud., ha perdido el sueño. Ahora quiere hablarle, pero Ud. es un(a) hijo(a) que no soporta que su padre (su madre) le diga lo que tiene que hacer. Con mucho dramatismo, inventen un buen diálogo. Y sobre todo, ¡que sea muy realista!

Humor

Un chiste de la revista *Selecciones*.

Traidora

Un adolescente, dirigiéndose a la empleada de su casa:

—¡Me prometió usted no decirle a mi mamá a qué hora llegué ayer!

—Yo no le dije nada, joven —replica la mujer—. Su mamá me lo preguntó y yo le contesté que estaba tan ocupada preparando el desayuno, que no me fijé en la hora.

J.M.F.M.

Siguiendo el modelo del chiste, escriban en grupos de dos o tres una escena familiar para presentarla en clase. Recuerden que la familia hispana es muy grande. Padres, hijos, tíos, padrinos, compadres, todos están siempre dispuestos a intervenir en los asuntos familiares.

PREPÁRESE A LEER

VOCABULARIO

Para hablar del miedo maternal

la golondrina *swallow (bird)*
    bajar hasta la estera *to go down to the (door)mat*
    hacer el nido *to make a nest*
    volar en el cielo *to fly in the sky*
jugar *to play (a game or a sport)*
mecer(se) *to rock (in a chair)*

peinar(se) *to comb (oneself)*
la princesa *princess*
la reina *queen*
    ponerla en un trono *to put her on a throne*
los zapatos de oro *golden shoes*

¡A LEER!

LA AUTORA Y SU OBRA

Gabriela Mistral (1899–1957) fue una poeta chilena. En 1945 recibió el Premio Nóbel de Literatura. Su poesía posee un humanismo apasionado, un intenso poder emocional y una gran fuerza lírica. Su tema es el amor y todos sus poemas son variaciones de la misma idea: el amor universal a Dios, a la naturaleza, a los niños, a los pobres. Escribió los libros *Desolación* — su obra mas importante —, *Ternura, Tala* y *Lagar.*

En la selección que sigue Ud. leerá un poema sobre las grandes preocupaciones de las madres.

Miedo   Gabriela Mistral

Yo no quiero que a mi niña
golondrina me la vuelvan.
Se hunde volando en el cielo
y no baja hasta mi *estera;*
5 en el *alero* trace nido
y mis manos no la peinan.
Yo no quiero que a mi niña
golondrina me la vuelvan.

Se mete
doormat
eaves

Una mujer ecuatoriana lleva a su niña cargada a la espalda.

> Yo no quiero que a mi niña
> 10 la vayan a hacer princesa.
> Con zapatitos de oro
> ¿cómo juega en las *praderas*?
> Y cuando llegue la noche
> a mi lado no se acuesta…
> 15 Yo no quiero que a mi niña
> la vayan a hacer princesa.
>
> Y menos quiero que un día
> me la vayan a hacer reina.
> La pondrían en un trono
> 20 a donde mis pies no llegan.
> Cuando viniese la noche
> yo no podría mecerla…
> ¡Yo no quiero que a mi niña
> me la vayan a hacer reina!

meadows

DESPUÉS DE LA LECTURA

Actividades

A. ¿Qué dice la lectura?

Conteste las siguientes preguntas.

1. ¿Quién habla en el poema? ¿Por qué dice que no quiere que a su hija la conviertan en golondrina?

2. ¿Qué piensa la madre que pasará si a su hija la hacen princesa? ¿Cómo interpreta Ud. los versos: «La pondrían en un trono a donde mis pies no llegan» (vv. 19–20)? ¿Qué nos dicen sobre la madre estos versos?

prayer

3. ¿Cuáles son las repeticiones que se encuentran en el poema? ¿Cree Ud. que el poema se parece a un *rezo*? Explique su respuesta.

4. En cada estrofa, ¿qué es lo que la madre no podrá hacer o qué teme realmente?

B. Temas de reflexión

1. Imagínese el escenario del poema. ¿Dónde estarán madre e hija? ¿Qué sucesos habrán ocasionado estas palabras?

2. ¿Qué relación (o semejanza) hay entre los miedos expresados por la voz poética y los miedos de una madre en la realidad cotidiana?

PREPÁRESE A LEER

Actividad

Puntos de vista

Seleccione uno de los cinco temas y con tres o cuatro compañeros intercambien ideas. Después informen a la clase.

1. ¿Creen Uds. que todavía hay discriminación sexual en los Estados Unidos? Si piensan afirmativamente, ¿cómo se manifiesta esta discriminación? ¿En qué ocasiones?

2. ¿Piensan Uds. que, en caso de divorcio, el hombre tiene el mismo derecho que la mujer en la custodia de los hijos? ¿Por qué?

3. ¿Qué cualidades o defectos se atribuyen como típicos de los hombres y cuáles como típicos de las mujeres?

4. ¿Qué derechos ha conseguido la mujer o el hombre en el siglo XX?

5. En caso de guerra, ¿quiénes deben combatir en el frente, hombres o mujeres? ¿Por qué?

VOCABULARIO

Para hablar de la igualdad de los sexos

la conscripción *military draft*
  prestar (un) servicio *to fulfill a need; to serve*
el cuartel *barracks*
  combatir en el frente de guerra *to fight at the war front*
la custodia de los niños *custody of the children*
el embarazo *pregnancy*
  dar trastornos *to cause trouble*
  quedarse en cama *to stay in bed*
la hembra *female (mostly used for animals)*
  travieso(a) *mischievous*

la igualdad ante la ley *legal equality*
la jubilación; jubilarse *retirement; to retire*
¡No faltaba mas! *That's the limit! What an idea!*
por lo demás *as for the rest; besides*
por si acaso *just in case*
el privilegio *privilege*
  comprobar *to prove*
  sostener *to support (financially)*
el salario *wages*
el servicio militar *military service*
el varón *male*

¡A LEER!

«¡Viva la igualdad de los sexos!» apareció en el libro *A mí que me esculquen*[1] escrito por el periodista colombiano Daniel Samper. El libro recopila una serie de artículos satíricos y humorísticos sobre temas de actualidad en Colombia. Mientras Ud. lee, fíjese cómo exagera los hechos el periodista para lograr el humor.

¿Sabía Ud. que...?

La edad para casarse de la mujer y del hombre hispánicos difiere en unos cuatro a seis años. Se espera que el hombre al casarse tenga ya una posición económica estable para poder mantener el hogar, mientras que la mujer puede comenzar a pensar en el matrimonio al graduarse de la escuela secundaria.

En la mayoría de los países hispánicos, en casos de divorcio, la custodia de los hijos menores de seis o siete años la tiene la mujer. Si los niños son mayores de siete años, generalmente las jóvenes se quedan con la madre; el padre se hará cargo de los niños varones. Las leyes, sin embargo, están cambiando y en muchos casos son los ex-cónyuges los que deciden de mutuo acuerdo lo que mejor conviene a los hijos.

Cuando yo hablo de igualdad, hablo de igualdad-igualdad

[1]*Idiomatic expression meaning "You can search me (I'm innocent)."*

¡Viva la igualdad de los sexos!   Daniel Samper

Estoy totalmente de acuerdo con la igualdad del hombre y la mujer y me parece que hay que apoyar enérgicamente las ideas que en tal sentido vienen a exponer las feministas. Es más: yo creo que muchas de las liberacionistas femeninas se quedan cortas en sus peticiones de igualdad.
5 Modestia aparte, yo no. Cuando yo hablo de igualdad hablo de…bueno, de igualdad-igualdad.

Y me parece que, para acabar con esa odiosa discriminación sexual que *consagran* la Constitución, las leyes y la sociedad, el primer paso hacia la igualdad de la mujer y del hombre es llevar a las mujeres al cuartel. Sí. Que
10 presten servicio militar, como los hombres. Igualdad es igualdad. Además, la edad para casarse será la misma del hombre. Nada de que el hombre tenga que esperar más tiempo. Tampoco se le entregará a ella la custodia de los niños menores de siete años en caso de separación matrimonial: una semana el uno, una semana el otro. Igualdad es igualdad. Y, en el mismo
15 evento, si ella está ganando mejor sueldo que el marido, será la mujer quien le pase dinero para alimentos y lo sostenga, lo mismo que a los hijos. Lo otro no sería igualdad.

Y que se acaben los privilegios *motivo* embarazo. La ciencia ha comprobado que al futuro padre le dan trastornos y sufre, y se preocupa, y anda
20 angustiado para ver cómo *se levanta la plata* para la clínica. Es justo que él también tenga sus descansos. O que ella trabaje como él. Y después de nacer el niño, nada de que la señora se quede en casa muy *sabroso* durante tres meses mientras uno *suda* en la oficina. Mes y medio para ella y mes y medio para él. Por otra parte, o la mujer se jubila a los cincuenta y cinco años, como lo hace el hombre según la ley, o se establecen los cincuenta
25 años para todos. No faltaba más. Igualdad es igualdad.

Por lo demás, hay que extender la igualdad al deporte. Hasta ahora los *lanzamientos* femeninos de disco, *jabalina* y *bala* se practican con objetos más *livianos*. Ya no más. En adelante, o livianos para todos, o pesados para todos. Y ya es hora de que ellas empiecen a correr la maratón. Nada de que la
30 mayor distancia para atletismo femenino sea los 1.500 metros. Y se acaba el *soft-ball,* por si acaso, para que las mujeres se dediquen al béisbol como los hombres.

Además, punto final a esa discriminatoria costumbre de que en las ocasiones de peligro hay que salvar primero a mujeres y niños. Los niños,
35 pase. Pero las mujeres tendrán que pelear por su vida como cualquier varón, lo mismo en un incendio que en *el puesto* de un bus. Igualdad es igualdad, ¿o no?

Marginal glosses:
- autorizan
- por razones de
- se consigue dinero
- *cozily*
- trabaja
- *throwing / javelin / shot put*
- *light*
- *seat*

DESPUÉS DE LA LECTURA

Actividades

A. ¿Qué dice la lectura?

Conteste las siguientes preguntas.

1. Según el escritor, ¿en que se quedan cortas las liberacionistas femeninas?

2. ¿Qué cambios establecería el autor para acabar con la discriminación sexual en el mundo hispánico? ¿Cómo cambiaría el servicio militar en Colombia? ¿la edad para casarse? ¿la custodia de los hijos en caso de separación matrimonial?

3. ¿Por qué debe merecer el hombre un tratamiento igual durante y después del embarazo?

4. ¿Qué se debe hacer para extender la igualdad al deporte? ¿a las ocasiones de peligro?

B. Temas de reflexión

1. ¿Cómo describiría Ud. el tono del artículo de Samper? ¿Es serio? ¿travieso? ¿satírico? ¿Qué palabras o expresiones le hacen pensar así?

2. Si lográramos la igualdad absoluta entre los sexos, ¿qué otros cambios, además de los que menciona el autor, veríamos en la sociedad? ¿Cree Ud. que la igualdad absoluta es una meta hacia la cual debemos progresar?

C. Debate

Discuta con sus compañeros de clase los siguientes temas que han sido muy polémicos.

1. La mujer, al igual que el hombre, debe participar en la conscripción y combatir en el frente en caso de guerra.

2. El padre debe recibir la custodia de los niños en caso de divorcio.

3. Tanto hombres como mujeres deben tener privilegios durante el embarazo.

4. Las mujeres deben competir de igual a igual con los hombres en los deportes.

PREPÁRESE A LEER

Actividad

¡Charlemos!

Cuéntele a su compañero(a) lo que recuerda de la casa de su infancia. ¿Le gustaba? ¿Estaba en el campo o en la ciudad? ¿Tenía un dormitorio para Ud. solo(a) o lo compartía con sus hermanos? Describa su habitación y cómo se sentía en ella.

LENGUA: El pretérito y el imperfecto

Lea el siguiente párrafo tomado del cuento «La casa nueva». Ponga atención a los verbos indicados y, en el cuadro que sigue, repase el uso del pretérito y del imperfecto. No olvide que, en general, el pretérito se usa para narrar sucesos y el imperfecto para describir.

Tenía la reja blanca, recién pintada. A través de ella **vi** por primera vez la case nueva… La **cuidaba** un hombre uniformado. Se me hizo tan…igual que cuando usted compra una tela: olor a nuevo, a fresco, a ganas de sentirla… **Abrí** bien los ojos, mamá. Él (Papá) me **llevaba** de aquí para allá de la mano. Cuando **subimos** me **dijo:** «Ésta va a ser tu recámara». Había inflado el pecho y hasta **parecía** que se le **cortaba** la voz por la emoción.

Recuerde los usos del pretérito y del imperfecto durante la lectura de «La casa nueva».

El pretérito narra:	El imperfecto describe:			
acciones que se completan en el pasado.	acciones habituales en el pasado *(used to).*	características personales y físicas de personas y cosas.	procesos o estados mentales o emocionales.	acción o estado que no expresa resultado *(was / were + . . . ing).*
Vi por primera vez la casa nueva. **Abrí** bien los ojos. Cuando **subimos** me **dijo…**	La **cuidaba** un hombre uniformado.	**Tenía** la reja blanca.	**Parecía** que se le **cortaba** la voz por la emoción.	Él me **llevaba** de aquí para allá.

Práctica

¿Pretérito o imperfecto?

Lea las siguientes oraciones que aparecerán en el cuento «La casa nueva». Después, siguiendo el modelo anterior, ponga los verbos que están en bastardilla en la sección que corresponde en el cuadro que sigue (pág. 82).

1. Mi papá me *llevó* a ver la casa nueva.
2. (Me iba fijando en los árboles.) Se llaman fresnos, *insistía* el.
3. Él me *detuvo* y *abrió* la puerta.
4. (Él) se *enrollaba* el bigote.
5. *Anduvimos* por la sala, porque *tenía* sala.
6. Me *subió* hasta la azotea y me *bajó* de prisa.
7. No *quería* irme de allí nunca.

El pretérito narra:	El imperfecto describe:			
acciones que se completan en el pasado.	acciones habituales en el pasado (*used to*).	características personales y físicas de personas y cosas.	procesos o estados mentales o emocionales.	acción o estado que no expresa resultado (*was / were + . . . ing*).
llevó (ejemplo)			*insistía* (ejemplo)	

VOCABULARIO

Para hablar de la casa

la alfombra *rug, carpet*
la azotea *flat roof*
el baño *bathroom*
el cajón *drawer*
   acomodar/guardar la ropa *to put away the clothes*
la cocina *kitchen*
   hornear pan *to bake bread*
el comedor *dining room*
el cuarto de lavar y planchar *laundry room*
la escalera de piedra *stone stairway*
        de caracol *spiral stairway*
   correr escaleras arriba/abajo *to run up/down the stairs*
   de aquí para allá *all over the place*
   rodar por las escaleras *to fall down the stairs*
   subir/bajar *to go up/to go (come) down*

el garaje *garage*
el piso de mosaico *tile floor*
la recámara/el dormitorio *bedroom*
   dormir *to sleep*
   tenderse en la cama *to lay in bed*
la reja *railing; grille; gate*
la sala *living room*
el suceso *event, happening*
la tina/bañera *tub*
   bañarse *to take a bath*
el ventanal *large window*
   abrir/cerrar *to open/to close*
el vestidor *closet; dressing room*
   colgar los vestidos *to hang up clothes*

¡A LEER!

LA AUTORA Y SU OBRA

Silvia Molina (n. 1946), mexicana, piensa que su quehacer literario parece estar marcado por las ausencias de su vida: *La mañana debe seguir gris* (1977), Premio Villaurrutia, es una historia de amor que culmina con la aceptación de una ausencia. La ausencia del mar y de la ciudad de Campeche en su vida la llevaron a escribir *Ascensión Tun* (1981).

    Otro de sus libros, *Leyendo en la tortuga* (1981), es una recopilación de textos que presentan a este animal en el arte, la mitología, la cosmogonía, la religión, la magia y la literatura — entre otras disciplinas.

¿Sabía Ud. que...?

Anzures es una colonia residencial (suburbio) de la Ciudad de México. Hay avenidas muy amplias y tiene calles que, al dar la vuelta, llegan a esas avenidas. Está llena de árboles y queda relativamente cerca de las zonas más céntricas de la ciudad.

La casa nueva   Silvia Molina

dreamer

Claro que no creo en la suerte, mamá. Ya está usted como mi papá. No me diga que fue un *soñador;* era un enfermo — con el perdón de usted. ¿Qué otra cosa? Para mí, la fortuna está ahí o de plano no está. Nada de que nos vamos a *sacar* la lotería. ¿Cuál lotería? No, mamá. La vida no es ninguna ilusión, es la vida *y se acabó.* Está bueno para los niños que creen en todo: «Te voy a comprar la camita», y de tanto esperar, pues se van olvidando. Aunque le diré, a veces, pasa el tiempo y uno se niega a olvidar ciertas promesas; como aquella tarde en que mi papá me llevó a ver la casa nueva de la colonia Anzures.

ganar
es todo

viaje / bus
ash trees
beds / llenos
sunflowers / daisies

El *trayecto* en el *camión* desde la San Rafael me pareció diferente, mamá. Como si fuera otro… Me iba fijando en los árboles —se llaman *fresnos,* insistía él—, en los *camellones repletos* de flores anaranjadas y amarillas — son *girasoles* y *margaritas* —me instruía.

Miles de veces habíamos recorrido Melchor Ocampo, pero nunca hasta Gutenberg. La amplitud y la limpieza de las calles me gustaba cada vez más. No quería recordar la San Rafael, tan triste y tan vieja: «No está sucia, son los años», *repelaba* usted siempre, mamá. ¿Se acuerda? Tampoco quería pensar en nuestra *privada* sin intimidad y sin agua.

insistía

barrio

Mi papá se detuvo antes de entrar y me preguntó:

—¿Qué te parece? Un sueño, ¿verdad?

It was so… / just like
material / con deseo de

Tenía la reja blanca, recién pintada. A través de ella vi por primera vez la casa nueva… La cuidaba un hombre uniformado. *Se me hizo tan…igual* que cuando usted compra una *tela:* olor a nuevo, a fresco, *a ganas de* sentirla…

Abrí bien los ojos, mamá. Él me llevaba de aquí para allá de la mano.

Se sentía orgulloso

Cuando subimos me dijo: «Ésta va a ser tu recámara». *Había inflado el pecho* y hasta parecía que se le cortaba la voz por la emoción. Para mí solita, pensé. Ya no tendría que dormir con mis hermanos. Apenas abrí una puerta, él se apresuró: «Para que guardes la ropa». Y la verdad, la puse allí, muy *acomodadita* en las *tablas,* y mis tres vestidos colgados; y mis tesoros en aquellos cajones. *Me dieron ganas* de saltar en la cama del gusto, pero él me detuvo y abrió la otra puerta; «Mira», murmuró, «un baño». Y yo me tendí con el pensamiento en aquella tina inmensa, *suelto* mi cuerpo para que el agua lo *arrullara.*

bien arreglada / boards
Tenía deseos

libre
acariciara
He twisted
la imaginé unida
no era similar
con fragancia

Luego me enseñó su recámara, su baño, su vestidor. *Se enrollaba* el bigote como cuando estaba ansioso. Y yo, mamá, *la sospeché enlazada* a él en esa camota —*no se parecía* en nada a la suya—, en la que harían sus cosas, sin que sus hijos escucháramos. Después salió usted, recién bañada, *olorosa* a durazno, a manzana, a limpio. Contenta, mamá, muy contenta de haberlo abrazado a solas, sin la perturbación ni los *lloridos* de mis hermanos.

gritos y lagrimas
mejillas
twin

Pasamos por el cuarto de las niñas, rosa como sus *cachetes* y las camitas *gemelas;* y luego, mamá, por el cuarto de los niños que «ya verás, acá van a poner los cochecitos y los soldados». Anduvimos por la sala porque tenía sala; y por el comedor y por la cocina y el cuarto de lavar y planchar. Me subió hasta la azotea y me bajó de prisa porque «tienes que ver el cuarto para mi *restirador*». Y lo *encerré* para que hiciera sus dibujos, sin gritos ni peleas, sin niños cállense que su papá está trabajando, que *se quema las pestañas* de dibujante para darnos de comer.

mesa de trabajo / locked up
trabaja mucho

sencillas
con almohadas

disfrutarlos

No quería irme de allí nunca, mamá. Aun encerrada viviría feliz. 50 Esperaría a que llegaran ustedes, miraría las paredes *lisitas,* me sentaría en los pisos de mosaico, en las alfombras, en la sala *acojinada;* me bañaría en cada uno de los baños; subiría y bajaría cientos, miles de veces la escalera de piedra y la de caracol; hornearía muchos panes para *saborearlos* despacito, en el comedor. Allí esperaría la llegada de usted, mamá; la de Anita, de Rebe, de Gonza, del bebé. Y mientras, también, escribiría una composición 55 para la escuela:

suciedad

> *La casa nueva*
> **En esta casa, mi familia va a ser feliz. Mi mamá no se volverá a quejar de la *mugre* en que vivimos. Mi papá no irá a la cantina; llegará temprano a dibujar. Yo voy a tener mi cuarto, mío, para 60 mí solita. Y mis hermanos…**

por qué me separé

No sé *qué me dio por soltarme* de su mano, mamá. Corrí escaleras arriba, a mi recámara, a verla otra vez, a mirar bien los muebles y su gran ventanal; y toqué la cama para estar segura de que no era una de tantas promesas de mi papá, que allí estaba todo tan real como yo misma, cuando el hombre 65 uniformado me ordenó:

—Bájate, vamos a cerrar.

Casi ruedo las escaleras, el corazón se me salía por la boca:

—¿Cómo que van a cerrar, papá? ¿No es ésa mi recámara?

at the time of the raffle

Ni con el tiempo he podido olvidar: que iba a ser nuestra *cuando se hiciera* 70 *la rifa.*

DESPUÉS DE LA LECTURA

Actividades

A. ¿Qué dice la lectura?

Complete la oración de acuerdo con la lectura.

1. La persona que cuenta la historia…
   a. cree que la vida es una ilusión.
   b. cree en la lotería.
   c. no cree en promesas ilusorias.

2. Cuando era niña, la persona que relata el cuento…
   a. vivía en un barrio pobre, en la colonia San Rafael.
   b. vivía en la colonia Anzures.
   c. vivía en la calle Melchor Ocampo.

3. La niña vio que la casa nueva…
   a. no tenía intimidad.
   b. todavía no tenía una reja.
   c. tenía una reja blanca.

4. Cuando el padre le mostró a la niña su recámara, ella pensó que…
   a. era muy pequeña.
   b. ya no tendría que dormir con sus hermanos.
   c. su padre era un soñador.

5. La casa tenía…
   a. tres dormitorios.
   b. dos dormitorios.
   c. cuatro dormitorios.

6. La niña sintió una gran desilusión cuando…
   a. su padre la llevó de la mano a la azotea.
   b. un hombre uniformado le abrió la puerta.
   c. se dio cuenta de que la casa iba a ser de ellos sólo si el padre ganaba la rifa.

B. La casa ideal

Con un(a) compañero(a), lea el siguiente aviso que apareció en una revista de Miami.

1. Observen con atención el plano y la descripción.

2. Copien el plano en otro papel y escriban los nombres de las habitaciones en el plano, según sus preferencias.

3. Ahora preparen el plano de una casa ideal y escriban un párrafo explicando cómo sería esa casa y qué facilidades tendría.

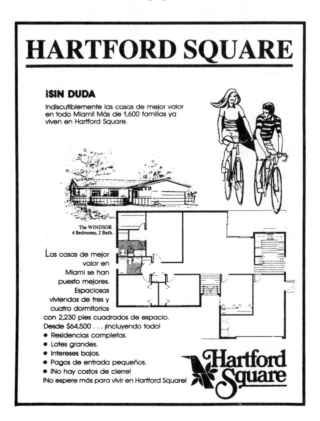

C. ¡Charlemos!

Todos recordamos las grandes ilusiones y desilusiones de nuestra infancia. Cuéntele a un(a) compañero(a) de clase alguna desilusión que haya tenido cuando era niño(a). Después, su compañero(a) informará a la clase.

Humor

Con un(a) compañero(a) de clase, observe el siguiente dibujo y juntos describan el aspecto físico de los padres y de los hijos, la ropa que llevan, la sorpresa de uno de los esposos, etc.

—Esta es la señora que ocupaba la cama contigua a la mía en maternidad.

COSPER

PREPÁRESE A LEER

Actividad

¡Charlemos!

Pregúntele a un(a) compañero(a).

1. Cuando eras niño(a), ¿veías a tu padre como un modelo de lo que debe ser un hombre o pensabas que debería ser diferente?

2. ¿Admirabas al padre o a la madre de alguno de tus amigos? ¿Por qué?

3. Pensabas que tu padre o tu madre deberían ser como uno(a) de los héroes de la televisión? ¿Cuál ¿Por qué?

4. ¿Cómo crees que nos ven nuestros padres? ¿Como las personas que somos o como ellos quieren que seamos? ¿Por qué?

VOCABULARIO

Para hablar de los habitantes del pueblo

el asombro *astonishment*
  asombrarse de *to be astonished at*
  temer; el temor *to fear; fear*
la cicatriz *scar*
el colorado *redhead*
envidiar a *to envy*
el escalofrío *chill*
los guapos, los guapetones *bullies, tough guys*
  alargar *to reach out in order to give*
  beber ron *to drink rum*
  dar un tajo hondo *to cut, to slash deeply*
  despreciar *to disdain, to scorn*
  jugar a la baraja *to play cards*
la hazaña *deed, feat*

la herida *wound*
  salir la sangre *to bleed*
el jíbaro *peasant from Puerto Rico*
mirar a hurtadillas *to glance slyly at*
el mostrador *counter*
el progenitor *father*
  arrojar contra *to throw against*
  atreverse a *to dare*
  aturdido(a) *rattled, stunned*
  cobarde; la cobardía *cowardly; cowardice*
  el empellón *push, shove*
  manso(a) *tame, docile*
  valiente; la valentía *brave; bravery*
el puñal *dagger*
el tablero *game board*

Práctica

Una historia de familia

Complete las oraciones con la(s) palabra(s) o expresiones apropiada(s).

aturdido   cicatriz   cobarde   envidiar
empellón   jugar (a la) baraja   hazañas   esconderse

1. El niño creía que a su padre le faltaba valor; que era un _____.
2. El muchacho _____ a sus amigos que relataban las _____ de sus padres.
3. Como el padre no peleaba, no tenía ni una sola _____ de cuchillo.
4. En La Aurora, los guapos del pueblo _____ y bebían ron.
5. El muchacho estaba pegado al mostrador tratando de _____
6. El padre le dio un _____ al Colorado y lo arrojó contra un barril.
7. El hombre se levantó un poco _____ por el golpe.

EL AUTOR Y SU OBRA

Manuel del Toro (n. 1911) es un escritor puertorriqueño. Es considerado como un cuentista importante de su país.

Al leer el cuento «Mi padre», piense en una experiencia similar que Ud. haya tenido en su infancia. Trate de recordar cómo reaccionó en aquella ocasión y analice la situación desde su punto de vista cuando era niño(a).

¿Sabía Ud. que…?
El Gallina es un sobrenombre (*nickname*) que se le da a una persona que tiene miedo de todo. En los países hispanos es corriente y no se considera cruel llamar a las personas por sus sobrenombres, que generalmente indican un defecto o alguna característica especial de la persona. A una persona que sólo tiene un ojo lo llaman, como en el caso de José, «el Tuerto». Muchas veces se conoce únicamente el sobrenombre de las personas y no el nombre propio.

¡A LEER!

Mi padre   Manuel del Toro

followed closely /
cuchillo grande

la amargura

de la isla
deep ditch / slashes
temple / chin

de un sábado / *turn over the leaves / sinking / barefoot*

poppy stalk

sinewy / stumps

placer / *feeling them*
cubierto

store (P.R.)
load / sausage
skins, scraps / mangy
were dealing cards

moves

Have a drink, señor

De niño siempre tuve el temor de que mi padre fuera un cobarde. No porque lo viera correr *seguido de cerca* por un *machete* como vi tantas veces a Paco, el Gallina y a Quino Pascual. ¡Pero era tan diferente a los papás de mis campañeros de clase! En aquella escuela de barrio donde el
5 valor era la virtud suprema, yo bebía *el acíbar* de ser el hijo de un hombre que ni siquiera usaba cuchillo. ¡Cómo envidiaba a mis compañeros que relataban una y otra vez sin cansarse nunca de las hazañas de sus progenitores! Nolasco Rivera había desarmado a dos guardias *insulares*. A Perico Lugo lo dejaron por muerto en un *zanjón* con veintitrés *tajos de perrillo*.
10 Felipe Chaveta lucía una hermosa herida desde la *sien* hasta el *mentón*.

Mi padre, mi pobre padre, no tenía ni una sola cicatriz en el cuerpo. Acababa de comprobarlo con gran pena mientras nos bañábamos en el río aquella tarde *sabatina* en que, como de costumbre, veníamos de *voltear las talas* de tabaco. Ahora seguía yo sus pasos *hundiendo* mis pies *descalzos* en el
15 tibio polvo del camino y haciendo sonar mi trompeta. Era ésta un *tallo de amapola* al que mi padre con aquella su mansa habilidad para todas las cosas pequeñas había convertido en trompeta con sólo hacerle una incisión longitudinal.

Al pasar frente a La Aurora, me dijo:
20 —Entremos aquí. No tengo cigarros para la noche.

Del asombro por poco me trago la trompeta. Porque papá nunca entraba a La Aurora, punto de reunión de todos los guapos del barrio. Allí se jugaba baraja, se bebía ron y casi siempre se daban tajos. Unos tajos de machete que convertían brazos *nervudos* en cortos *muñones*. Unos tajos largos de
25 navaja que echaban afuera intestinos. Unos tajos hondos de puñal por los que salía la sangre y se entraba la muerte.

Después de dar las buenas tardes, papá pidió cigarros. Los iba escogiendo uno a uno con *fruición* de fumador, *palpándolos* entre los dedos y llevándolos a la nariz para percibir su aroma. Yo, pegado al mostrador *forrado* de zinc,
30 trataba de esconderme entre los pantalones de papá. Sin atreverme a tocar mi trompeta, pareciéndome que ofendía a los guapetones hasta con mi aliento, miraba a hurtadillas de una a otra esquina del *ventorrillo*. Acostado sobre la *estiba* de arroz veía a José, el Tuerto, comer pan y *salchichón* echándole los *pellejitos* al perro *sarnoso* que los atrapaba en el aire con un ruido
35 seco de dientes. En la mesita del lado *tallaban con una baraja* sucia Nolasco Rivera, Perico Lugo, Chus Maurosa y un colorado que yo no conocía. En un tablero colocado sobre un barril se jugaba dominó. Un grupo de curiosos seguía de cerca las *jugadas*. Todos bebían ron.

Fue el colorado el de la provocación. Se acercó adonde papá, alargándole
40 la botella de la que ya todos habían bebido:
—*Dése un palo, don…*

—Muchas gracias, pero yo no puedo tomar.

—Ah, ¿conque me desprecia porque soy *un pelao*?

—No es eso, amigo. Es que no puedo tomar. Déselo usted en mi nombre.

45 —Este palo se lo da usted o ca… se lo echo por la cabeza.

Lo intentó, pero no pudo. El empellón de papá lo arrojó contra el barril de *macarelas*. Se levantó medio aturdido por el ron y por el golpe y, palpándose el cinturón con ambas manos, dijo:

—Está usted de suerte, viejito, porque ando *desarmao*.

50 —A ver, préstenle un cuchillo.

Yo no podía creerlo, pero era papá el que hablaba.

Todavía al recordarlo un escalofrío me corre por el cuerpo. Veinte manos se hundieron en las camisetas sucias, en los pantalones *raídos*, en las botas *enlodadas*, en todos los sitios en que un hombre sabe guardar su arma.

55 Veinte manos surgieron ofreciendo, en silencio de *jíbaro encastado*, el cuchillo *casero*, el puñal de tres *filos*, la *sevillana corva*…

—Amigo, escoja el que más le guste.

—Mire don, yo soy un hombre guapo, pero usté es más que yo—. Así dijo el colorado y salió de la tienda con pasito lento.

60 Pagó papá sus cigarros, dio las buenas tardes y salimos. Al bajar el *escaloncito* escuché al Tuerto decir con admiración:

—Ahí va un macho completo.

Mi trompeta de amapola tocaba a triunfo. ¡Dios mío; que llegue el lunes para contárselo a los muchachos!

Glosario (margen):
- pobre
- mackerel
- sin armas
- viejos
- muddy
- campesino típico
- homemade / cutting edges / cuchillo de gitano
- steps

DESPUÉS DE LA LECTURA

Actividades

A. ¿Qué dice la lectura?

Complete las siguientes oraciones de acuerdo con la lectura.

1. El muchacho pensaba que su padre era diferente de los demás papás del pueblo porque…

2. Envidiaba a sus campañeros que…

3. Mientras el niño y el padre se bañaban en el río, el hijo comprobó que su padre…

4. El niño se asombró cuando su padre dijo que entraría en la taberna «La Aurora» porque…

5. En «La Aurora», mientras el padre escogía los cigarros, el niño trataba de…

6. El padre no aceptó tomar de la botella que le ofrecía el colorado y le dijo…

7. Veinte manos le ofrecieron cuchillos al colorado porque el padre…

8. El colorado salió de «La Aurora» después de decirle al padre que…

B. Más allá de la lectura

Conteste las siguientes preguntas.

1. ¿Quién narra la historia y en qué época de su vida? ¿Cómo lo sabe Ud.?

2. ¿Dónde ocurre lo que se narra?

3. ¿Qué personajes puede Ud. imaginar a través de la narración? ¿Cuál es el más importante? ¿Por qué?

4. Por lo que narra, ¿qué se sabe del padre y a través de la mirada de quién?

5. ¿Qué sentimientos tiene el muchacho para su padre? ¿Cuando el hijo se refiere a la «mansa habilidad» del padre (l. 16), ¿con qué tono emocional cree Ud. que lo dice? ¿Crítico? ¿de admiración? ¿irónico? ¿indulgente? Explique su respuesta.

6. ¿De qué personaje(s) se sabe lo que piensa(n)?

7. ¿Qué le parece que puede haber entendido y aprendido el hijo después del episodio en la taberna?

PREPÁRESE A LEER

Actividad

¡Charlemos!

1. Con un(a) compañero(a) de clase, comente la primera reunión con sus padres después de haber ingresado a la universidad, teniendo en cuenta…
   a. quiénes se reunieron, dónde y cuándo.
   b. ¿cómo se sentían Uds.? ¿alegres? ¿emocionados? ¿intranquilos?
   c. ¿cómo se sentían sus padres? ¿orgullosos? ¿nerviosos? ¿impacientes?
   d. ¿qué hicieron mientras permanecieron con ellos?

2. ¿Tenían Uds. la impresión de que había pasado mucho tiempo desde que dejaron la casa? ¿Extrañaban a sus padres? ¿Se sentían solos?

¡A LEER!

LA AUTORA Y SU OBRA

Alfonsina Storni (1892–1938), poeta argentina, fue una ardiente defensora del feminismo. Su poesía evolucionó del romanticismo al simbolismo y alcanzó a veces una perfección clásica. Algunas de sus obras son *El dulce daño, Ocre, El mundo de siete pozos* y *Mascarilla y trébol.* En el poema «Han venido» nos habla de un cuadro familiar, la sonrisa de una madre, las alegrías y desilusiones de las hijas y…el paso del tiempo.

Han venido   Alfonsina Storni

Hoy han venido a verme
mi madre y mis hermanas.

Hace ya tiempo que yo estaba sola
con mis versos, mi orgullo…casi nada.

de pelo rubio

5 Mi hermana, la más grande, está crecida,
es *rubiecita*; por sus ojos pasa
el primer sueño: He dicho a la pequeña:
—La vida es dulce. Todo mal acaba…

Mi madre ha sonreído como suelen
10 aquellos que conocen bien las almas;
ha puesto sus dos manos en mis hombros,
me ha mirado muy fijo…
y han saltado mis lágrimas.

el cuarto

Hemos comido juntas en *la pieza*
15 más tibia de la casa.
Cielo primaveral…para mirarlo
fueron abiertas todas las ventanas.

Y mientras conversábamos tranquilas
de tantas cosas viejas y olvidadas,
20 mi hermana, la menor, ha interrumpido:
—Las golondrinas pasan…

Hoy han venido a verme
mi madre y mis hermanas.

DESPUÉS DE LA LECTURA

Actividades

A. ¿Qué dice la lectura?

Conteste las siguientes preguntas.

1. ¿Quién es el «yo» del poema?
2. ¿Quiénes se reúnen, dónde y cuándo? ¿Cómo es el tono emocional de esa reunión? Explique.
3. ¿Con qué relaciona Ud. el paso de las golondrinas?
4. Describa y comente la escena narrada por los versos 9–13.
5. Compare el verso 8 con el 21 (el último del poema). ¿Quién dice cada verso? ¿Ve Ud. alguna relación entre los dos?

B. Temas de reflexión

1. Este poema tiene como tema el paso del tiempo en la vida de las personas. Dentro de este marco, ¿podría Ud. explicar la sonrisa de la madre? ¿la soledad de la hija mayor? ¿la alegre interrupción de la más pequeña? ¿Qué etapas de la vida representan?
2. Hay un viejo proverbio español que dice «Un dedo no hace mano, ni una golondrina verano». ¿Sabía Ud. que la golondrina es considerada el heraldo del verano? ¿Cree Ud. que este hecho tiene importancia para el poema?

C. Puntos de vista

Con un(a) compañero(a), hable de las bodas, teniendo en cuenta las siguientes preguntas.

1. ¿Son Uds. partidarios de las bodas grandes o prefieren las bodas íntimas?
2. ¿Cómo desea que sea su boda? ¿Le gustaría ofrecer una gran recepción?
3. ¿Adónde les gustaría ir en su «luna de miel»? ¿Por cuánto tiempo?
4. Hagan una lista de las ventajas y desventajas de las grandes (pequeñas) bodas.

D. ¡Charlemos!

Pregúntele a su compañero(a).

1. ¿Piensas que es una buena idea tener una familia pequeña o grande? ¿Cuántos hijos piensas que debe tener una familia moderna? ¿Por qué? ¿Cuántos hijos te gustaría tener?
2. ¿Piensas que se debe reorganizar la distribución de tareas familiares para que el padre y la madre puedan dedicarse al hogar y al trabajo?
3. ¿Qué problemas se presentan cuando el padre y la madre trabajan? Cuando te cases, ¿te gustaría que uno de los dos se quedara en casa? ¿Por qué?

E. En parejas

La participación matrimonial que sigue es de una pareja que se casó en la ciudad de La Paz, Bolivia. Léanla con atención. Después vean si pueden establecer los lazos familiares.

1. ¿Quiénes son los padres de Viviana? ¿y de Sergio?
2. ¿Cuál era el nombre completo de Viviana antes de casarse? ¿Cuál será después de casarse?
3. ¿Hay algo que le llame la atención en la participación matrimonial? ¿Qué?

Miguel Navarro Maldonado
Nancy Contreras de Navarro

Juan Orihuela Bernstein
Maggie Ascarrunz de Orihuela

Participan el matrimonio de sus hijos:

Viviana   y   Sergio

Que se bendecirá con carácter privado el día Sábado veintiocho de octubre a hrs. 12:00 en la Iglesia de Santa Rosa (La Florida).

La Paz, Octubre de mil novecientos ochenta y nueve

Calle 11 No. 509
(Obrajes)

Pasaje Villegas No. 1243
(Sopocachi)

Pasada la ceremonia religiosa, tendremos el agrado de recibir a Ud(s). en la Residencia de la calle 11 No. 509 (Obrajes).

La Paz, Octubre de 1989

Lección 5

EL BANCO PARA LOS JOVENES.

El Banco Hispano Americano ha creado el primer banco en el mundo, pensado exclusivamente para los jóvenes: El Hispano 20.

El proyecto más ambicioso de la banca es ya una realidad. Los jóvenes tienen un banco propio.

NO QUEREMOS MOSTRADORES

¿Quién ha dicho que los jóvenes no saben lo que quieren? Lo saben muy bien, y lo dicen sin contemplaciones. Sólo hay que preguntarles. Eso ha hecho el Banco Hispano Americano, y el resultado ha sido contundente: los jóvenes quieren un banco que funcione. Humano y divertido. Eficaz y colaborador. No les gustan los mostradores. No les gustan los trámites complejos. No les gustan las caras serias. Quieren música. Quieren amabilidad. Quieren eficacia. Quieren corazón en los asuntos de dinero. Por eso, el Hispano 20 nace como un banco de espíritu joven, donde todo es nuevo y diferente. Las oficinas son producto de los arquitectos y artistas más actuales, como Rodrigo y Mariscal.

Con espacios amplios, salas de reuniones, máquinas de café y refrescos, música ambiental, monitores de vídeo. Salas de exposiciones para artistas que empiezan, boutique, ordenador para uso de los jóvenes, que lo utilizan como tablón de anuncios, luz, plantas, y nada parecido a un banco tradicional. Un ambiente donde los jóvenes clientes se mueven con total desenvoltura.

"TRIUNFA EL BANCO DEL ROCK'N'ROLL", DICE "FINANCIAL TIMES"

La experiencia del Hispano 20 se sigue con un especial interés en el resto del mundo. La prensa económica internacional ha dedicado artículos a este proyecto bancario. Y expertos españoles y de más allá de nuestras fronteras, han querido conocer de cerca las oficinas. Realmente, el éxito del Hispano 20 no se ha hecho esperar.

COMPAÑEROS DE ILUSIONES

Los empleados del Hispano 20 son tan jóvenes como sus clientes. Profesionales que unen a su juventud una brillante experiencia bancaria. Y los productos y servicios que ofrecen, han buscado armonizar eficacia y novedad.

El **Crédito Pequeño** permite obtener con facilidad esas pequeñas cantidades tan importantes algunas veces. Para pagar una cena, o comprarse una radio nueva.

Tarjetas para poder operar a cualquier hora del día o de la noche.

Cuenta Financiera de alta remuneración para las que no hay que disponer de tantos recursos como se pide a los mayores. Y con el mismo tipo de interés.

Cheques Gasolina especiales para moto.

Créditos-Beca de fácil concesión, para financiar los gastos de matriculación, residencia y material, tanto en España como en el extranjero.

Hispano 20 es, desde el mes de Mayo, una brillante realidad. A través de las dos oficinas iniciales, más de 5.000 jóvenes clientes han accedido a su primer banco. Otros muchos, ya, estudian en universidades españolas y extranjeras con becas finan-

ciadas por el Hispano 20. Consultas de médicos, bufetes, nuevos negocios han nacido con el apoyo de este banco. Barcelona y Bilbao son las ciudades que siguen a Madrid, Granada y Zaragoza en la implantación de la primera red bancaria para jóvenes. Está surgiendo una nueva generación de empresarios cuyos proyectos han pasado o van a pasar a ser una realidad a través del Hispano 20. Ya no es un sueño. Ahora el espíritu de los 20 son hechos concretos. Los jóvenes están en el Hispano 20; el Hispano 20 está con ellos.

NUNCA ABANDONAREMOS EL ESPÍRITU DE LOS VEINTE

La oferta y la demanda

PRIMEROS PASOS

Actividades

A. Puntos de vista

Observe con atención el anuncio de la página 94 y, con un(a) compañero(a) de clase, échele un vistazo y luego comenten qué ven y qué les llama la atención. Después, intercambien opiniones sobre: (a) el ambicioso proyecto del Banco Hispano Americano, (b) la manera de funcionar el banco, (c) los servicios que les ofrece a los jóvenes y (d) las posibilidades de formar un banco para jóvenes en los Estados Unidos.

B. ¡Charlemos!

Pregúntele a su compañero(a).

1. ¿Tienes una cuenta corriente en un banco? ¿Te acuerdas por qué seleccionaste el banco que tienes? ¿Piensas que en tu banco te atienden con eficacia? ¿Cómo son los empleados? ¿Eficientes? ¿corteses? ¿arrogantes?

rate 2. ¿Cuál es *la tasa* de interés que recibes en tu cuenta corriente?

3. ¿Has solicitado alguna vez un préstamo? Si no lo has hecho, ¿piensas hacerlo algún día? ¿Con que propósito?

4. ¿Te gustaría tener un banco sólo para la gente joven? ¿Cómo tendría que ser ese banco? ¿los empleados? ¿los clientes? ¿el ambiente?

5 ¿Piensas que sería una ventaja para el cliente tener en el banco un ambiente divertido como el que hay en el Banco Hispano 20? ¿Crees que podrías concentrarte con música, máquinas de café y refrescos y monitores de video? Explica por qué sí o por qué no.

¿Sabía Ud. que...?

Con la excepción de la peseta española, todos los nombres de las monedas nacionales de los países hispanos son masculinos.

Argentina	el austral	Honduras	el lempira
Bolivia	el boliviano	México	el peso (mexicano)
Chile	el peso (chileno)	Nicaragua	el córdoba
Colombia	el peso (colombiano)	Panamá	el balboa
Costa Rica	el colón	Paraguay	el guaraní
Cuba	el peso (cubano)	Perú	el inti, el sol
Ecuador	el sucre	Puerto Rico	el dólar
El Salvador	el colón	República	
España	la peseta	Dominicana	el peso (dominicano)
Guatemala	el quetzal	Uruguay	el peso nuevo
		Venezuela	el bolívar

Algunos nombres de monedas se crearon en homenaje a grupos indígenas, a sus dioses o símbolos; o a descubridores, exploradores y héroes de la independencia. Por ejemplo:

El guaraní   es el nombre de la tribu y de la lengua de los indígenas de Paraguay.

El inti   quiere decir **sol** en la lengua quechua de los incas. El sol (inti) era el dios del imperio incaico.

El lempira   fue un cacique hondureño que luchó contra los españoles y murió asesinado por orden del conquistador Alonso de Cáceres.

El quetzal   tiene su origen en el nombre que los mayas dieron a un pájaro tropical de hermosas plumas. En la cultura guatemalteca, el quetzal es un símbolo muy antiguo de la libertad.

El austral   se refiere al punto cardinal del sur. Argentina, cuyos límites llegan hasta la Patagonia y las regiones australes, forma parte del Cono Sur con Chile y Uruguay.

¿Saben Uds. quiénes fueron las siguientes personas y por qué la moneda del país lleva su nombre? Si no lo saben, busquen la información en un diccionario o en una enciclopedia.

Simón Bolívar	el boliviano, el bolívar
Cristóbal Colón	el colón
José Antonio de Sucre	el sucre
Francisco Fernández de Córdoba	el córdoba
Vasco Núñez de Balboa	el balboa

LENGUA: Las terminaciones de los cognados

En el anuncio «El banco para los jóvenes» (pág. 94) Uds. encontrarán muchos cognados. Esta vez, presten atención a las terminaciones de las palabras que son similares en español y en inglés.

Español		Inglés	
–ico, –ica	económico[1]	–ic	economic
–ista	artista	–ist	artist
–ante	importante	–ant	important
	brillante		brilliant
–ente	diferente	–ent	different
	cliente		client
–encia	experiencia	–ence	experience
	residencia		residence
–ción	generación	–tion	generation
	contemplación		contemplation
	exposición		exposition
–sión	concesión	–ssion	concession
–dad	universidad	–ty	university
	realidad		reality

Práctica

Los cognados

De acuerdo con el cuadro anterior, dé la palabra en español para cada palabra en inglés.

formation	*instant*	*pragmatic*
passion	*narcotic*	*liberty*
romantic	*president*	*direction*
sufficient	*society*	*nostalgic*
accident	*pessimist*	*obsession*
discussion	*integrity*	*nation*
vanity	*orient*	*pacific*

Situaciones

A. En el Banco Hispano 20

Ud. se encuentra en el Banco Hispano 20 y está tratando de averiguar si el banco puede concederle un crédito para financiar sus gastos de matrícula, pero la música de *rock 'n' roll* no le permite oír lo que dice el (la) empleado(a). ¿Qué hace en esta situación? Con un(a) compañero(a) preséntenla a la clase.

---

[1]Los cognados que terminan en **–ico(a)** son palabras esdrújulas y llevan acento escrito en la antepenúltima sílaba.

B. En las oficinas de las tiendas ZARA

En la ciudad donde Ud. vive se acaba de inaugurar una de las tiendas ZARA que tiene una variedad enorme de ropa para jóvenes. Formen grupos de seis estudiantes: el (la) gerente del banco, el (la) empleado(a) y cuatro clientes que solicitan tarjeta de crédito.

1. Lean el siguiente formulario con cuidado.
2. Los cuatro clientes deben completar la información solicitada.
3. Preséntenla al (a la) empleado(a) y pidan información adicional.
4. El (La) empleado(a) informará al (a la) gerente del estado financiero de cada uno de los cuatro clientes.

DATOS A CUMPLIMENTAR POR EL BANCO

Código grupo comercial |6|0|0|0|2|0|
Nombre Banco _____   Código |__|__|__|__|
Dirección Sucursal _____   Clave |__|__|__|__|
N.º de cuenta domiciliación |__|__|__|__|__|__|__|__|__|__|
Titular (Nombre y apellidos) _____
Límite concedido |__|__|__|__|__| Límite máximo |__|__|__|__|__|__| .   Ingresos brutos justificados: Sí ❑ No ❑

DATOS TITULAR TARJETA PRINCIPAL

Nombre y apellidos |__|__|__|__|__|__|__|__|__|__|__|__|__|__|__|__|__|__|__|__|__|__|__|__|__|__|__|__|__|__|__|__|__|__|__|__|
Nombre y apellidos (para Tarjeta) |__|__|__|__|__|__|__|__|__|__|__|__|__|__|__|__|__|__|__|__|__|__|__| Nacionalidad _____
D.N.I. / Tarj. Resid. (*) |__|__|__|__|__|__|__|__|__| Fecha nacimiento |__|__|__|__|__|__| Teléfono _____   Sexo ❑
Domicilio Particular _____   Población _____
Provincia _____   C.P. |__|__|__|__|__| Es empleado del Grupo Zara: Sí ❑ No ❑

Estado Civil	Importe ingresos brutos anuales unidad familiar (en millones)	Antigüedad en la empresa	Tipo de empresa	Situación vivienda habitual
1.- Soltero ❑		1.- Menos de 6 meses ❑	Privada ❑	1.- Propia ❑
2.- Separado ❑	1.- Hasta 1.6 ❑	2.- Entre 6 m. y 1 año ❑	Pública ❑	2.- Alquilada ❑
3.- Divorciado ❑	2.- de 1,6 a 2 ❑	3.- Entre 1 y 2 años ❑	Cuenta propia ❑	3.- Otras ❑
4.- Viudo ❑	3.- de 2 a 3 ❑	4.- Más de 2 años ❑		
	4.- de 3 a 4 ❑	Referencias Bancarias (Bco./Caja, Dirección, Suc. y Cta.)	Cargo _____	
5.- Casado Sep. bienes ❑	5.- de 4 a 6 ❑		Empresa _____	
6.- Casado gananciales ❑	6.- Más de 6 ❑		Teléfono _____	
			Tarjetas que posee: _____	

PREPÁRESE A LEER

Actividad

¡Charlemos!

Pregúntele a su compañero(a).

1. ¿Prefieres tomar agua de grifo o agua mineral? ¿Sabes cuánto cuesta el agua embotellada que se vende en los supermercados? ¿Te parece lógico que los consumidores tengan que pagar por el agua? ¿Por qué?
2. En las fiestas, ¿cuál es tu bebida favorita? Y en una discoteca, ¿qué prefieres tomar? ¿Por qué?
3. ¿Qué bebidas se toman en tu casa en las grandes ocasiones?

LENGUA: *El* con sustantivos femeninos

Recuerde Ud. que:

El artículo **el** se emplea delante de sustantivos femeninos que comienzan con **a** o **ha** tónica.

el águila *(eagle)*	**las** águilas
el agua	**las** aguas
el hacha *(axe)*	**las** hachas

Compare: **el** agua inodor**a** e invisible

la inodor**a** e invisible agua

las aguas inodoras e invisibles

las inodoras e invisibles aguas

VOCABULARIO

Para hablar de la moda de beber agua

el agua de grifo *tap water*
   deslizarse *to slide*
   inodora *odorless*
   sorber *to sip*
una copa; ir de copas *a drink; to go for a drink*

el éxito *success*
la nueva insignia *the new emblem*
el olor *smell, odor*
el sabor, el gusto *taste*
el vacío *emptiness, vacuum*

¡A LEER!

El siguiente artículo apareció en la revista *Vogue* de España. Vicente Verdú comenta con cierto escepticismo la invasión del agua mineral en las discotecas españolas. Antes de leer el artículo, hágase estas preguntas.

1. ¿Qué sé del consumo del agua mineral?

2. ¿Beber agua mineral es solamente una moda pasajera que puede desaparecer con el tiempo o es una necesidad? ¿Por qué?

3. ¿Por qué muchos consumidores prefieren el agua embotellada al agua de grifo? ¿Qué bebe Ud. con sus comidas? ¿Y qué bebe en ocasiones especiales?

El agua mineral   Vicente Verdú

En 1984 se produjo el *boom* del agua Perrier en los Estados Unidos. También estaban de moda las *croissanteries* y los viajes a París, gracias al dólar, que alcanzó las 182 pesetas. Pero lo del agua mineral francesa no era solamente un asunto relacionado con el encanto francés. Beber agua mineral en una discoteca, mientras los demás *sorbían tom collins,* tequila *sunrise, stingers* o *screwdrivers,* era una opción sutilmente revolucionaria. La América profunda seguía consumiendo *whisky,* sin combinación, mientras la América profundamente nueva llevaba la no combinación hasta el extremo de la transparencia.

Sin olor, sin sabor, sin color: el agua es una especie de vacío líquido; un vacío propicio para deslizarse en un cuerpo idealmente limpio, éticamente puro y de antemano preparado para ello.

Ahora, la moda del agua mineral como bebida alternativa a la copa ha llegado a España. Las drogas, el alcohol, el adulterio al mediodía han pasado a ser vicios de *perdedores.* El éxito, para ser notable, debe presentarse al máximo bajo la forma «natural» y la mayor distinción es hacer como si los signos de distinción fueran ya superfluos. El éxito es el secreto mismo. Una sustancia invisible, *acaso* inodora y también fluida. Para los ricos, el dinero ha perdido valor, color, estimulantes. El agua lo dice todo respecto a esa situación.

El agua sustituye en círculos selectos al alcohol como mensaje de diferencia. La nueva insignia es el modelo de un hombre o de una mujer que exhiben el agua — y no cualquiera, no la de grifo — como exponente de un gusto superior: controlado, *ensimismado* y narcisista; un nuevo celofán que permite persistir, en el imperio de lo efímero bajo los reflejos *del escaparate.*

Marginal glosses:
- tomaban (línea 5)
- los que pierden (línea 15)
- tal vez
- preocupado consigo mismo
- del vidrio (línea 25)

DESPUÉS DE LA LECTURA

Actividades

A. ¿Qué dice la lectura?

Elimine la oración que no esté de acuerdo con la lectura.

1. En 1984...
   a. estaban de moda las *croissanteries.*
   b. se produjo el *boom* del tequila *sunrise.*
   c. estaban de moda los viajes a París.
   d. beber agua mineral en una discoteca era una nueva opción.

2. Ahora, en los círculos selectos de España...
   a. la mayor distinción es hacer como si los signos de distinción fueran superfluos.
   b. el agua de grifo sustituye al alcohol.
   c. la nueva insignia es una persona que toma agua mineral.
   d. las drogas, el alcohol, el adulterio al mediodía han pasado a ser vicios de perdedores.

B. Más allá de la lectura

¿Podría Ud. explicar con sus propias palabras el significado de las siguientes oraciones del texto y dar su opinión y comentarios al respecto?

1. En 1984 se produjo el *boom* del agua Perrier en los Estados Unidos. (l. 1)
2. La América profunda seguía consumiendo *whisky,* sin combinación, mientras la América profundamente nueva llevaba la no combinación hasta el extremo de la transparencia. (ll. 6–9)
3. Las drogas, el alcohol, el adulterio al mediodía han pasado a ser vicios de perdedores. (ll. 14–15)
4. Para los ricos, el dinero ha perdido valor, color, estimulantes. El agua lo dice todo respecto a esa situación. (ll. 18–20)
5. El agua sustituye en círculos selectos al alcohol como mensaje de diferencia. (ll. 21–22)

Situación

¡Una bebida carísima!

Ud. y varios amigos decidieron ir de copas y a bailar a la discoteca Salsipuedes. Durante las tres horas que estuvieron bailando y bebiendo, cada uno de Uds. pidió dos bebidas. Sus amigos bebieron *whisky, tom collins* y *screwdrivers,* pero Ud. sólo pidió un agua mineral. En el momento de pagar, su cuenta por el agua mineral que bebió es tan alta como la de sus amigos. Ud. pide una explicación al (a la) camarero(a) (uno de sus campañeros de clase).

PREPÁRESE A LEER

Actividades

A. ¡Charlemos!

Pregúntele a su compañero(a).

1. ¿Te gusta el arte clásico o el moderno? ¿Podrías decir por qué? ¿Cuál es tu pintor(a) favorito(a)? ¿tu cuadro favorito?
2. ¿Has oído hablar de algún artista latinoamericano que se ha destacado en la pintura? ¿Cuáles? ¿Qué sabes de ellos?

B. Puntos de vista

Con un(a) compañero(a) de clase, observe los siguientes cuadros y diga (a) si conoce alguno de ellos, (b) si conoce el artista, (c) si los estilos le parecen interesantes, (d) si representan un momento histórico, (e) si le llama la atención algún detalle y cuáles.

arriba: «The Dressmaker», *Fernando Botero*
a la derecha: «La danza de la alegría», *Rufino Tamayo*
abajo: «Guernica», *Pablo Picasso*

VOCABULARIO

Para hablar de la pintura

adquirir una obra de arte *to acquire a work of art*
el autorretrato *self-portrait*
cotizar *to quote (prices)*
la exposición de pintura *art exhibit*
la inversión *investment*

la mercadería *commodity*
el mercado *market*
el óleo *oil painting*
el (la) pintor(a); pintar *painter; to paint*
la subasta *auction*

¡A LEER!

El siguiente artículo apareció en la revista *Américas*.

1. Observe la pintura de Frida Kahlo (pág. 105) y piense en algunas razones que tuvo para llamarla *Diego y yo.*
2. Explique lo que es un autorretrato. ¿Cuál sería el elemento en *Diego y yo* que no pertenece a la pintura del rostro? Describa ese elemento y diga por qué cree que está en la pintura.

Más de un millón de dólares   Henry Goethals

Acaso las pinturas de los impresionistas franceses constituyan una mercadería *candente*, pero en los últimos tiempos las obras de arte latinoamericanas se han convertido en *rubro* altamente cotizado. Las obras de los
mexicanos Diego Rivera y Rufino Tamayo, del colombiano Fernando Botero,
5 del chileno Roberto Matta y del cubano Wilfredo Lam son algunas de las
que han ingresado al círculo de las elegidas.

   Diego y yo, de la mexicana Frida Kahlo, esposa de Diego Rivera, *superó la
barrera* del millón de dólares durante una subasta en una galería de Nueva
York y se vendió por 1.430.000 dólares, estableciendo una nueva *marca*
10 mundial pare las obras de arte latinoamericanas vendidas en esas condiciones.

   La comerciante de arte neoyorquina Mary Anne Martin, que adquirió
Diego y yo, dijo que tenía la esperanza de adquirir la pintura por un millón
de dólares pero se encontró con la enérgica competencia de un comprador
europeo. El óleo sobre madera es un autorretrato de Frida, pintado en
15 1946, que muestra a la artista *derramando lágrimas* y con la imagen de Diego
sobreimpresa en su frente. En la época en que se pintó el autorretrato, se
atribuía a Diego Rivera una aventura amorosa — una de las muchas que
tuvo en su vida — con la actriz cinematográfica mexicana María Félix.
Frida murió en 1954 y Diego tres años más tarde. Los propietarios de
20 galerías y otros observadores del mercado de pinturas señalan que una
razón importante para el aumento espectacular de los precios de las obras
de arte latinoamericanas se debe a la relativa debilidad económica de la
región, que lleva a considerar que la compra de obras de arte constituye
una inversión segura.

apasionante
categoría

pasó el limite

récord

llorando

«Diego y yo»,
Frida Kahlo

DESPUÉS DE LA LECTURA

Actividades

A. ¿Qué dice la lectura?

Empareje las frases de la columna **A** con las de la columna **B** según la lectura.

A	*B*
1. La obra *Diego y yo* fue pintada por…	a. con la actriz mexicana María Félix.
2. La artista Frida Kahlo fue esposa del…	b. se debe a la debilidad económica de la región.
3. En una subasta de Nueva York se pagó…	c. la artista mexicana Frida Kahlo.
4. *Diego y yo* es un autorretrato que muestra a la artista…	d. más de un millón de dólares por el óleo *Diego y yo*.
5. Se dice que Diego Rivera tuvo una aventura amorosa…	e. pintor mexicano Diego Rivera.
6. Los observadores del mercado de pinturas creen que el aumento de precios de las obras latino-americanas…	f. con la imagen de Diego Rivera en la frente.

B. Informe

En grupos de cuatro estudiantes preparen un informe sobre la pintura de Frida Kahlo (México), Diego Rivera (México), Rufino Tamayo (México), Fernando Botero (Colombia), Roberto Matta (Chile) o Wilfredo Lam (Cuba). El grupo presentará un resumen de la vida y la obra del (de la) artista y después cada estudiante hablará de una de sus obras.

C. Puntos de vista

Probablemente algunos de Uds. han estado en México y han tenido la oportunidad de admirar los murales del pintor Diego Rivera, esposo de Frida Kahlo, que se encuentran en la Universidad Nacional Autónoma de México (UNAM) y en el Palacio Nacional. Si Ud. los ha visto o los conoce por sus estudios de arte, comente con sus compañeros de clase sus impresiones sobre estas magníficas obras de arte.

PREPÁRESE A LEER

Actividad

Puntos de vista

¿Sabían Uds. que cada año en los Estados Unidos se consumen más de cinco billones de dólares en chocolate, o sea un promedio de once libras por persona?

Con un(a) compañero(a) de clase, intercambie ideas sobre el consumo de chocolate, teniendo en cuenta las siguientes preguntas.

1. ¿Es Ud. chocohólico(a)? ¿Cuánto chocolate consume por día? ¿por semana? ¿Prefiere la tableta de chocolate, el bombón o el chocolate en alguna otra forma? ¿Cuál?

2. El día de su compleaños, ¿qué tipo de torta prefiere? ¿De chocolate? ¿de almendras? ¿de otro tipo?

3. ¿Cuántos postres de chocolate conoce Ud.? ¿Cómo se preparan? ¿Cuál es su postre favorito? ¿Podría traer la receta (escrita en español) a la clase?

4. ¿Sabe Ud. cuál es el país europeo más famoso por la calidad de su chocolate? ¿Cuál cree Ud. que es la marca más conocida de chocolates en los Estados Unidos? ¿Y la mejor?

VOCABULARIO

Para hablar de la historia del chocolate

la almendra molida *ground almonds*
moler *to grind*
el bombón de chocolate *chocolate-covered with candy, cream, nuts*

el cacao; el cacaotero *cacao; cacao tree*
la chocolatería *chocolate shop*
obsequiar chocolates *to give chocolate (as a gift)*
el desayuno; desayunar *breakfast; to eat breakfast*

los granos *grains*
la harina de maíz *corn meal*
   cocer *to cook, to boil*
   secar *to dry*

el jarro *pitcher, jug*
la miel *honey*
las semillas *seeds*
la tableta de chocolate *chocolate bar*

Expresiones

debido a *due to*
dejar paso a *to give way to*

en vista de que *since*
muy de mañana *early in the morning*

¿Sabía Ud. que...?

Hernán Cortés (1485–1547) fue el conquistador de México. En 1519 desembarcó en Cozumel y fundó el puerto de Veracruz. Algunos de sus compañeros querían volver a Cuba, pero Cortés quemó sus barcos para evitar el regreso.

Cristóbal Colón fue el almirante que «descubrió» a las Américas.

Los Reyes Católicos fueron Isabel I, reina de Castilla, y Fernando V, rey de Aragón. Con su matrimonio unificaron los dos reinos españoles y fueron los que le dieron a Colón el dinero para el viaje a América.

Quiahuixtlán era una región del México antiguo, habitada por indios totouaques. En ella Hernán Cortés hizo prender a los cobradores de tributos mexicanos y declaró que, en el futuro, los totouaques no pagarían impuestos a los aztecas.

Moctezuma (1466–1520) fue el noveno monarca de los aztecas. La fuerza del imperio azteca alcanzó su máximo poder con él. Su territorio se extendía desde la costa del Pacífico hasta la del Atlántico. Se dice que le preocupaba la predicción de que su imperio acabaría con la llegada de hombres blancos y barbudos.

Las cartas de relación las escribió Cortés al rey de España. Contaban la grandeza de la civilización azteca.

Carlos I (1500–1558) en la historia fue conocido como Carlos V y fue rey de España y emperador de Alemania

Los aztecas fueron los indígenas que en los siglos XV y XVI habitaron en lo que es ahora el centro y el sur de México. Su capital, Tenochtitlán, fue conquistada por los españoles bajo Cortés.

Los mayas eran los indios que ocuparon territorio en el norte de lo que es ahora Centroamérica. Tenían una de las civilizaciones más grandes del hemisferio occidental antes de la conquista. Su escritura, en bellos jeroglíficos, ya ha sido descifrada. Desaparecieron a mediados del siglo XV.

Bernal Díaz del Castillo (1495–1584) fue un conquistador español, compañero de Cortés y autor de la *Historia verdadera de la conquista de la Nueva España*, la más completa de las crónicas de México.

Las Islas Canarias son un conjunto de islas, cerca de la costa noroeste de África, que forman dos provincias de España.

¡A LEER!

A continuación, Ud. leerá un artículo histórico. Mientras lee, tenga presente lo siguiente.

1. ¿Qué es el cacao y qué sugiere el título?
2. la cronología de los acontecimientos históricos
3. el vocabulario que se relaciona con la cronología:

la primera vez	en la actualidad	durante	hacia (el año)
a partir de	ahora (mismo)	después	

4. Hágase las preguntas importantes al leer un artículo de carácter histórico: ¿Quién? ¿Qué? ¿Cómo? ¿Cuándo? y ¿(A)dónde?

El cacao vino de América   Guillermo Soreda Molina

La historia nos dice que Hernán Cortés y los suyos se encontraron en México con el chocolate. Pero si bien es verdad que fueron ellos los primeros europeos en tomar el cacao preparado y mezclado con otras muchas cosas, las semillas del cacaotero fueron ya conocidas por la gente
5 de Colón en su cuarto viaje. Incluso algunos historiadores afirman que el *Almirante* trajo a España varias de esas semillas y las ofreció a los Reyes Católicos.

Es posible que la primera vez que Cortés y sus soldados vieran el chocolate fuera en Quiahuixtlán. Allí, un *cacique* llamado Gordo recibía a los
10 *recaudadores* de Moctezuma y les obsequiaba con ricos platos y jarras de chocolate. Por otra parte, las semillas del cacaotero eran utilizadas por los indios mexicanos como moneda. En la segunda de las *Cartas de relación* que Cortés dirigió a Carlos I, dice lo siguiente: «Es una fruta como almendras, que ellos venden molida, y *tiénenla…por* moneda en toda la tierra, y con
15 ella se compran todas las cosas necesarias en los mercados y otras partes».

El chocolate que bebía Moctezuma se lograba mezclando granos de cacao molidos y cocidos con agua, miel, harina de maíz, *especias* muy diversas y otras sustancias excitantes. Es decir, aquel chocolate tenía poco o nada que ver con el que generalmente se toma en la actualidad en el mundo entero.
20 Etimológicamente, la palabra chocolate tiene, según unos, origen azteca: «tchoco», que significa ruido, y «latte», que quiere decir bebida. Según otros, viene del *vocablo* maya «xocoalt».

El chocolate tenía fama de ser una bebida afrodisíaca. Bernal Díaz del Castillo, que siguió a Cortés en sus conquistas, escribe lo siguiente: «Traían
25 en *unas como a maneras de* copas de oro fino cierta bebida hecha del mismo cacao: decían que era para tener acceso a las mujeres…» Tal vez fue ésta la mejor publicidad que entre los españoles pudiera tener el chocolate.

Debido precisamente al azúcar que los españoles llevaron de Canarias a México, el chocolate fue todavía más popular y su consumo se extendió

Glosas al margen:

Admiral (Colón)

jefe indio
cobradores

la tienen como

spices

palabra

algo así como

prayers

acabar con

declaró

poisoned / *potion* / taza
envenenar a una persona

tipo de *doughnut*

bar

30 rápidamente en todo el imperio español americano. Las mujeres lo llegaron a tomar a todas horas, incluso dentro de las iglesias durante los *rezos*. Fue tanto el abuso que se hizo de esa bebida en el interior de los templos, que un obispo mexicano, en vista de que no lograba *desterrar* esa costumbre mediante ruegos, *decretó* la excomunión para aquellas mujeres que tomaran 35 chocolate durante los rezos. No sólo no obedecieron a su obispo, sino que lo *envenenaron* con una *pócima* introducida en una *jícara* de chocolate. De ahí la frase «*dar un jicarazo*».

Parece ser que el chocolate llegó a España un año después de la conquista de México por Cortés; es decir, en 1520. Hacia 1650 el chocolate ya 40 es una bebida popular y corriente en casi toda Europa. Deleito Piñuela, en su libro *La mujer, la casa y la moda (En la España del Rey poeta)*, dice lo siguiente: «El chocolate, que se empezó a generalizar desde el descubrimiento de América…fue objeto en el siglo XVII de una verdadera pasión… Se tomaba chocolate no sólo para desayunar, sino a cada paso durante el día y 45 en gran cantidad… Sólo por la mañana consumíanse cinco o seis onzas de chocolate para desayunar».

Durante todo el siglo XIX se sigue tomando chocolate en España. Un historiador dice que «el chocolate es para el español lo que es el té para el inglés y el café para el francés».

50 El chocolate empieza su decadencia en España a partir de la primera Guerra Mundial. Las muy famosas chocolaterías van dejando paso a unos nuevos locales llamados cafés y el clásico «chocolate con *churros*» — que todavía se toma — se va sustituyendo lentamente por el café con leche con media tostada. Ahora mismo es muy posible que no llegue al dos por mil el 55 número de personas que en España desayunan chocolate. El café con leche, el simple café o el mismo té, lo han vencido. Nos quedan, en cambio, la *tableta* de chocolate, el chocolate duro y el bombón de chocolate. Dios nos los conserve durante muchos años.

DESPUÉS DE LA LECTURA

Actividades

A. ¿Qué dice la lectura?

Indique la oración que no corresponde a la lectura anterior.

1. La historia del chocolate en Europa empieza con…
   a. Colón, que ya conocía las semillas del cacaotero en su cuarto viaje.
   b. Cortés y sus soldados, que vieron al cacique Gordo obsequiar a los recaudadores de Moctezuma con jarras de chocolate.
   c. los indios mexicanos que usaban las semillas de cacao como moneda.

2. La historia del chocolate en América nos dice…
   a. que Moctezuma bebía una mezcla de granos de cacao con miel y harina de maíz.
   b. que lo que tomaba Moctezuma era muy parecido al chocolate que se toma hoy.
   c. que la palabra chocolate tiene origen azteca o maya.

3. La popularidad del chocolate en México y en todo el imperio español americano…
   a. se debía a su fama de ser una bebida afrodisíaca.
   b. creció con la introducción del azúcar en México.
   c. se veía en el abuso de la bebida por las mujeres que lo tomaban en las iglesias.
   d. disminuyó con el envenenamiento del obispo de Chiapas.

4. El consumo de chocolate empezó su decadencia en España…
   a. después de la primera Guerra Mundial.
   b. cuando el chocolate con churros se fue sustituyendo por el café con leche con media tostada.
   c. cuando desaparecieron la tableta de chocolate, el chocolate duro y el bombón de chocolate.

B. Todos los datos

Complete el siguiente cuadro de acuerdo con los acontecimientos de la lectura.

¿Quién?	¿Qué?	¿Cuándo?	¿(A)dónde?
Colón	llevó semillas de cacao	en su cuarto viaje en 1520	a España
Cortés			
Moctezuma			en México
	el cacao	en 1650 en el siglo XVII en el siglo XIX desde 1920 ahora	

C. La planta del cacao

stick, pole
berries / pick, gather / basket
to shake out the grains
flat earthenware pan
grinding stone

Observe el mural de Diego Rivera, *La planta del cacao,* que se encuentra en el Palacio Nacional de México. En éste se observa a un indígena con una *vara* de bambú tirando las *bayas* del cacao; abajo, otro las *recoge* con un *cesto* para después *desgranarlas* y secarlas. En la parte central se ven dos indígenas: la de la derecha está tostando el grano de cacao en un *comal de barro* y la de la izquierda lo muele en un *metate*. En la parte baja del metate hay fuego, para conservar la piedra caliente y en esa forma hacer el chocolate, llamado «bebida de los dioses». En la parte inferior del mural se ve a un comerciante que paga a otros indígenas con granos de cacao.

«*La planta del cacao*»,
Diego Rivera

PREPÁRESE A LEER

Actividad

Puntos de vista

Con un(a) compañero (a) de clase, intercambie ideas sobre la importancia del petróleo en el mundo entero, teniendo en cuenta las siguientes y otras preguntas.

1. Al petróleo se le ha llamado el «oro negro». ¿Podrían Uds. explicar por qué? ¿Qué piensan Uds. que sería más conveniente para un país, tener oro o tener petróleo? ¿Podrían explicar su respuesta?

2. ¿En qué países o regiones del mundo hay petróleo? ¿Creen Uds. que la economía mundial depende de la producción de petróleo? ¿Por qué? ¿Qué problemas relacionados con el petróleo que amenazan la paz del mundo entero hemos visto en los últimos años?

VOCABULARIO

Para hablar del campo

el atardecer *nightfall, end of the afternoon*
la colina *small hill*
la gallina *hen*
el girasol *sunflower*
recorrer *to travel over, to go over*

el terreno *plot, land*
la tierra *earth, soil*
trasladarse *to move*
el valle *valley*

Para hablar de la propiedad

alquilar un piso *to rent an apartment*
el catastro *real estate tax assessor*
la escritura *deed of sale*
la firma; firmar *signature; to sign*
el impuesto *tax*

el (la) notario(a) *notary public*
la propiedad *property*
el (la) propietario(a), el (la) dueño(a) *owner*
el rascacielos *skyscraper*
la superficie *surface*

Para hablar de las inversiones

animarse a *to be encouraged to, to decide*
la cifra *figure, number*
desanimarse de *to get discouraged*

el petróleo *oil*
el pozo *water well*
subir a razón de *to rise at the rate of*

Expresiones

al cabo de *at the end of, within*
apenas *as soon as*

de cuando en cuando *from time to time*

Práctica

Familia de palabras

Elimine la palabra que no corresponde al mismo grupo.

1. la noticia, el sol, el atardecer, la noche
2. el maíz, la risa, la alfalfa, el girasol
3. el campo, la colina, el valle, la cifra
4. la firma, la escritura, el notario, el pozo
5. el rascacielos, el hotel, el diario, la casa
6. el turista, el emisario, el dormitorio, el ingeniero, el propietario

¡A LEER!

EL AUTOR Y SU OBRA

Julio Cortázar (1914–1984), escritor argentino, se distinguió por sus relatos cortos: *Bestiario, Las armas secretas, Final de juego, Un tal Lucas, Todos los fuegos el fuego, Octaedro, La vuelta al día en ochenta mundos, Último round, Viaje alrededor de una mesa* y *Queremos tanto a Glenda.* Escribió también novelas: *Los premios,*

62-Modelo para armar, Libro de Manuel y la más famosa, *Rayuela,* que fue llevada al cine inglés como *Hopscotch.* Dos de sus cuentos fueron la base de otras dos películas *Blow Up* y *Spider's Stratagem.*

Mientras Ud. lee el cuento…

1. piense en las situaciones que se presentan en él. ¿Son o no son irónicas? ¿Cuáles de las situaciones resultan cómicas? ¿Por qué? ¿Cuáles son posibles en nuestra vida cotidiana? ¿Cuáles son imposibles?
2. imagínese a Gómez, el hombre modesto, y a Literio, el dueño de terrenos, que le vende a Gómez un metro cuadrado de tierra.

¿Sabía Ud. que…?

El choclo es el nombre que se da en algunos países sudamericanos al maíz fresco y tierno. En México lo llaman *elote.* El maíz es un producto de América. Al regresar de una exploración a Cuba, los mensajeros de Colón declararon haber visto «una clase de grano, que llaman maíz, de buen sabor cocinado, seco y en harina». El escritor guatemalteco Miguel Ángel Asturias, en su famoso libro *Hombres de maíz* (1949), nos ofrece relatos de la lucha entre los indígenas guatemaltecos que quieren que se siembre el maíz sólo para alimentarse y no para negocio.

Las buenas inversiones Julio Cortázar

poco interesante	Gómez es un hombre modesto y *borroso,* que sólo le pide a la vida un pedacito bajo el sol, el diario con noticias exaltantes y un choclo hervido
mantequilla (Arg.)	con poca sal pero eso sí con bastante *manteca.* A nadie le puede extrañar
hombre	entonces que, apenas haya reunido la edad y el dinero suficientes, este *sujeto*
	5 se traslade al campo, busque una región de colinas agradables y pueblecitos
como	inocentes y se compre un metro cuadrado de tierra para estar *lo que* se dice en su casa.
	Esto del metro cuadrado puede parecer raro y lo sería en circunstancias ordinarias, es decir, sin Gómez y sin Literio. Como a Gómez no le interesa
folding chair (Arg.)	10 más que un pedacito de tierra donde instalar su *reposera* verde y sentarse a
portable furnace	leer el diario y a hervir su choclo con ayuda de un *calentador primus,* sería difícil que alguien le vendiera un metro cuadrado, porque en realidad nadie tiene un metro cuadrado sino muchísimos metros cuadrados, y vender un metro cuadrado en mitad o al extremo de los otros metros cuadrados plantea
vida en común	15 problemas de catastro, de *convivencia,* de impuestos y además es ridículo y
how silly	no se hace, *qué tonto.* Y cuando Gómez, llevando la reposera con el primus y los choclos, empieza a desanimarse después de haber recorrido gran parte de los valles y las colinas, se descubre que Literio tiene entre dos terrenos un
encontrarse	rincón que mide justamente un metro cuadrado y que por *hallarse sito* entre
terrenos	20 dos *solares* comprados en épocas diferentes posee una especie de personali-

pile of grass
thistle

dad propia aunque en apariencia no sea más que un *montón de pastos* con
un *cardo* apuntando hacia el norte. El notario y Literio se mueren de risa
durante la firma de la escritura, pero dos días después Gómez ya está instalado en su terreno en el que pasa todo el día leyendo y comiendo, hasta
25 que al atardecer regresa al hotel del pueblo donde tiene alquilada una
buena habitación, porque Gómez será loco pero nada idiota, y eso hasta
Literio y el notario están prontos a reconocerlo.

Con lo cual el verano en los valles va pasando agradablemente, aunque
de cuando en cuando hay turistas que han oído hablar del asunto y se aso-
30 man para mirar a Gómez leyendo en su reposera. Una noche, un turista
venezolano se anima a preguntarle a Gómez por qué ha comprado solamente un metro cuadrado de tierra y para qué puede servir esa tierra
aparte de poner la reposera, y tanto el turista venezolano como los otros

sorprendidos compañeros

estupefactos contertulios escuchan esta respuesta: «Usted parece ignorar que la
35 propiedad de un terreno se extiende desde la superficie hasta el centro de
la tierra. Calcule, entonces». Nadie calcula, pero todos tienen como la
visión de un pozo cuadrado que baja y baja y baja hasta no se sabe dónde,
y de alguna manera eso parece más importante que cuando se tienen tres

10.000 m² / a hole of such a

hectáreas y hay que imaginar *un agujero de semejante* superficie que baje y
40 baje y baje. Por eso cuando los ingenieros llegan tres semanas después,
todo el mundo se da cuenta de que el venezolano *no se ha tragado la píldora*

he wasn't taken in

y ha sospechado el secreto de Gómez, o sea que en esa zona debe haber
petróleo. Literio es el primero en permitir que le arruinen sus campos de

ridículas / malos

alfalfa y girasol con *insensatas* perforaciones que llenan la atmósfera de *mal-*
45 *sanos* humos; los demás propietarios perforan noche y día en todas partes, y

hay

hasta *se da* el caso de una pobre señora que entre grandes lágrimas tiene

mover / campesinos

que *correr* la cama de tres generaciones de honestos *labriegos* porque los
ingenieros han localizado una zona neurálgica en el mismo medio del dormitorio. Gómez observa de lejos las operaciones sin preocuparse gran cosa,
50 aunque el ruido de las máquinas lo distrae de las noticias del diario; por
supuesto nadie le ha dicho nada sobre su terreno, y él no es hombre
curioso y sólo contesta cuando le hablan. Por eso contesta que no cuando

compañía

el emisario del *consorcio* petrolero venezolano se confiesa vencido y va a
verlo para que le venda el metro cuadrado. El emisario tiene órdenes de
55 comprar a cualquier precio y empieza a mencionar cifras que suben a razón
de cinco mil dólares por minuto, con lo cual al cabo de tres horas Gómez

folds up / maleta

pliega la reposera, guarda el primus y el choclo en la *valijita* y firma un
papel que lo convierte en el hombre más rico del país siempre y cuando se
encuentre petróleo en su terreno, cosa que ocurre exactamente una se-

spurt / mojada

60 mana más tarde bajo la forma de un *chorro* que deja *empapada* a la familia
de Literio y a todas las gallinas de la zona.

Gómez, que está muy sorprendido, se vuelve a la ciudad donde empezó
su existencia y se compra un departamento en el piso más alto de un rasca-

boil

cielos, pues ahí hay una terraza, a pleno sol para leer el diario y *hervir* el

mischievous / dyed

65 choclo sin que vengan a distraerlo venezolanos *aviesos* y gallinas *teñidas* de
negro que corren de un lado a otro con la indignación que siempre mani-

spray / crude

fiestan estos animales cuando se los *rocía* con petróleo *bruto*.

DESPUÉS DE LA LECTURA

Actividades

A. ¿Qué dice la lectura?

Ordene las siguientes oraciones siguiendo el orden de los sucesos en el cuento.

1. ___ Gómez le compra el terreno a Literio y se instala en su metro cuadrado muy contento.

2. ___ Gómez vuelve a la ciudad de donde vino y se compra un departamento en un edificio muy alto que tiene una terraza donde puede leer el diario y comer su choclo tranquilamente.

3. ___ Gómez es un hombre sencillo que se traslada al campo con el deseo de comprar un metro cuadrado de tierra para poner su reposera verde, leer el diario y poder cocinar su choclo.

4. ___ Un turista venezolano llega al valle y le pregunta a Gómez por qué tiene un terreno de sólo un metro cuadrado.

5. ___ Literio y todos los propietarios del lugar permiten que perforen la tierra pare ver si hay petróleo.

6. ___ Como el emisario de la firma petrolera empieza a ofrecer más y más dinero por el metro cuadrado de terreno, Gómez decide venderlo.

7. ___ Gómez observa de lejos las operaciones de perforación sin preocuparse mucho, aunque el ruido de las máquinas lo distrae.

8. ___ Cuando el enviado de la firma petrolera le pide a Gómez que le venda el metro cuadrado de terreno, primero éste le dice que no.

B. Más allá de la lectura

Conteste las siguientes preguntas.

1. ¿Quién es el protagonista del cuento? ¿Cómo se lo describe?

2. ¿Cuál es el sueño de Gómez? ¿Qué le interesa comprar y para qué?

3. ¿Por qué su deseo de comprar un metro cuadrado de terreno es tan difícil de realizar? ¿Por qué cree Ud. que se mueren de risa el notario y Literio durante la firma de la escritura?

4. ¿Para qué le sirve a Gómez su pedacito de tierra? ¿Cómo le explica al turista venezolano su compra de un metro cuadrado?

5. Tres semanas más tarde, ¿en busca de qué llegan los ingenieros? ¿Cuál parece ser la actitud de Gómez hacia toda la actividad que lo rodea?

6. Describa Ud. la escena entre el emisario del consorcio petrolero y Gómez. ¿Cómo son los términos de la venta? ¿Favorables? ¿desfavorables? ¿Para quién?

7. ¿Sabía Gómez que había petróleo en su pedacito de tierra? ¿Cómo lo sabemos?

8. ¿Puede Gómez finalmente vivir como desea? Según el cuento, ¿dónde se puede vivir más tranquilo, en la ciudad o en el campo? ¿Qué piensa Ud. al respecto?

C. Temas de reflexión

¿Por qué cree Ud. que Cortázar se refiere a la búsqueda de petróleo como «… insensatas perforaciones que llenan la atmósfera de malsanos humos…» (ll. 44–45)? ¿Sabe Ud. cómo se explota el petróleo? ¿Cuáles son algunos de los peligros de la explotación de petróleo? ¿Piensa Ud. que se debe controlar la explotación de petróleo? ¿Cómo? Explique su respuesta.

Situación

La oferta y la demanda

Trabaje con un(a) compañero(a) de clase. Presenten la escena donde el emisario venezolano trata, por todos los medios, de comprar el metro cuadrado de Gómez.

Humor

Éste es el tipo de caricaturas que aparece diariamente en los periódicos españoles e hispanoamericanos y que se refiere a la economía, la política y los problemas del país. Observe la caricatura y diga cómo está la economía al terminar el año. Después, con un(a) compañero(a) de clase hable sobre la economía de los Estados Unidos.

PREPÁRESE A LEER

VOCABULARIO

Para hablar de las cosas sencillas

el alpiste *bird seed*
el crepúsculo *twilight*
la jaula *cage*
la liebre *hare*
la luciérnaga *firefly*
el mirlo *blackbird*
la oveja *sheep*

el pastor *shepherd*
la selva *jungle*
tejer calcetines *to knit socks*
  con hebras *with threads*
  meter los pies *to put (one's) feet inside*
  suaves *soft*
el venado *deer*

¡A LEER!

EL AUTOR Y SU OBRA

Pablo Neruda (Chile, 1904–1973) es uno de los más altos valores de la lírica hispana. En su obra poética canta con pasión a la América india y en sus versos realistas a su ideal político. Entre sus obras se incluyen *Crepusculario, Veinte poemas de amor y una canción desesperada, Canto general, Residencia en la tierra, Odas elementales* y *España en mi corazón*.

Oda a los calcetines Pablo Neruda

Me trajo Maru Mori
un par
de calcetines
que tejió con sus manos
5 de pastora,
dos calcetines suaves
como liebres.
En ellos
metí los pies
10 como en
dos
estuches cajas elegantes
tejidos
con hebras del
15 crepúsculo
y *pellejo* de ovejas. piel

Violentos calcetines,
mis pies fueron
dos pescados
20 de lana,
dos largos *tiburones* sharks
de azul ultramarino
atravesados crossed
por una *trenza* de oro, braid
25 dos gigantescos mirlos,
dos cañones:
mis pies
fueron *honrados* honored
de este modo
30 por
estos
celestiales
calcetines.

Eran
35 tan hermosos
que por primera vez
mis pies me parecieron
inaceptables
como dos decrépitos
firemen   40 *bomberos,*
indignos
de aquel fuego
embroidered   *bordado,*
de aquellos luminosos
45 calcetines.

Sin embargo
resistí
la tentación aguda
de guardarlos
estudiantes   50 como los *colegiales*
preservan
las luciérnagas,
como los eruditos
coleccionan
55 documentos sagrados,
resistí
el impulso furioso
de ponerlos
cage   en una *jaula*
60 de oro
y darles cada día
alpiste
y pulpa de melón rosado.
Como descubridores
65 que en la selva
entregan el rarísimo
venado verde
spit   al *asador*
y se lo comen
remorse   70 con *remordimiento,*
I stretched out   *estiré*
los pies
me puse   y *me enfundé*
los
75 bellos
calcetines
y
luego los zapatos.

Y es ésta
80 la moral de mi oda:
dos veces es belleza
la belleza
y lo que es bueno es doblemente
bueno
85 cuando se trata de dos calcetines
de lana
en el invierno.

DESPUÉS DE LA LECTURA

Actividades

A. ¿Qué dice la lectura?

Conteste las siguientes preguntas.

1. ¿Qué le trajo Maru Mori al poeta? Describa el regalo.
2. ¿Con qué adjetivos y con qué comparaciones describe el poeta los calcetines? Mencione tres por lo menos.
3. ¿Cómo aparecen los pies ante las cualidades de los calcetines?
4. ¿Por qué se compara el poeta a los colegiales, a los eruditos y a los descubridores de la selva?
5. ¿De qué están hechos los calcetines? Compare los versos 8–16 con los versos 86–87. ¿Cuáles de estos versos dicen la verdad?
6. ¿Por qué son tan valiosos para el poeta esos calcetines? ¿Por qué son cómodos? ¿Por qué son bellos? ¿Qué piensa Ud. y que generalización podría hacer sobre las cosas bellas que nos dan comodidad?

B. Temas de reflexión

artichoke

1. En su libro *Odas elementales,* Pablo Neruda habla de los elementos naturales como la madera, la piedra, el tomate y la *alcachofa.* ¿Se podría decir que *Oda a los calcetines* es un canto a la lana? ¿Por qué?
2. Vuelva a leer el poema poniendo atención a las comparaciones que usa el poeta para cantar los calcetines: «suaves como liebres» (vv. 6–7); «como…dos estuches tejidos con hebras del crepúsculo» (vv. 10–15); «mis pies fueron dos pescados de lana, dos largos tiburones de azul ultramarino» (vv. 18–22); «dos gigantescos mirlos, dos cañones» (vv. 25–26). Haga sus comentarios al respecto.

Situación

Mi posesión preferida

Piense Ud. en un artículo que ha comprado o que alguien le ha regalado. Debe ser algo que le guste mucho y que merezca adjetivos como los que usa Neruda en su poema (bellos, celestiales, luminosos). Trate de describir a su compañero(a) su pertenencia favorita.

Lección 6

¡Ante todo su salud!

PRIMEROS PASOS

Actividades

A. Puntos de vista

Observe con atención la ilustración. Se trata de un anuncio que apareció en el periódico *El Excélsior* de México. Con un(a) compañero(a) de clase, comente qué ve, qué le llama la atención y si hay anuncios similares en los periódicos norteamericanos. Luego diga qué le sugiere el título e intercambie ideas sobre las razones que pueda tener la Asociación Nacional de Fabricantes de Cerveza para publicar en el periódico este tipo de anuncio.

B. ¡Charlemos!

Pregúntele a su compañero(a).

1. ¿Dónde comes? ¿Qué te gusta comer? ¿Comes con moderación? ¿Te preocupas por lo que comes? ¿Cuántas veces a la semana comes carne? ¿pescado? ¿verduras? ¿Controlas el número de calorías de las comidas y las bebidas?

2. ¿Qué bebes cuando estás en una fiesta? ¿Te gustan los refrescos o la cerveza? En general, ¿qué bebidas toman los estudiantes? ¿En qué ocasiones?

3. ¿Estás satisfecho(a) con tu peso o te gustaría engordar o adelgazar? ¿Por qué?

PREPÁRESE A LEER

Actividades

A. ¡Charlemos!

Pregúntele a su compañero(a) las preguntas de la página 122.

1. Cuando te sientes enfermo(a), ¿vas de inmediato al médico, te metes en cama o esperas que tu malestar pase poco a poco? ¿Por qué?

2. Cuando vas al consultorio de un(a) médico, ¿le haces muchas preguntas o prefieres que él o ella te diga lo que tienes? ¿Sigues exactamente sus instrucciones o prefieres seguir los consejos de tus padres o tus amigos? ¿Por qué?

3. ¿Crees que se justifica el alto costo de las cuentas médicas? ¿Por qué?

B. Puntos de vista

La vida de estudiantes se va haciendo cada día más difícil. Surgen nuevas obligaciones y las tensiones, a veces, llevan a pensar si vale la pena seguir estudiando. No es extraño, entonces, que Uds. se despierten a las dos de la mañana pensando si podrán terminar el trabajo que tienen pendiente. Con un(a) compañero(a) de clase, hable sobre las grandes tensiones que sufren los estudiantes, teniendo en cuenta las siguientes y otras preguntas.

1. ¿Les sucede a veces a Uds. que a pesar del trabajo que tienen no pueden concentrarse en sus tareas o en lo que están leyendo? ¿Qué hacen en esos casos? ¿Cómo eliminan las tensiones del estudio? ¿Las comparten con alguien? ¿Se concentran en lo más inmediato? ¿Dejan las cosas menos urgentes para el día siguiente? ¿Se sienten tan angustiados que prefieren olvidar sus problemas y se ponen a ver la tele?

2. ¿Hay maneras de conseguir lo que uno quiere sin permitir que las tensiones afecten nuestra salud? ¿Cuáles? ¿De qué manera la práctica de ejercicios físicos suele aliviar la tensión mental?

LENGUA: *Por* y *para*

En la lectura «Ud. *vs.* su médico» las preposiciones **por** y **para** aparecen en varias oraciones.

Recuerde Ud. que:

Por se usa para expresar lo siguiente.

1. Por = causa o motivo

Estoy bajo tratamiento **por** una enfermedad crónica.
La enfermedad no es seria; **por** eso no me preocupo.

2. Por = durante

Debo pagar una cuenta que me dejará sin dinero **por** el resto del mes.
Me sentí muy enfermo **por** tres días.

3. Por = a lo largo de

Me llevaron **por** los corredores del hospital.

4. Por = a través de

Entré a la clínica **por** la puerta de la derecha.
Él trata a la gente como pacientes sin cara que pasan **por** su consultorio.

5. Por = buscar con los verbos de movimiento: *ir, venir, volver, regresar* y otros

Si sigue con fiebre, hay que **ir por** el médico.
Como tenía frío y estaba resfriado, **volví por** mi abrigo.

6. Por = a cambio de

Tuvimos que pagar mucho dinero **por** los medicamentos.
Le di mis libros **por** los suyos.

7. Por se usa en varias expresiones: *por supuesto, por ejemplo, por fin* y otras

Por supuesto que sólo dedica unos minutos a cada paciente.
Después de una larga espera, **por ejemplo,** me vio por cinco minutos.
Por fin me mandó a operar de apendicitis.

Para se usa para expresar lo siguiente.

1. Para + infinitivo = propósito

Si Ud. no tiene dinero **para pagar** su cuenta, este médico le permite pagar poco a poco.
El médico lo llama a casa **para saber** cómo está de salud.

2. Para = según, en opinión de

El doctor Bonachón es como un padre **para** sus pacientes.
Para la persona saludable, los médicos suelen ser personas desconocidas.
Para él, es más fácil recetar cuando el enfermo no sabe qué contienen las medicinas.

3. Para = límite de tiempo

Ya verá que **para** mañana se sentirá bien.
Para el sábado ya se podrá levantar de la cama.

4. Para = destino

Esta receta es **para** mí.
Salieron corriendo **para** el hospital.

5. Para = comparación o falta de correspondencia

Para ser un médico tan famoso, no cobra mucho por la consulta.
Me dijeron que **para** estar tan enfermo se veía muy bien.

Práctica

La salud y los médicos

Complete con **por** o **para**.

1. _____ gozar de buena salud hay que pasar _____ el consultorio del médico una o dos veces _____ año.
2. Necesito dinero _____ pagar todas las cuentas que tengo.
3. Cruzamos _____ el centro del hospital.
4. ¿Fuiste _____ los medicamentos que te encargué?
5. Compraron las flores _____ la muchacha que está enferma.
6. _____ el próximo mes ya podrá caminar.
7. Partió _____ San Francisco _____ consultar a un médico muy famoso.
8. Compró todo lo que había _____ poco dinero.
9. Caminamos _____ horas y después pasamos _____ tu casa _____ visitar a tus padres.

VOCABULARIO

Para hablar de los médicos y de la salud

el (la) cirujano(a) *surgeon*
  atender a un(a) enfermo(a) *to see a patient*
  recetar; la receta *to prescribe; prescription*
el consultorio *(doctor's) office*
el equipo de medicina *medical equipment*
el malestar *malaise, indisposition*
el medicamento/la medicina *medication, medicine*
el (la) paciente/el (la) enfermo(a) *patient*
  aguantar un dolor fuerte *to bear acute pain*
    de cabeza *in the head*
    de estómago *stomach*

contraer una enfermedad *to contract (catch) an illness*
enfermo(a) *sick*
saludable *healthy*
la píldora *pill*
el resfrío/resfriado(a) *cold*
la sala de espera *waiting room*

Expresión

¡No es para menos! *With good reason!*

¡A LEER!

Ud. leerá un artículo sobre los médicos que apareció en la revista *Cosmopolitan* de México. Según este artículo, hay muchísimas variedades de médicos. Los hay gentiles, humanos, comerciantes, ineptos y competentes. Mientras lee, piense en los médicos que Ud. ha consultado y en el parecido que tienen con los descritos en la siguiente lectura.

Usted **vs.** *su médico: Cómo salir ganando*
Marilou Cross de Narbona

La mayoría de la gente detesta ir al médico. ¡Y no es para menos! Casi siempre hay que esperar una eternidad en la salita de espera — donde todas las revistas son del año pasado —, y luego pagar una cuenta que nos deja sin dinero por el resto del mes. En algunas personas la fobia a los médicos es tan *aguda* que prefieren pasar una semana en cama aguantando un fuerte dolor antes de ceder a las *súplicas* de sus familiares y hacer acto de presencia en el consultorio del doctor. Por supuesto, esto no es *sensato* y puede resultar peligroso, especialmente cuando no se sabe qué está causando el dolor. *No obstante*, para la persona saludable, cuyos únicos malestares son un resfriado o una indigestión ocasional, los médicos *suelen* ser seres desconocidos a los que sólo ve cuando va a visitar a un amigo al hospital.

Ahora bien, hay médicos…y hay médicos. Algunos son *encantadores*, profesionales y humanos. Otros son *pedantes*, comerciantes, ineptos y *antipáticos*. A veces hay que pasar por tres o cuatro antes de encontrar al médico que nos hace sentir bien, no sólo físicamente, sino emocionalmente.

Como mucha gente, yo he tenido unas cuantas experiencias con médicos que preferiría olvidar. Por ejemplo, aquel médico que me mandó a operar urgentemente de apendicitis, cuando lo que tenía en realidad era un caso agudo de gastroenteritis. ¿Qué cómo lo sé? Es muy sencillo: a las dos horas de salir de la sala de operaciones, ya sin apéndice, volví a tener los mismos síntomas que me llevaron al médico en un comienzo. Al verme así, el cirujano me presentó esta increíble historia: de alguna forma *insospechada*, yo había contraído la gastroenteritis durante las 24 horas que llevaba en el hospital.

Reconozco que he tenido mala suerte y que hay personas que nunca tienen problemas con sus doctores. Aun así, sospecho que todo el mundo podría reconocer al suyo en alguno de los médicos que describo a continuación.

(Aunque me refiero a ellos en sexo masculino, se entiende que los médicos podrían ser de tantos hombres como mujeres.)

El Dr. Misterio

Este médico tiene una actitud de superioridad y desea intimidar al paciente. Él quiere que Ud. lo considere *sabio*, casi un Dios, y que confíe ciegamente en lo que le receta. ¡Cuidado con hacerle una pregunta! Si alguien *se atreve* a decirle: «Doctor, ¿qué contiene esta píldora?», lo mirará con reproche y le dirá: «No se preocupe, sólo tómesela y hágame caso». El Dr. Misterio no desea revelar sus secretos de medicina a los pacientes. Para él, es más fácil curar cuando el enfermo no sabe qué contienen las medicinas.

El Dr. Optimista

Al Dr. Optimista le gusta la gente y sus pacientes lo estiman mucho. Su frase favorita es: «¡Ya verá qué bien se siente para mañana!» Con su optimismo y alegría, Ud. sale de su consultorio sintiéndose mucho mejor aun

Glosas al margen:
acute
ruegos
razonable

Sin embargo
acostumbran

charming
arrogantes / no simpáticos

desconocida

a wise man

dares

antes de tomar la medicina. Todo esto está muy bien, pero el Dr. Optimista a veces no presta atención a los síntomas que Ud. menciona. Por eso es necesario explicarle con claridad si Ud. cree tener algo más complicado que un simple dolor de estómago.

El Dr. Bonachón

Éste es como un padre o un abuelo para sus pacientes. Tiene cara de bueno y, en realidad, lo es. Si Ud. no tiene dinero para pagar su cuenta, él le permite pagar poco a poco. El problema del Dr. Bonachón es que tiende a ser *anticuado* con sus métodos. En su consultorio no tiene un equipo de medicina moderno y, en vez de recetar los nuevos medicamentos que hay en el mercado, prefiere seguir con las viejas recetas.

poco moderno

El Dr. Billetes

¡Cuántos de éstos hay en el mundo! El Dr. Billetes es todo un comerciante. Su única preocupación es ganar dinero. Por eso trata de recibir la mayor cantidad de pacientes en un día. Por supuesto sólo dedica unos minutos a cada paciente y en ese breve tiempo no muestra mucho interés por el enfermo. El Dr. Billetes nunca recuerda el nombre de sus pacientes. Él trata a la gente como enfermos sin caras que pasan por su consultorio para dejar muchos *billetes*.

dólares

El Dr. Perfecto

Es profesional en todo momento. Cuando lo atiende por primera vez, lo trata con cortesía. Siempre se acuerda de Ud. y le pregunta por su familia. Cuando está bajo su tratamiento por alguna enfermedad, lo llama a su casa para saber cómo está su salud. No cobra mucho y, sobre todo, no le hace exámenes innecesarios. Si Ud. lo necesita en un domingo, puede estar seguro que va a ir a su casa. Y lo más importante de todo: sus tratamientos médicos son excelentes.

DESPUÉS DE LA LECTURA

Actividades

A. ¿Qué dice la lectura?

Empareje la columna **A** con la columna **B** según la lectura. Algunos números se repiten.

A
1. El Dr. Misterio
2. El Dr. Optimista
3. El Dr. Bonachón
4. El Dr. Billetes
5. El Dr. Perfecto

B
a. nunca recuerda el nombre de sus pacientes.
b. lo llama a su casa para saber cómo está su salud.
c. es el que dice: «¡Ya verá que bien está mañana!»
d. tiende a ser anticuado en sus métodos.
e. es como un padre o un abuelo para los pacientes.
f. es el que dice: «No se preocupe, sólo tómese la píldora y hágame caso».
g. trata de recibir la mayor cantidad de pacientes en un día.
h. a veces no presta atención a los síntomas que Ud. menciona.

B. Más allá de la lectura

Conteste las siguientes preguntas.

1. Según el artículo que acabamos de leer, ¿por qué la mayoría de la gente detesta ir al médico?
2. ¿Por qué el Dr. Misterio desea intimidar al paciente?
3. Si Ud. cree tener una enfermedad complicada, ¿por qué tiene que explicárselo con claridad al Dr. Optimista?
4. ¿Cuál de los cinco tipos de médico le permite pagar su cuenta poco a poco?
5. ¿Podría Ud. comparar al Dr. Billetes con el Dr. Perfecto? ¿y al Dr. Optimista con el Dr. Misterio?

Situación

En un hospital de la ciudad

Cinco estudiantes deben actuar como los doctores Misterio, Optimista, Bonachón, Billetes y Perfecto. De acuerdo con sus personalidades, dediquen mucho o poco tiempo a sus pacientes, presten atención a los síntomas que presentan sus enfermedades y expliquen con claridad lo que tienen y lo que deben hacer. Recuerden que deben tratar a sus pacientes con cortesía. Todos los otros estudiantes deben hacer de pacientes que esperan ser atendidos por su médico. Al hablar con él (ella), no se sientan intimidados; explíquenle con claridad sus malestares (un resfrío, una indigestión, dolores de estómago). Pregunten qué contienen las medicinas que les recetan, cuándo deben volver y agradezcan el interés que muestra su médico.

Humor

Con un(a) compañero(a) de clase, observe y lea la siguiente tira cómica. Después…

1. describan a las personas.
2. comenten los aspectos humorísticos.
3. escriban un pequeño párrafo sobre las características que tendría el Dr. Maravilloso.
4. lean el párrafo a la clase.

Pacienta complacida…

Actividad

Puntos de reflexión

Con un(a) compañero(a) de clase, lea las siguientes expresiones sobre la salud y comenten qué proverbios, rimas o frases que se refieren a la salud hay en inglés.

Para curar a un niño:

Get better
little tail

> *Sana*, sana
> *colita* de rana,
> si no sanas hoy,
> sanarás mañana.

Un brindis para una fiesta:

> ¡Salud! ¡Dinero! y ¡Amor!

Un refrán muy viejo:

> ¡El trabajo da salud!

PREPÁRESE A LEER

Actividades

A. ¡Charlemos!

Hágale las siguientes preguntas a un(a) compañero(a) de clase.

1. ¿Cómo es tu alimentación? ¿Comes a horas regulares? ¿Qué te gusta comer para el desayuno? ¿para el almuerzo? ¿para la cena? ¿Cuáles son tus frutas y vegetales favoritos?

2. ¿Has estado alguna vez a dieta? ¿Cómo era tu dieta? ¿Adelgazaste?

3. ¿Qué valor nutritivo crees que tienen las hamburguesas? ¿los perros calientes? ¿la pizza? ¿Crees que la comida rápida y fácil es buena para la salud? ¿Por qué?

B. Asociaciones

¿Con qué asocia Ud. lo siguiente?

1. las papas/patatas fritas

popcorn
2. las *palomitas de maíz*
3. la sopa de pollo
4. la cerveza
5. el café
6. los tacos

VOCABULARIO

Para hablar de las comidas rápidas

adelgazar *to get thin, to lose weight*
amenazar con *to threaten with*
las cadenas empresariales *commercial chains*
cebar *to fatten*
correr el riesgo de *to run the risk of*
la dieta sana *healthy diet*

la hamburguesa *hamburger*
luchar a brazo partido por *to fight fiercely*
la marca *brand (name)*
las patatas/papas fritas *French fries*
la pizza (de molde) *pizza (pie)*

¿Sabía Ud. que…?

La comida (El almuerzo)   En España es entre las dos y tres de la tarde y consiste en un primer plato (la sopa), un segundo plato (generalmente carne o pescado con patatas) y el postre (fruta).

La sobremesa   Después de comer y antes de la siesta, la familia se queda alrededor de la mesa conversando sobre los acontecimientos del día.

Las tapas y los bocadillos   Antes de ir a casa, es costumbre española tomar el aperitivo acompañado de pequeñas porciones de comida: jamón, chorizo, calamares, tortilla española o algún otro platillo de pescado o marisco.

¡A LEER!

El siguiente artículo apareció en la revista española *Cambio 16*. Según Fernando Álvarez, en la última década los españoles también cayeron en el hábito de las comidas rápidas.

Pizzas, perritos y hamburguesas ceban la dieta española   Fernando Álvarez

protegen

sufrir / *lacks, gaps*

En todas las ciudades florecen los negocios que *amparan* la cultura de comer con las manos. Los jóvenes son la principal clientela y su dieta corre el riesgo de *padecer* fuertes *carencias* peligrosas para la salud.

L a sagrada y tradicional ceremonia de la comida familiar española se
encuentra en peligro de extinción por culpa de las poderosas compañías
multinacionales de la *fast food* (comidas rápidas): grandes cadenas empresariales que han extendido sus largos y devoradores tentáculos comerciales
5 a todos y cada uno de los rincones del mundo moderno.

Después de una década de lucha a brazo partido por la conquista del público español, las marcas de *McDonald's, Burger King, Wendy's* y otras igualmente *sonoras,* amenazan con *arrasar* las costumbres culinarias típicamente ibéricas basadas en un primer plato hondo, un segundo plato llano, 10 postre, sobremesa y, si hay tiempo para ello, la *consabida* siesta.

El número de locales en donde se sirven hamburguesas y patatas fritas en menos de tres minutos, y se *engullen* en menos de quince, se multiplicó casi por dieciséis durante la década pasada. De seis establecimientos que existían en 1979, se calculaba que para fines de 1990 llegarían a 200 *locales* 15 en todo el país.

Pero la ofensiva de los reyes de la comida basura no *ha quedado* ahí. Si en la década pasada estas empresas *hicieron su agosto,* el turno es ahora para las compañías de la comida italiana, versión americana: la pizza de molde.

En los últimos años se ha registrado en España un *auge* sin precedentes 20 de la llamada «pizza americana». La filial de *Pepsi Co., Pizza Management Inc., Pizza Hut* y el grupo francés *Accor* son los *abanderados* de esta introducción en el mercado del país de las tapas y los bocadillos.

Los representantes de las multinacionales afirman que no se le puede declarar la guerra a las hamburguesas o a las pizzas porque los españoles 25 que cocinan en casa cada vez más utilizan los alimentos *precocinados* y preparados, lo cual significa, según ellos, un problema de necesidad y no de moda.

La directora de publicidad de *McDonald's* considera que no es cierto que se esté rompiendo con la tradicional ceremonia de familia a la hora de sen- 30 tarse a la mesa, porque «los establecimientos en donde se vende este tipo de comida tienen un carácter eminentemente familiar», tal como demuestran sus últimas campañas publicitarias.

Mientras los empresarios de la *fast food* argumentan que cubren una *exigencia* del mundo moderno, recientemente se ha constituido en España el 35 movimiento *slow food,* cuyo presidente afirma que «la comida rápida es un *nefasto* producto de la sociedad hiperproductiva» y que se vende gracias a la presión que *ejerce* la publicidad sobre los jóvenes, que hace que la asocien con los pantalones vaqueros, la Coca–Cola y, en general, con todo lo que tiene que ver con la forma de vida americana, símbolo de modernidad.

40 **Equilibro nutritivo**

Lo preocupante, afirma Consuelo López, *encargada* de educación nutricional del Ministerio de Salud, no es la grasa que tenga la comida rápida, sino la frecuencia con que se consume este tipo de alimentos. «No se *combaten* las hamburguesas o las pizzas, lo que hacemos es estimular la diversi- 45 ficación, que es lo único que permite una dieta sana. Hay comidas rápidas que son sanísimas y hay comidas no rápidas que contienen excesivas grasas, pero *la clave* está en el equilibrio», sostiene la experta en nutrición del ministerio.

Alguna buena razón deben tener los enemigos de la *fast food* cuando la 50 propia firma *McDonald's* de los Estados Unidos anunció que ha comenzado a probar aceites vegetales en 500 de los 8.000 restaurantes que tiene en aquel país. Esta medida ha sido interpretada como la respuesta a la cam-

---

Marginal glosses (left column):

populares / destruir

acostumbrada

comen

establishments

ha terminado
ganaron mucho dinero

aumento en popularidad

líderes

precooked

demanda

ominous
tiene

responsable

se lucha contra

lo esencial

Una de las cadenas empresariales norteamericanas en Barcelona

poisoning	paña publicitaria que empezó en abril de 1990 Phil Sokolof, un rico indus-trial de Omaha (Nebraska), contra lo que él llama el *envenenamiento* de
	55 América.
gran	Sokolof, *ávido* comedor de hamburguesas, sufrió un ataque al corazón en 1966 debido a un alto índice de colesterol. Desde entonces él ha gastado un equivalente de cincuenta millones de pesetas en avisos de una página, en
lo malo	por lo menos veinte periódicos, para proclamar *lo dañino* de esta alimentación.
	60 Pero parece que la batalla está perdida.

DESPUÉS DE LA LECTURA

Actividades

A. ¿Qué dice la lectura?

Conteste las siguientes preguntas.

1. ¿Por qué se encuentra en peligro la tradición española de comer en familia? ¿Qué compañías amenazan esta tradición?

2. ¿Cuáles son las costumbres españolas a la hora de la comida?

3. ¿Cuántos establecimientos de comida rápida se calculaba que existirían para fines de 1990?

4. ¿Por qué los representantes de la comida rápida afirman que no se puede luchar contra las hamburguesas o las pizzas?

5. ¿Qué función tiene en España el movimiento *slow food* y qué afirma su presidente?

6. ¿Contra qué lucha un rico industrial de Omaha? ¿Por qué?

B. Puntos de vista

Con un(a) compañero(a) de clase, intercambie opiniones sobre la comida rápida, teniendo en cuenta las siguientes preguntas y comentarios.

1. ¿Piensan Uds. que «la comida rápida es un nefasto producto de la sociedad hiperproductiva» (ll. 35–36)? ¿Se deja llevar la mayoría del público por la publicidad? Den algunas razones en favor y en contra de la comida rápida.

2. Den su opinión sobre la afirmación de la directora de publicidad de *McDonald's* en España, que dice que su empresa no está rompiendo con la tradición de comer en familia porque «los establecimientos en donde se vende este tipo de comida tienen un carácter eminentemente familiar» (ll. 30–31).

3. ¿Cómo se imaginan que sería la vida norteamericana si tuviéramos, como en España, una tradicional comida (un almuerzo) de un primer plato hondo, un segundo plato llano, postre, sobremesa y siesta?

4. ¿Podrían dar algunas razones por las que en otros países la vida americana es considerada como un símbolo de modernidad? ¿Por qué creen Uds., por ejemplo, que los pantalones vaqueros se han hecho tan populares en todo el mundo?

C. Comentarios sobre las vitaminas

Con un(a) compañero(a) de clase, lea el anuncio ¿Por qué pierden vitaminas los alimentos? Éste, como muchos otros anuncios, ofrece a la venta productos químicos para compensar la falta de vitaminas en la alimentación. Después, hagan una lista de unas cinco maneras cómo, según el anuncio, se pierden las vitaminas de los alimentos al cocinar. Comenten por qué están o no están de acuerdo con este anuncio. ¿Por qué pierden vitaminas los alimentos?

Situación

En la cola

Es la hora del almuerzo. Tres estudiantes trabajan en una cadena de comida rápida. Los demás estudiantes están haciendo cola, una larga cola. Muchos parecen tener un hambre feroz. Otros están de muy mal humor porque no les gusta esperar. Cada cliente, al llegar al mostrador, debe pedir la comida rápida que más le guste: hamburguesa, pizza, perrito caliente, patatas fritas, Coca–Cola, etc. Los empleados (algunos estudiantes de la clase) le atenderán y le cobrarán por el consumo. A veces, como Ud. bien sabe, los empleados cometen errores y le cobran más (menos) de lo que deben. Reaccione ante cualquier incidente.

PREPÁRESE A LEER

Actividad

¡Charlemos!

Pregúntele a su compañero(a).

1. Cuando estás muy nervioso(a), ¿qué tomas? ¿Cuántas tazas de café o té tomas al día? ¿Crees que estas bebidas te ponen más nervioso(a) o te relajan?

2. ¿Qué ejercicios físicos haces? ¿Podrías explicarme cómo son los ejercicios que haces? ¿Piensas que los ejercicios físicos son buenos para liberarse del estrés? ¿Por qué?

LENGUA: El imperativo formal

Recuerde Ud. que:

1. Para formar el imperativo formal en los verbos terminados en **–ar,** en lugar de la vocal **–o** de la primera persona singular del presente del indicativo, se usa la vocal **–e.**

Infinitivo	Presente		Imperativo
levantar	(yo) levant**o**	→	(no) levant**e** (Ud.) (no) levant**en** (Uds.)
colocar	coloc**o**	→	(no) coloqu**e(n)**
relajar	relaj**o**	→	(no) relaj**e(n)**
estirar	estir**o**	→	(no) estir**e(n)**

Estire los músculos cansados de su cuello.

Levante los codos hasta que sienta una leve presión en los brazos.

2. En los verbos terminados en **–er** o en **–ir,** en lugar de la vocal **–o** de la primera persona singular del presente del indicativo, se usa la vocal **–a.**

Infinitivo	Presente		Imperativo
hacer	(yo) hag**o**	→	(no) hag**a(n)**
repetir	repit**o**	→	(no) repit**a(n)**
vertir	viert**o**	→	(no) viert**a(n)**

Vierta esa quinta taza de café en el fregadero.

Mantenga cada posición por espacio de cinco o diez segundos.

Práctica

Mandatos formales

Las siguientes oraciones aparecerán en la lectura. Complételas con el imperativo formal de Ud.

1. _____ (estirar) los músculos de las piernas.
2. _____ (relajar) los hombros y _____ (mantener) la espalda recta.
3. _____ (inclinar) la cabeza hacia la derecha.
4. _____ (poner) las manos detrás de la cabeza.
5. No _____ (dejar) de hacer los ejercicios.

VOCABULARIO

Para hablar del cuerpo y de los ejercicios físicos

el corazón *heart*
la espalda *back*
estirar los músculos *to stretch the muscles*
el hígado *liver*
los huesos *bones*
inclinarse hacia adelante *to bend forward*
           atrás *backward*
           la derecha *to the right*
           la izquierda *to the left*
mantener recto *to keep straight*
los pulmones *lungs*
relajar *to relax*
los riñones *kidneys*
la sangre *blood*
las venas *veins*

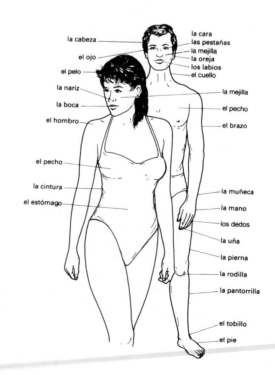

¡A LEER!

La siguiente lectura apareció en la revista *Buena Salud*, que se publica en San Juan, Puerto Rico. Mientras lee, piense en los ejercicios que Ud. practica.

Libérese del estrés del trabajo

Pour / sink

Vierta esa quinta taza de café en el *fregadero* de la cafetería cuando sienta la tensión a mitad de un día de trabajo. Un ejercicio de estiramiento será mucho más efectivo, aunque lo haga sentado en su escritorio. El *flujo* de

flow

sangre que llegará a su cerebro lo relajará.

⁵   Haga los siguientes ejercicios. Su cuerpo se lo agradecerá.

- Estire los músculos cansados del cuello. Relaje los hombros y mantenga la espalda recta. Incline la cabeza hacia la derecha, hacia adelante y hacia la izquierda. Mantenga cada posición por espacio de cinco a diez segundos mientras estira suavemente el cuello. Repita de cinco a diez
¹⁰   veces.
- Estire los hombros. Ponga las manos detrás de la cabeza: levante los codos hasta que sienta una leve presión en los brazos, los hombros y el pecho. Mantenga la posición por trienta segundos.
- Estire la cabeza. Coloque el brazo izquierdo detrás de la cabeza, como

scratch / push   ¹⁵   si fuera a *rascarse* la espalda. Con la mano derecha, suavemente *empuje* su codo izquierdo hacia el lado derecho hasta que sienta una leve presión.
- Alterne los brazos y repita, manteniendo cada posición por treinta segundos.

En un parque de Oaxaca (México), los jóvenes hacen ejercicios de estiramiento.

DESPUÉS DE LA LECTURA

Actividades

A. ¡Maneras de combatir el estrés!

Todos vivimos, de una manera u otra, bajo el estrés de los estudios, el trabajo y la vida diaria. Para combatirlo hay que aprender a relajarse. Con un(a) compañero(a) de clase, prepare un nuevo método de relajamiento que comprenda cinco ejercicios físicos. Use el imperativo formal.

B. Me siento nervioso(a)

Hace un mes que Ud. ha comprado una máquina para reducir el estrés del trabajo, pensando que este nuevo método lo ayudaría. Al cabo de un mes Ud. siente que el tratamiento que ha seguido no le ha dado resultados y se siente mucho más nervioso(a). Cuéntele su problema a un(a) compañero(a) y busquen juntos una manera de solucionarlo.

PREPÁRESE A LEER

Actividad

Puntos de vista

Muchísimas veces vemos en los periódicos o en la televisión anuncios publicitarios que nos inducen a comprar productos. Con un(a) compañero(a), intercambie ideas al respecto, teniendo en cuenta las siguientes preguntas.

1. ¿Se dejan Uds. influir por los anuncios publicitarios?
2. ¿Creen, por ejemplo, que una pulsera llamada «Balance» puede ayudarles a sentirse mejor o tener mejores relaciones con sus familiares y amigos?
3. ¿Qué opinan sobre este tipo de anuncios publicitarios?

VOCABULARIO

Para hablar de los aparatos eléctricos

la alcancía de electricidad *electricity bank*
el alumbrado *lighting*
los anillos y broches *rings and fasteners*
  atraer rayos y centellas *to attract lightning and thunderbolts*
causar trastornos *to cause troubles*
descargarse *to discharge*
devolver con creces *to return with interest*
enchufar; desenchufar *to plug in; to unplug*

otorgar (recompensas) *to give, to bestow (rewards)*
poder desprenderse *to be able to separate*
el aparato *machine, appliance*
  tener una aguja *to have a needle*
la calefacción *heating*
el cinturón *belt*
el contador eléctrico *electric meter*
el edificio de departamentos *apartment building*

la **fuente de energía** *energy source*
el **folleto explicativo** *explanatory pamphlet*
el (la) **niño(a)**/el (la) **vástago(a)** *child, offspring*
  patalear; el pataleo *to kick; kicking*

perder las horas del recreo *to miss out on*
  playtime
tener puesto(a) *to be wearing*
la **pulsera** *bracelet*

Expresiones

de hoy en adelante *from now on*
ni siquiera *not even*

por lo que toca a *with regard to*
seguir al pie de la letra *to follow to the letter, exactly*

¿Sabía Ud. que…? **Una botella de Leyden** es un aparato inventado en el siglo XVIII en la Universidad de Leyden, Holanda. Consiste en una botella cubierta de papel metálico que sirve para conducir y ahorrar electricidad.

¡A LEER!

EL AUTOR Y SU OBRA

Juan José Arreola (n. 1918) es un escritor mexicano famoso sobre todo por sus relatos cortos. Ha publicado varios libros, por ejemplo, *Varia invención*, *Confabulario* y *Bestiario*.

Mientras lee el cuento, piense en las siguientes preguntas.

1. ¿Dónde se podría leer o escuchar un discurso semejante?
2. ¿Qué expresiones usadas en este texto podrían encontrarse en la propaganda de otros productos comerciales? ¿Podrían considerarse estas expresiones clichés de los anuncios comerciales?

Baby H. P. Juan José Arreola

electricidad

de la casa

by means of

Señora ama de casa: convierta usted en *fuerza motriz* la vitalidad de sus niños. Ya tenemos a la venta el maravilloso Baby H. P., un aparato que está llamado a revolucionar la economía *hogareña*.

El Baby H. P. es una estructura de metal muy resistente y ligera que se
5 adapta con perfección al delicado cuerpo infantil, *mediante* cómodos cinturones, pulseras, anillos y broches. Las ramificaciones de este esqueleto supplementario recogen cada uno de los movimientos del niño, haciéndolos converger en una botellita de Leyden que puede colocarse en la espalda o en el pecho, según necesidad. Una aguja indicadora señala el momento en
10 que la botella está llena. Entonces usted, señora, debe desprenderla y enchufarla en un depósito especial, para que se descargue automáticamente. Este depósito puede colocarse en cualquier rincón de la casa y representa

una preciosa alcancía de electricidad *disponible* en todo momento para fines de alumbrado y calefacción, así como para impulsar alguno de los innume-
15 rables artefactos que invaden ahora, y para siempre, los hogares.

De hoy en adelante usted verá con otros ojos el *agobiante ajetreo* de sus hijos. Y ni siquiera perderá la paciencia ante una *rabieta* convulsiva, pensando en que es fuente generosa de energía. El pataleo de un *niño de pecho* durante las veinticuatro horas del día se transforma, gracias al Baby H. P.,
20 en unos útiles segundos de *tromba licuadora* o en quince minutos de música radiofónica.

Las familias numerosas pueden satisfacer todas sus demandas de electricidad instalando un Baby H. P. en cada uno de sus vástagos y hasta realizar un pequeño y lucrativo negocio, trasmitiendo a los vecinos un poco de la
25 energía *sobrante*. En los grandes edificios de departamentos pueden suplirse satisfactoriamente las *fallas* del servicio público, *enlazando* todos los depósitos familiares.

El Baby H. P. no causa ningún trastorno físico ni psíquico en los niños, porque no *cohibe* ni trastorna sus movimientos. Por el contrario, algunos
30 médicos opinan que contribuye al desarrollo armonioso de su cuerpo. Y por lo que toca a su espíritu, puede despertarse la ambición individual de las criaturas, otorgándoles pequeñas recompensas cuando *sobrepasen* sus récords habituales. Para este fin se recomiendan las *golosinas* azucaradas, que devuelven *con creces* su valor. Mientras más calorías se añadan a la dieta
35 del niño, más kilovatios se economizan en el contador eléctrico.

Los niños deben tener puesto día y noche su lucrativo H. P. Es importante que lo lleven siempre a la escuela, para que no se pierdan las horas preciosas del recreo, de las que ellos vuelven con el acumulador *rebosante* de energía.
40 Los rumores acerca de que algunos niños mueren electrocutados por la corriente que ellos mismos generan son completamente irresponsables. Lo mismo debe decirse sobre el temor supersticioso de que las criaturas *provistas de* un Baby H. P. atraen rayos y centellas. Ningún accidente de esta naturaleza puede ocurrir, sobre todo si se siguen al pie de la letra las indica-
45 ciones contenidas en los folletos explicativos que se obsequian con cada aparato.

El Baby H. P. está disponible en las buenas tiendas en distintos tamaños, modelos y precios. Es un aparato moderno, durable y *digno de confianza*, y todas sus *coyunturas* son extensibles. Lleva la garantía de fabricación de la
50 casa J. P. Mansfield & Sons, de Atlanta, Ill.

Marginal glosses (left column):

- available
- ir y venir
- furia
- bebe
- blender
- en exceso
- defectos / conectando
- inhibit
- outdo, break
- dulces
- en abundancia
- lleno
- equipped with
- reliable
- joints

DESPUÉS DE LA LECTURA

Actividades

A. ¿Qué dice la lectura?

Conteste las siguientes preguntas.

1. ¿Podría Ud. describir lo que es un Baby H. P.? ¿Para qué sirve? ¿Dónde se lo coloca? ¿Qué le pasaría a un niño a quien se le conectara un Baby H. P.? (Considere ll. 29–30).

2. ¿Quién se supone que habla? ¿Habla en serio?

3. ¿Cuáles son los valores más importantes que se proponen en este anuncio? ¿La utilidad? ¿el conocimiento? ¿la ganancia monetaria? ¿la alegría de vivir? (Considere ll. 32–34).

4. ¿Podría ser este escrito una parodia de lo que se usa en anuncios y propagandas reales? ¿Qué características negativas de estos anuncios se ponen en evidencia?

5. ¿Qué se podría deducir del título del cuento y del hecho que la casa productora está en los Estados Unidos?

B. ¡Charlemos!

Pregúntele a su compañero(a).

1. ¿Te ha convencido el vendedor del Baby H. P.? ¿Por qué sí? ¿Por qué no?

2. ¿Por qué tipo de publicidad te dejas influir?

3. ¿Has comprado alguna vez un producto que viste en la televisión o en un catálogo? ¿Qué producto? ¿Era lo que esperabas? Si no lo era, ¿podrías contarme tu desencanto?

C. Creación

Trabaje con un(a) compañero(a) de clase. Preparen un anuncio publicitario de algún producto extraordinario que desean vender y hacerse millonarios en poco tiempo. Escojan las palabras apropiadas para convencer a sus compradores de que lo que Uds. van a ofrecer es algo sensacional.

PREPÁRESE A LEER

LENGUA: El imperativo familiar

En la lectura «Libérese del estrés del trabajo» Ud. repasó los usos del imperativo formal; ahora le toca repasar el imperativo familiar.

Recuerde Ud. que:

El **imperativo afirmativo** familiar para la segunda persona del singular tiene las mismas formas que la tercera persona singular del presente del indicativo. Para el **imperativo negativo** se use la forma de la segunda persona singular del presente del subjuntivo.

Infinitivo	Imperativo afirmativo	Imperativo negativo
levant**ar**	levant**a (tú)**	no levant**es (tú)**
coloc**ar**	coloc**a**	no coloq**ues**
devolv**er**	devuelv**e**	no devuelv**as**
viv**ir**	viv**e**	no viv**as**

Algunos verbos irregulares son irregulares en el imperativo afirmativo para la segunda persona del singular, pero en las formas negativas siguen la regla anterior.

Infinitivo	Imperativo afirmativo	Imperativo negativo
decir	**di (tú)**	no digas **(tú)**
hacer	**haz**	no hagas
ir	**ve**	no vayas
poner	**pon**	no pongas
ser	**sé**	no seas
tener	**ten**	no tengas
venir	**ven**	no vengas

Práctica

¡Pórtate bien!

Complete la oración con el imperativo familiar.

1. Niño, _____ (ser) bueno y _____ (venir) a la mesa.

2. _____ (coger) la cuchara con la mano derecha. No la _____ (coger) con la izquierda.

3. No _____ (poner) los codos en la mesa. (Poner) _____ sólo una mano sobre la mesa.

4. _____ (comer) despacio y _____ (disfrutar) de la buena comida.

5. _____ (hacer) lo que te digo y _____ (tener) cuidado con todo lo que haces.

VOCABULARIO

Para hablar del estrés cotidiano

echar de menos *to miss*
extraviar *to lose*
irresoluble *impossible to solve*

penosa sensación *sad feeling*
repasar las cuentas *to review the finances*
vigilar *to supervise*

¡A LEER!

LA AUTORA Y SU OBRA

Rosario Castellanos (1925–1974) nació en la Ciudad de México y fue poeta, novelista, dramaturga y ensayista. En su obra se deja ver su gran interés por el mundo indígena y la situación social de la mujer en la sociedad mexicana. Además de su carrera literaria, su carrera política la llevó hasta Tel-Aviv, donde fue embajadora de México.

Valium 10

A veces (y no trates
de restarle importancia
diciendo que no ocurre con frecuencia)

rompe / palo   se te *quiebra* la *vara* con que mides,
compass   5 se te extravía la *brújula*
y ya no entiendes nada.
El día se convierte en una sucesión
de hechos incoherentes, de funciones
haciendo   que vas *desempeñando* por inercia y por hábito.

10   Y lo vives. Y dictas el oficio
a quienes corresponde. Y das la clase
lo mismo a los alumnos inscritos que al oyente.
Y en la noche redactas el texto que la imprenta
comerá   *devorará* mañana.
15 Y vigilas (oh, sólo por encima)
la marcha de la casa, la perfecta
coordinación de múltiples programas
wears a tuxedo   —porque el hijo mayor ya *viste de etiqueta*
para ir de chambelán a un baile de quince años

20   y el menor quiere ser futbolista y el de en medio
tiene un póster del Che junto a su tocadiscos.

Y repasas las cuentas del gasto y reflexionas,
junto a la cocinera, sobre el costo

arte de sobrevivir

de la vida y el *ars magna combinatoria*
25 del que surge el menú posible cotidiano.

to take off your makeup

Y aún tienes voluntad para *desmaquillarte*
y ponerte la crema nutritiva y aún leer
algunas líneas antes de consumir la lámpara.

poco antes de dormirse

Y ya en la oscuridad, en el *umbral del sueño,*
30 echas de menos lo que se ha perdido:

carta de navegar (por la vida)

el diamante de mas precio, *la carta
de marear,* el libro
con cien preguntas básicas (y sus correspondientes
respuestas) para un diálogo

Sphinx

35 elemental siquiera con la *Esfinge.*

Y tienes la penosa sensación
de que en el crucigrama se deslizó una errata
que lo hace irresoluble.

Y deletreas el nombre Caos. Y no puedes

abres

40 dormir si no *destapas*

botella

el *frasco* de pastillas y si no tragas una
en la que se condensa,
químicamente pura, la ordenación del mundo.

DESPUÉS DE LA LECTURA

Actividades

A. ¿Qué dice la lectura?

Conteste las siguientes preguntas.

1. ¿A quién se dirige el poema? ¿Quién es ese «tú» que figura en todo el poema? ¿Puede Ud. imaginar fácilmente la vida cotidiana de esta persona? ¿A qué se dedica?

see between the lines

2. ¿Cómo es la vida familiar que se deja *entrever* en el poema? ¿Nota Ud. la ausencia de algún miembro familiar? ¿Tendrá que ver esta ausencia con el estrés de la protagonista?

3. ¿Cómo será la personalidad de los tres hijos mencionados?

4. ¿Le parece saludable tomar somníferos? ¿Qué le recomendaría Ud. a la persona cuya vida diaria se describe?

B. Temas de reflexión

¿Le parece a Ud. que la vida profesional puede hacer daño a las relaciones familiares y humanas? ¿Le parecen nuevos los problemas descritos en el poema? ¿Conoce Ud. a alguien cuya vida profesional sea muy agitada? ¿Cómo se podría evitar tanto estrés sin abandonar la vida profesional?

Lección 7

Madrid

Estampas de la ciudad

PRIMEROS PASOS

Actividades

A. ¡Charlemos!

Pregúntele a su compañero(a).

1. ¿Qué sabes de Madrid? ¿Has estado en España? ¿en Europa? ¿en Sudamérica? ¿en Centroamérica? Si has estado en algún país extranjero, ¿podrías contarme tus experiencias?

2. ¿Te gusta visitar museos? ¿Qué museos conoces? ¿Prefieres la pintura o la escultura? ¿Has visto algún cuadro de Picasso? ¿Cuál(es)? ¿Qué opinión tienes de ellos? ¿Cuál es tu pintor favorito? ¿Por qué?

B. Puntos de vista

1. Con un(a) compañero(a) de clase, observe con atención el plano del centro de la ciudad de Madrid de la página 144.

2. En la siguiente página, lean con atención «...una gran movida...un bonito regalo» y observen las diez zonas que destaca el plano.

3. En el plano de Madrid traten de localizar...
   a. algunas de las zonas que les gustaría visitar.
   b. la zona más tradicional y turística de Madrid.
   c. la Puerta del Sol.
   d. la zona de los espectáculos.
   e. el barrio nocturno por excelencia.

¿Sabía Ud. que...?

La movida madrileña es la intensa actividad cultural y social de carácter innovador que se viene desarrollando en Madrid. Esta actividad está compuesta por grupos de rock, artistas, escritores y gente joven que se reúne en los numerosos locales de moda.

La tasca es un local donde se sirven tapas y bocadillos y se bebe vino o cerveza.

El mesón es parecido a la tasca. La diferencia es que la gente puede ir a almorzar y a cenar; además, los mesones suelen tener un aspecto de mayor antigüedad.

La Plaza Mayor está situada en el centro de Madrid. Es uno de los puntos más animados y pintorescos de la capital española.

El Viaducto es un puente de piedra construido en el siglo XIX en la zona antigua de Madrid. Es célebre por la gran cantidad de gente que se ha suicidado en él.

Las Vistillas son una plaza y un barrio situados en la zona antigua de Madrid. El barrio es famoso por sus verbenas.

La verbena es una feria nocturna que se celebra generalmente en la víspera de las fiestas de algunos santos, como San Juan o San Pedro.

El cante jondo es el canto flamenco, popular entre los gitanos de Andalucía.

...una gran movida

Madrid siempre ha tenido movida como ciudad cosmopolita que es. Y se engañan quienes crean que la movida sólo existe en esta ciudad por la noche, porque una característica madrileña es la de no haber horas; todo vale en todo momento.

La movida está relacionada directamente con la conversión de la ciudad en un foco cultural. Pero Madrid de noche es otro Madrid. Es difícil encontrar otra ciudad con mayor vida nocturna.

Dividiendo Madrid en zonas podríamos destacar:

Zona de Plaza Mayor-Puerta del Sol. Es la zona más tradicional y turística de Madrid, donde abundan las tascas y mesones de carácter típico. Normalmente éstos son de antigua creación. Amplia zona de mesones y restaurantes castellanos.

Zona de Gran Vía. Populosa calle desde hace tiempo. Las calles peatonales, la actuación urbanística de la Puerta del Sol, así como los modernos locales han ido poco a poco cambiando al público nocturno de la zona, ahora más moderno y joven, lo que le da un aire más cosmopolita.

Zona de Argüelles-Moncloa. Amplísima zona fuertemente marcada por el ambiente universitario. Abundan los restaurantes de comidas rápidas, hamburgueserías, pubs, discotecas, cafés y cervecerías.

Zona de Ópera. Lugar de espectáculos y ambiente musical, es propicia para cafés y restaurantes. El Palacio Real es foco de atracción de gentes de todos los países y las calles adyacentes están muy cuidadas y son agradables para pasear. Al otro lado del Viaducto, Las Vistillas, lugar veraniego y primaveral, de fiestas populares y verbenas.

Zona de Chueca. Es una de las zonas que ha sufrido una más rápida transformación en los últimos tiempos, abriendo locales moder-

...un bonito regalo

nos junto a los más tradicionales. También es zona de locales «gays» y de restaurantes sencillos y baratos.

Zona de Alonso Martínez-Santa Bárbara. Ha sufrido un vertiginoso crecimiento en los últimos dos años, por lo menos en cuanto a bares y pubs se refiere. Es zona frecuentada por gente del cine, teatro, periodismo y de la abogacía.

Zona de Malasaña. Es el barrio nocturno por excelencia. Su centro es la Plaza del Dos de Mayo y es la zona con mayor concentración de lugares de encuentros. En Malasaña se tiene que estar seguro de que gusta la nocturnidad, el ruido y el desenfado.

Zona de Huertas. Presenta un cambiante aspecto en los fines de semana y días de diario. Mientras que en éstos hay un ambiente tranquilo y acogedor, en aquellos la congestión llega al límite soportable. El público es muy diferente según el local que visites. En algunos de ellos sigue habiendo actuaciones en directo de música clásica, en otros son de jazz y también hay sitio para los amantes del cante jondo.

Zona de Castellana-Recoletos. Despierta sobre todo en verano, cuando en su bulevar las terrazas permanentes y otras de estación se ven abarrotadas de gente, sobre todo de 12,30 a 3,00 a.m. Algunas de ellas atraen a su público con actuaciones en directo, fiestas y la mejor música enlatada. Es zona también de lujosos y caros restaurantes.

Zona de Azca. El público de esta supermanzana es muy joven y ruidoso y abundan los extranjeros. Casi todos los pubs tienen terraza a una gran avenida peatonal interior y junto a ellos discotecas y bolera. Cerca se encuentra Capitán Haya, zona de ejecutivos y hombres de negocios.

Los mesones madrileños están relacionados con la conversación y la buena comida.

Humor

Con un(a) compañero(a) de clase, observe con atención la tira cómica en la página 148. Después...

1. describa las diferentes escenas.
2. comente algo sobre la personalidad del hombre y su confusión en la última escena.
3. diga qué tiene de común el comportamiento de este hombre con el de cualquier habitante de una ciudad moderna.

Situación

En la estación de trenes

Ud. y un(a) compañero(a) se encuentran en la estación de trenes de Chamartín en Madrid. Acaban de llegar por primera vez a la ciudad. Es de noche, está lloviendo, no tienen un plano, no han hecho reserva en ningún hotel. Felizmente la Oficina de Información está abierta. Pregúntenle a la persona encargada...

1. dónde pueden alojarse.
2. cuál es el camino para llegar al hotel (residencia).
3. qué medio de transporte deben tomar (autobús, metro, taxi).
4. si a esa hora hay una oficina de cambio de moneda.

Luego, pidan un plano de la ciudad, agradezcan los servicios prestados y...a conocer Madrid de noche.

PREPÁRESE A LEER

Actividades

A. ¡Charlemos!

Pregúntele a su compañero(a).

1. ¿Te parece que la música de los establecimientos públicos es demasiado fuerte o ya estás acostumbrado(a) y no te molesta?
2. Y a tus padres, ¿les molestaba la música que tocabas en casa?
3. ¿Qué problemas familiares tenías cuando vivías con tus padres?

B. Puntos de vista

Con un(a) compañero(a) de clase, hable sobre la comunidad universitaria, teniendo en cuenta las siguientes preguntas.

1. En la comunidad universitaria, ¿hasta qué hora se puede tocar música? ¿Hay algún reglamento que prohiba la música después de cierta hora? ¿Qué sucede si algún estudiante continúa tocando música hasta las tres de la mañana?
2. ¿Cuál creen que es el establecimiento que atrae más estudiantes? ¿Saben a qué se debe la popularidad de ese local?
3. ¿Qué tipo de problemas físicos podría causar la música al máximo volumen?

VOCABULARIO

Para hablar de los locales públicos y privados

el amplificador *(loud)speaker*
  atentar contra *to attack*
  potente; potentísimo *powerful; very powerful*
  taladrar los oídos *to produce an ear-splitting sound*
la clientela *clientele*
  entenderse a gritos *to make oneself understood in a very loud voice*
  gritar *to yell, scream*
  padecer sordera *to be deaf*
  soportar *to tolerate, bear*

el disco compacto *compact disk, CD*
el equipo de música *stereo equipment*
el estruendo *din, clamor*
frecuentar *to frequent*
el ruido insoportable *unbearable noise*
  atronador *thundering*
  dañino/nocivo *harmful*
  salvaje *wild, savage*
el tocadiscos *record player*

Expresiones

cuanto más *the more*

todo lo que *all that, everything that*

Práctica

Sinónimos

Las palabras de la columna **A** aparecerán en la lectura. Emparéjelas con los sinónimos de la columna **B**.

A	**B**
1. charlar	a. insultar
2. el lugar	b. dañino, malo
3. el estruendo	c. terminar
4. acabar	d. comprender
5. nocivo	e. el ataque
6. la agresión	f. el sitio
7. desde luego	g. el ruido
8. ofender	h. diabólico
9. padecer	i. por supuesto
10. entender	j. sufrir
11. infernal	k. hablar

¡A LEER!

El siguiente artículo apareció en el periódico *El País*, de la ciudad de Madrid. El periodista Joaquín Vidal se queja del ruido que se oye por todas partes. Él cree que es malo para la salud.

Estruendo   Joaquín Vidal

no tiene valor

Aquello de «vamos a una cafetería para charlar un rato» *ya no cuenta*. Lo que cuenta es «vamos a una cafetería para gritar un rato». En cafeterías, en bares, incluso en restaurantes, en discotecas principalmente, en la mayor parte de los lugares públicos y privados, las conversaciones tienen
5 que ser a gritos o no hay quien se entienda. A gritos tampoco se entiende casi nadie, desde luego, pero como en todas partes hay un estruendo infernal de televisores, radios, tocadiscos, conectados a potentísimos amplificadores de sonido que taladran oídos e *incrustan* voces y melodías en el cerebro, la única alternativa de la gente que quiere decir algo es gritar.

graban

10 A veces el estruendo está en el propio domicilio familiar. A los muchachos les gusta *recrear* en sus casas el ambiente de los establecimientos que frecuentan, y, como el ambiente consiste en que haya ruido — cuanto más insoportable, mejor ambiente —, abren al máximo volumen la radio, el tocadiscos y los aparatos domésticos, y vuelven loca a toda la familia. Los
15 padres a veces se preguntan si sus hijos padecen sordera. Oídos que habitualmente taladran *megafonías* es natural que acaben sordos, y cerebros *incrustados de bataholas* musicales pueden convertir a individuos normalmente dotados en *merluzos*.

copiar

sonidos altos
llenos de ruidos
tontos

El estruendo ambiental es nocivo para la salud y también una salvaje
20 agresión contra los derechos del individuo. Todo lo que le atruenan por megafonía — así sea música, política, religión, industria, comercio — supone atentar contra su libertad de expresión, alterar su equilibrio emocional, ofender su inteligencia.

En una discoteca, una pareja baila al estruendo de los tocadiscos.

DESPUÉS DE LA LECTURA

Actividades

A. ¿Qué dice la lectura?

Empareje la columna **A** con la columna **B,** según la lectura.

A	**B**
1. En Madrid ya no se va a una cafetería…	a. los derechos del individuo.
2. En la mayor parte de los lugares públicos y privados las conversaciones…	b. el ambiente ruidoso de los lugares que frecuentan.
3. A los muchachos les gusta recrear en su casas…	c. para charlar un rato, sino para gritar un rato.
4. Muchas veces los padres se preguntan si…	d. sus hijos padecen sordera.
5. El estruendo es una agresión contra…	e. son a gritos.

B. Puntos de vista

Trabajen en grupos de tres o cuatro estudiantes. Intercambien opiniones sobre las siguientes afirmaciones del periodista Vidal.

1. Aquello de vamos a una cafetería para charlar un rato ya no cuenta.
2. A veces el estruendo está en el propio domicilio.
3. El estruendo ambiental es nocivo para la salud y también una salvaje agresión contra los derechos del individuo.

Situación

En la cafetería

Ud. está en una cafetería contándole a un(a) amigo(a) todos sus problemas, pero el ruido infernal de la música no les permite hablar. Ud. se dirige al mostrador y trata de explicarle su problema al (a la) encargado(a) del negocio, que tampoco oye ni comprende lo que Ud. está diciendo. ¿Qué hace?

PREPÁRESE A LEER

Actividades

A. Puntos de vista

En las grandes ciudades cada vez es más y más difícil salir de noche debido a la delincuencia. Con un(a) compañero(a) de clase, hable sobre este importante aspecto de la vida y las posibles soluciones (si las hay) al problema.

B. ¡Charlemos!

Pregúntele a su compañero(a).

1. Cuando quieres divertirte y bailar, ¿a qué local vas? ¿Con quién vas? ¿Cuánto vale la entrada a ese local?

2. ¿Cuántos años tienes? Si por ser menor de edad no puedes entrar a las discotecas, ¿a dónde vas cuando quieres pasar un buen rato?

3. ¿Vas a las fiestas o bailes populares? ¿Te gusta el baile clásico? ¿Has tomado clases de baile?

VOCABULARIO

Para hablar de baile en general

el ambiente *atmosphere*
el barrio *neighborhood*
los espejos *mirrors*
el humo *smoke*
el ingreso a una discoteca *entrance into a discotheque*
los juegos de luces *light shows*

mayores (menores) de…años *older (younger) than . . . years*
disfrutar de *to enjoy*
evadir las trabas *to avoid the obstacles*
ganarse la vida *to earn a living*
llegar a pie/en auto *arrive on foot/by car*
la oscuridad *darkness*
la pantalla gigante *giant screen*
la pista de baile *dance floor*

Expresiones

a toda orquesta *full speed*

de antología *memorable*

¿Sabía Ud. que…?

La Academia Nacional del Tango está en la planta alta del Café Tortoni y que éste fue fundado hace 138 años.

Carlos Gardel fue un cantante de tangos de fama universal y **Evaristo Carriego** dio origen y fundamento al tango.

¡A LEER!

A continuación Ud. va a leer un reportaje sobre el famosísimo tango. El artículo apareció en el periódico *Clarín* de Argentina.

El circuito del tango   Alejandro Stilman

from Buenos Aires

taverns

observa

baton / concertina

es aplaudido calurosamente

mantiene

habituales

Buenos Aires es una ciudad en la que se puede «caminar» y escuchar tango. Pero quienes quieran explorar este perfil de identidad *porteña* constatarán que la mayoría de los escenarios en los que el tango inició su historia no coincide, en el mapa capitalino, con los *«boliches»* de hoy.

5 Se podría empezar por la Casa de Carlos Gardel o por la legendaria esquina de San Juan y Boedo. Sin embargo, «inexplicablemente, estos lugares están abandonados, descuidados», *advierte* Rody Groppo, fundador del Café Homero y «copiloto» de esta travesía.

El explorador debe entonces ordenar su ánimo y planificar el viaje.
10 «Si lo que quieres es empezar a toda orquesta, conviene que sea martes o jueves» recomienda Groppo.

Los martes — casi todos — a las siete y media de la tarde, la Orquesta Nacional de Música Argentina Juan de Dios Filiberto sube al escenario del Teatro Nacional Cervantes en Córdoba y Libertad. Son más de cuarenta
15 músicos, bajo la *batuta* y el *bandoneón* de Osvaldo Piro.

Otra posibilidad se da en el Teatro Presidente Alvear — Corrientes al 1600 —, donde todos los jueves la Orquesta del Tango de Buenos Aires, dirigida por Carlos García y Raúl Garello, se pasea por un repertorio de clásicos («La Cumparsita», «Por una Cabeza», «Mi Buenos Aires Querido»,
20 entre otros) que *arranca ovaciones*. En ambos casos la entrada es libre y gratuita.

En Palermo Viejo, el Café Homero o el Club del Vino son otros de los reductos donde el tango se *conserva vigente*.

De vuelta en San Telmo, rincones como el «Bar Sur» o «La Cumparsita»
25 proponen climas más íntimos. Un piano, una guitarra y un bandoneón alcanzan para desafiar la noche. A veces, recala un cantor consagrado que no resiste el «vicio». Sube al escenario y se improvisa la función. Los ocasionales testigos de estas veladas coinciden en calificarlas como de antología.
30 Hay numerosas formas de aproximarse al tango. Por ejemplo, sentarse en un café a respirar su atmósfera, su historia. Uno de esos lugares es el «Café Tortoni», en Avenida de Mayo al 800. Por allí pasaron casi todos los grandes que le pusieron letra y música al alma de Buenos Aires.

Pero es en los clubes, de jueves a domingos — cerca de las diez de la
35 noche — donde se afianza el reinado de la danza porteña. «Sin Rumbo», «Tamborini», «Almagro» y el «Nuevo Salón la Argentina» son algunos de los lugares preferidos de los bailarines. Principiantes y experimentados, jóvenes y viejos se van convirtiendo en *habitués* de los salones de baile, además del coro de espectadores.
40 Lejos de agotarse el paisaje tanguero de Buenos Aires se multiplica. Siempre queda algo más por descubrir. Esta certeza impone un alto: una «parada técnica» en Paraná y Corrientes, donde se encuentra el único quiosco con diarios especializado en tango.

Allí se pueden encontrar todos los quincenarios y mensuarios tangueros.
45 La mayoría de las publicaciones son gratuitas y muy completas en información sobre bailes, espectáculos, conferencias y encuentros.

DESPUÉS DE LA LECTURA

Actividades

A. ¿Qué dice la lectura?

Complete la información sobre el tango con las palabras apropiadas.

1. Los mejores días para escuchar tangos acompañados de orquesta son...
2. Los instrumentos que se usan para tocar tangos son...
3. En los clubes la danza porteña comienza a cerca de las...
4. En los bailes participan bailarines experimentados y...
5. Los habitantes de Buenos Aires se llaman...
6. Carlos Gardel fue...
7. Los boliches son...
8. La mayoría de las publicaciones sobre tangos son...

B. Opiniones

Con un(a) compañero(a), comente y compare los bailes modernos que Ud. conoce con el tango. ¿Ha visto Ud. alguna película en la que se bailan tangos? ¿A qué se puede deber el gran éxito de un determinado baile? ¿Cree Ud. que la lambada brasileña se parece al tango?

PREPÁRESE A LEER

Actividad

Puntos de vista

Con un(a) compañero(a) de clase, converse sobre los siguientes puntos.

1. En su opinión, ¿qué es un buen trabajo? ¿Qué cualidades son imprescindibles para encontrar un buen trabajo? ¿Quieren Uds. trabajar en una empresa o cada uno por su propia cuenta?
2. Cuando sean profesionales, ¿cómo esperan Uds. triunfar en la vida? ¿Les gustaría trabajar solos o en equipo? ¿Es para Uds. más importante el éxito en el trabajo o una vida sencilla y familiar?

LENGUA: Los adjetivos calificativos

Recuerde Ud. que:

En español no existen reglas muy fijas para la posición de los adjetivos calificativos. Su posición depende del efecto que se desea lograr.

1. Como norma general, se puede decir que los adjetivos se colocan después del sustantivo y sirven para diferenciar características, tales como clase, color, religión, nacionalidad, términos técnicos y profesionales.

    Examine Ud. la posición de los adjetivos en las siguientes oraciones que aparecerán en la siguiente lectura.

    El deseo mayor de los *yuppies* era lograr el triunfo **económico.**

    La regla de oro de esta generación es la ética **clásica.**

    Se trata de buscar soluciones **constructivas** a los problemas **personales.**

2. Si el deseo no es diferenciar sino explicar características propias, los adjetivos calificativos se colocan delante del sustantivo.

    Después de **titánicos** esfuerzos por ascender, los *yuppies* no sabían para qué lo habían hecho.

    Se veían envueltos en el **oscuro** mundo de las drogas.

3. Los adjetivos **bueno** y **malo** pueden colocarse delante del sustantivo que modifica.

    Los valores humanos no son contrarios a los **buenos** negocios.

4. Cuando **bueno** y **malo** van delante de un sustantivo masculino singular, se usan **buen** y **mal.**

    Piensa que no es un **mal** negocio.

5. Los adjetivos **grande, viejo, pobre** y **nuevo,** al traducirse al inglés, tienen un significado diferente según vayan delante o después del sustantivo.

    Se ha impuesto un **nuevo** estilo de vida. *(another)*

    Se ha impuesto un estilo de vida **nuevo.** *(new)*

    Las parejas ganaban **grandes** sueldos. *(great, impressive)*

    A las familias **grandes** no les alcanzaba el sueldo. *(big)*

    De pronto, los **pobres** profesionales se encontraron con el rechazo de la sociedad. *(unfortunate)*

    De pronto, los profesionales **pobres** se encontraron con grandes problemas. *(poor)*

Práctica

A. El mundo del trabajo

Coloque el adjetivo indicado en el lugar más apropiado.

1. El _____ ejecutivo _____ no caerá en la tentación de los burócratas. (chileno)
2. ¿Cómo se llama el _____ profesional _____? (nuevo)
3. La _____ vida _____ tenía poco espacio en la vida de los *yuppies.* (familiar)
4. Hicimos un _____ esfuerzo _____ para lograr el éxito. (grande)
5. Compraban _____ coches _____, recién salidos de la fábrica. (nuevo)
6. El _____ hombre _____ perdió mucho dinero en la empresa. (pobre)

B. Asociaciones

Dele a un(a) compañero(a) de clase tres adjetivos que Ud. asocia con los burócratas y tres adjetivos que asocia con los *yuppies* y dígale por qué los asocia con ellos.

ambicioso(a)	frío(a)	nervioso(a)	trabajador(a)
consumista	holgazán	pobre	intolerante
elegante	idealista	rico(a)	malhumorado(a)
egoísta	individualista	soñador(a)	meticuloso(a)

VOCABULARIO

Para hablar de los estilos de vida

la cima *top*
el (la) ejecutivo(a) *executive*
evolucionar *to evolve*
ganar un sueldo *to earn a salary*
imponerse *to impose*
lograr *to achieve*
renovarse *to renovate*

surgir *to emerge*
verse envuelto en *to find oneself wrapped up in*
la empresa *company, firm*
los escalones del éxito *steps to success*
el esfuerzo *effort*
el negocio *business*
el trabajo en equipo *teamwork*

¡A LEER!

Cuánto ganan los gerentes argentinos

Según una encuesta de Hay Group, los sueldos de los ejecutivos argentinos están muy por encima de los de sus pares americanos. Mientras que el número uno de una empresa chica acá gana 12.285 dólares al mes (incluyendo la porción variable), en los EE.UU. quien *desempeña* el mismo cargo recibe 8.585 dólares.

realiza

At first sight
long term
stocks
income
branch company
gaps
sólo
average
que acaban de salir
de la propia compañía

Si se trata de un gerente general de una empresa grande, el argentino cobra 32.200 dólares y al americano le pagan 19.200 dólares.

A simple vista las diferencias son grandes. Pero las distancias se achican cuando entran en escena los beneficios *a largo plazo*. En los EE.UU. es
10 común que los gerentes tengan opción a la compra de *acciones* — uno de esos beneficios — que incrementan considerablemente sus *ingresos*.

En las empresas locales, en cambio, esta costumbre todavía no prendió, salvo en algunas multinacionales que tienen planes corporativos, «como IBM o Massalín», indica Fernando Pacheco, presidente de la *filial* argentina
15 de Hay.

Históricamente también hubo grandes *brechas* en la estructura de las remuneraciones. Si en otros países era común ligar los sueldos a los resultados, en la Argentina, *recién* en los últimos años esta tendencia se está transformando en una práctica común.

20 Según este estudio, casi nueve de cada diez directores de Administración y Finanzas recibe auto; seis de cada diez, seguro de vida, y la misma proporción, tarjeta de crédito. Si se les diera valor a estos y otros «extras», la suma daría un *promedio* de 15.000 pesos anuales.

¿Dónde reclutan a estos gerentes las empresas? En muchos casos recu-
25 rren a las consultoras, pero en otros apuestan a la formación interna. «Cuando buscamos un ejecutivo fuera de la empresa, ese ejecutivo tiene nombre y apellido». La política es incorporar «jóvenes profesionales muy preparados, *recién salidos* de las universidades o con poca experiencia para convertirlos en una nueva generación de gerentes», explica Pedro Elía,
30 director de recursos humanos de la automotriz. Esta política se refleja en los números: el 98% de los gerentes departamentales y el 93% de los de área provienen *del semillero de la firma*.

DESPUÉS DE LA LECTURA

Actividades

A. ¿Qué dice la lectura?

De acuerdo con la lectura, describa la situación laboral de los gerentes. ¿Le parece ventajosa? ¿Qué opina del sistema de reclutamiento? ¿Qué opina de los sueldos y de los beneficios?

B. ¿Cuál es la diferencia?

Compare el estilo de trabajo y selección profesional en Argentina y en los EE.UU.

Situaciones

A. Problemas profesionales

Ud. trabaja en una gran empresa. Su esposo(a) también tiene un puesto muy importante en la misma compañía. De pronto a Ud. le ofrecen el trabajo con el que ha venido soñando por mucho tiempo. El problema es que Ud. debe mudarse a otra ciudad y su esposo(a) tendría que renunciar a su cargo para acompañarlo(a). ¿Cómo solucionarían Uds. el problema?

B. El mejor candidato

La clase se divide en grupos para entrevistar a candidatos para el puesto de gerente en una compañía argentina. Los candidatos serán personas jóvenes, mayores, argentinos, peruanos, etc., con titulación en el extranjero o con titulación argentina.

PREPÁRESE A LEER

Actividades

A. Puntos de vista

Con un(a) compañero(a) de clase, intercambie ideas sobre cómo debe comportarse una persona cuando busca empleo. Si el (la) jefe de personal les hiciera las tres preguntas siguientes (¿Cómo se describiría a sí mismo(a)? ¿Cuáles son sus puntos fuertes? y ¿Cuáles son sus puntos débiles?), ¿qué le contestarían? ¿Serían sinceros? ¿Serían objetivas sus respuestas? ¿Ofrecerían detalles o ejemplos de su manera de comportarse?

B. ¡Charlemos!

Cuente a sus compañeros de clase alguna experiencia que tuvo al solicitar empleo. No se olvide de mencionar si Ud. cree que causó una buena o mala impresión.

VOCABULARIO

Para hablar de la estación de ferrocarril

el cabo/el puño de hueso *(bone) handle*
los clientes *clients*
   conformarse *to resign oneself*
   perder *to lose*
   reclamar/quejarse *to complain*
el (la) encargado(a) *person in charge*
   acostumbrarse a *to get used to*
   agotársele (a uno) *to run out of*
   atender la oficina *to be in charge of the office*
   darse vuelta *to turn around*
   presentarse *to appear*

la funda de cuero *leather case*
   apretar el resorte *to press down on the button*
   descolgar *to take down*
   escasear *to be scarce*
el impermeable *raincoat*
el (la) jefe de estación *station master*
              personal *personnel manager*
   poner a prueba (a alguien) *to give someone a try*
el mango de oro *gold handle*
el mostrador *counter*
la oficina de objetos perdidos *lost and found*
el paraguas *umbrella*

Expresiones

acabar de + infinitivo *to have just + past participle*
pasar por alto *to overlook, to omit*

tratarse de *to be a matter of*

¡A LEER!

EL AUTOR Y SU OBRA

El escritor argentino **Conrado Nalé Roxlo** (1898–1971) ha escrito libros de poesía *(El grillo, Claro desvelo, De otro cielo);* varios cuentos, entre ellos «Trabajo difícil»; y muchas obras de teatro *(La cola de la sirena, Una viuda difícil, El pacto de Cristina)*.

    Al leer el cuento, ponga atención a las escenas cómicas que se narran y relaciónelas con situaciones semejantes que se presentan a diario en el trabajo.

Trabajo difícil   Conrado Nalé Roxlo

El jefe de personal del ferrocarril, después de leer la carta de recomendación que yo le había presentado, me miró con aire pensativo y me dijo:

    —Hay un pequeño inconveniente. Yo no sé quién es esta persona que lo recomienda *tan calurosamente.*

> con entusiasmo

5   —No me extraña —respondí—, pues él también me dijo que no lo conocía a usted, pero que me daba la carta para que no dudara de su *buena*

> good will

voluntad y deseo de serme útil.

    —Eso demuestra que es una persona de buen corazón y, como yo también lo soy, pasaré por alto ese detalle y *obraré* como si la carta estuviera *en*

> actuaré / en orden
> trabajo

10 *regla.* No hay *vacantes.*

En ese momento entró el jefe de estación y dijo:

—Señor, se ha perdido el encargado de la oficina de objetos perdidos.

bajo su cuidado
montón

—¿Lo han buscado bien entre los objetos *a su cargo?* Recuerde el caso de Martínez, al que encontró tres días después debajo de una *pila* de imper-
15 meables.

hubiera desaparecido

—No; en este caso sabemos dónde está, pero es como si *se lo hubiera tragado la tierra* para el servicio. Es toda una historia. Resulta que una señorita

junction
se unieron / tren expreso

fue a quejarse de que había perdido a su novio en un *empalme* y una palabra trajo la otra y al final *empalmaron* ellos y acaba de partir en un *rápido*
20 con la señorita y boleto de ida solamente.

—Sí; creo que ese hombre está perdido—exclamó tristemente el jefe de personal.

acumulando
Perdón

—Se casarán —murmuró melancólicamente el jefe de estación—; el caso es que no hay quién atienda la oficina y se siguen *amontonando* los paraguas.
25 —*Dispense* —dije— pero, ¿y yo?

—Es verdad, —dijo el jefe de personal— aquí está este joven que me ha sido recomendado muy efusivamente y parece buena persona. Póngalo a prueba.

delante de

Y así me vi instalado *ante* un largo mostrador, con una gran cantidad de
30 paraguas a mi espalda y unas rápidas instrucciones dándome vueltas en la cabeza. Lo más importante—me había dicho el jefe— es que las personas identifiquen bien los objetos. Tiene usted que ser sicólogo, tener golpe de vista e intuición, pues nadie le va a presentar el título de propiedad de un

duckling

paraguas o de un par de guantes de color *patito*. Y hay que tratar de darle a
35 cada cual lo suyo.

Al principio se presentaron muchas personas reclamando paraguas negros con cabo de hueso. Como había muchos y parecían gente de buena fe, yo descolgaba uno y le decía:

—Sírvase, y que le *garúe finito*.[1]

llueva un poco
en cuestión
una contradicción / sin comentarios / vieja y gorda
acostumbrado

40 Era una fórmula cortés que había adoptado, porque *tratándose* de paraguas me parecía *un contrasentido* darlos *a secas*. Pero al rato comenzaron a escasear y decidí ser más cauto. Así, cuando vino una dama *entrada en años y en carnes* y reclamó el *consabido* paraguas, le dije:

—¿Para la lluvia?
45 —Naturalmente, joven.

asustar / futuro
poor cattle ranches

—No tan naturalmente, señora; tengo un amigo que usa un paraguas para *espantar* a los perros, porque vive en un barrio de mucho *porvenir,* pero que ahora es todo de *potreros perrosos.* Déme otros datos.

—Era negro y se abría apretando un resorte.
50 —Todos los paraguas son de ese color y se abren así, a menos que estén

broken

descompuestos.

—El puño está formado por una cabeza de perro, en hueso.

—¡Oh, señora, la cabeza de perro es casi la cabeza natural del paraguas!

—No sé que decirle, pero el paraguas es mío.
55 —¿Qué paraguas?

—Uno como todos.

No es suficiente

—*No sirve.* Tiene que darme algunas señas personales.

---

[1]En Argentina se dice en forma coloquial: ¡Que le garúe finito! — ¡Que le vaya bien!

—¡Pero si el paraguas no es una persona!

—Ése es el inconveniente. Si usted hubiera perdido un chico, todo era
60 más fácil. Usted me diría el nombre del niño; yo gritaría Juancito, pongo
por caso, y le veríamos salir corriendo y *brincando* de algún estante. Habría
una hermosa escena de familia. Algo así como el regreso del hijo pródigo,
pero un paraguas ayuda poco.

por ejemplo / saltando

—No crea; en los días de lluvia ayuda bastante.

65 —Creo, señora, que se está *desviando* de la cuestión.

apartando

—¿Le parece? Bueno, déme un paraguas cualquiera y terminamos.

—¿Y si no es el suyo?

—No importa, me conformaré.

—¿Y si viene el dueño a reclamarlo?

70 —Le hace un interrogatorio como a mí y es casi seguro de que prefiere
comprarse otro. Yo soy muy paciente porque tengo cinco *yernos.*

sons–in–law

—¿Y un solo paraguas? Hay evidentemente una gran desproporción,
pero le voy a dar uno porque no me gusta hacer perder a nadie el tiempo.

Me di vuelta, pero, ¡ay!, ya no quedaba un solo paraguas. Con mi sis-
75 tema intensivo de devolución se me había agotado la *existencia.* Le *rogué* que
volviera al día siguiente, pues la empresa, según le dije, renovaba constantemente el stock. Y, efectivamente, al otro día pude darle un muy hermoso
paraguas con mango de oro, funda de cuero de cocodrilo y una hermosa
tela de seda natural. Se fue muy contenta. El que no se conformó fue un
80 caballero que decía ser el dueño del paraguas de oro y a quien para
arreglarlo le quise dar una *faja de goma,* que nunca se supo cómo fue a dar
allí. Era *un tanto* gritón y parecía persona *influyente.* Digo esto porque el
puesto volvió a quedar vacante. Y lo siento, porque yo pensaba hacer
carrera.

stock / supliqué

rubber sash
algo / importante

DESPUÉS DE LA LECTURA

Actividades

A. ¿Qué dice la lectura?

Conteste las siguientes preguntas.

1. ¿Quién es el narrador del cuento? ¿Qué sabemos de él?

2. ¿Quiénes son los otros personajes? ¿Qué características podemos imaginar de cada uno de ellos?

3. ¿Cuál es o cuáles son los escenarios en los que estos personajes actúan?

4. ¿En qué país puede Ud. situar lo narrado en el cuento? ¿Por qué?

5. ¿Quién ha escrito la carta de recomendación?

6. ¿Por qué consigue el trabajo el narrador del cuento? ¿En qué consiste su trabajo? ¿Por qué quedó el puesto vacante?

7. ¿Cómo hubiera podido hacer carrera el nuevo empleado?

8. ¿Qué trabajos semejantes al del cuento conoce Ud.? ¿Qué posibilidades de hacer carrera ofrecen?

B. Puntos de vista

¿Cree Ud. que se podría hacer una película con este cuento? Si Ud. fuera el director de esa película, ¿cómo presentaría la escena? ¿Con qué escena terminaría la película? ¿Qué efectos de sonido y qué comentario musical usaría?

Situación

En la Oficina de Objetos Perdidos

Ud. acaba de ser contratado(a) como encargado(a) de la Oficina de Objetos Perdidos de la Universidad. Como el (la) narrador(a) del cuento, Ud. todavía no tiene mucha práctica en esta clase de trabajo. Le han recomendado «tener golpe de vista e intuición» para identificar bien a los dueños de los objetos perdidos. Ante el mostrador están muchísimos estudiantes reclamando los objetos perdidos. ¡Atiéndalos!

Humor

Trabaje con un(a) compañero(a) de clase.

1. Describan a las personas que se presentan para hacer reclamaciones.

2. Describan la manera cómo trata el encargado de la oficina a las diferentes personas.

3. Comenten si estas escenas les parecen a Uds. reales o no. Den sus propias opiniones.

4. Digan si alguna vez fueron a un almacén o a la universidad a reclamar algo. Si es así, cuenten lo que pasó en aquella ocasión.

PREPÁRESE A LEER

VOCABULARIO

Para hablar del poema

la alcuza *oil container, jug*
el (la) mendigo(a) *beggar*
  viajar oculto(a) *to travel hidden away*
la mujer *woman*
  gritar en la oscuridad *to scream in the darkness*

mirar a su alrededor *to look around her*
los pasillos *corridors*
  de un vagón a otro *from one car to another*
el (la) revisor(a) del tren *train employee*

¡A LEER!

EL AUTOR Y SU OBRA

Dámaso Alonso (1898–1990), poeta y filólogo español, es autor de trabajos sobre la poesía de Góngora, San Juan de la Cruz y de otros. Mientras lee el poema fíjese en…

1. los adjetivos que se usan en el poema. ¿Qué observación se podría hacer como resultado?

2. las imágenes de luz o de sonidos. ¿Qué ideas dan esas imágenes en este poema?

Mujer con alcuza Dámaso Alonso

Oh sí la conozco.
Esta mujer yo la conozco: ha venido en un tren,
en un tren muy largo;
ha viajado durante muchos días
5 y durante muchas noches:
unas veces nevaba y hacía frío,
otras veces lucía el sol y sacudía el viento…
Y esta mujer se ha despertado en la noche,
y estaba sola,
10 y ha mirado a su alrededor,
y estaba sola,
y ha comenzado a correr por los pasillos del tren,
de un vagón a otro,
y estaba sola,
15 y ha buscado al revisor, a los mozos del tren,
a algún empleado,
a algún mendigo que viajara oculto bajo un asiento,
y estaba sola,

y ha gritado en la oscuridad,
20 y estaba sola,
y preguntado en la oscuridad,
y estaba sola,
y ha preguntado quién conducía,
quién movía aquel horrible tren.
25 Y no le ha contestado nadie,
porque estaba sola,
porque estaba sola.

DESPUÉS DE LA LECTURA

Actividades

A. ¿Qué dice la lectura?

Conteste las siguientes preguntas.

1. El «yo» que habla en este poema, ¿en qué versos aparece? ¿Qué personaje ocupa el resto del poema?

2. ¿Dónde se encuentra la mujer y durante cuánto tiempo? ¿Qué hace la mujer durante ese tiempo?

3. ¿Adónde va el tren y cuándo llega?

4. ¿Qué verso presenta el clímax de la soledad de la mujer?

5. ¿A qué clase social pertenece la mujer, si viaja con una alcuza? ¿Qué diferencia habría en el sentido de su soledad, si el título del poema fuera, por ejemplo, «Mujer con sombrero de plumas» o «Mujer con abrigo de visón»?

6. ¿Ha tenido Ud. alguna vez un sueño con imágenes que podrían compararse con las de este poema? Si su respuesta es afirmativa, explíquelo. Si es negativa, ¿por qué cree Ud. que nunca ha soñado con imágenes semejantes?

B. La vida es sueño.

Cuéntele a un(a) compañero(a) de clase algún sueño que ha tenido últimamente.

Lección 8

Dioses del México antiguo

Un encuentro
con Hispanoamérica

PRIMEROS PASOS

Actividad

Puntos de vista

El índice de población en Latinoamérica ha crecido a un ritmo muchísimo más rápido que el de otros continentes como África o Asia. Sólo en el D.F. de México viven 11.704.934 habitantes y en Veracruz más de 8.000.000. El conteo de población y vivienda da un total de 91.120.433 habitantes en México.

Por otra parte, la ONU publicó recientemente las siguientes estadísticas.

Población de América Latina por regiones (en millares)

Región	1950	1980	1990	2000
América Central continental	36 101	92 538	122 382	155 709
Caribe	17 476	31 919	38 215	45 222
América del Sur tropical	85 092	198 181	252 196	313 210
América del Sur templada	25 437	41 067	46 505	51 605
Total para América Latina	164 053	363 704	459 298	565 747

Organización de las Naciones Unidas (ONU)

Lea con atención estos datos y comente con su compañero(a).

1. El crecimiento de la población hispana en Latinoamérica y en los Estados Unidos: ¿qué beneficios y que inconvenientes produce?

2. La población latinoamericana es tremendamente joven. ¿Qué ventajas tiene un país con población joven sobre uno con población vieja?

3. ¿Qué tipo de servicios sociales son indispensables en un país con población muy joven o muy vieja?

4. Si ha vivido Ud. en alguna ciudad con más de 5.000.000 de habitantes, describa cómo es la vida cotidiana en la misma. Si sólo ha vivido en ciudades pequeñas, ¡imagínesela!

Esta calle cerca del Zócalo en México D.F. está llena de gente.

PREPÁRESE A LEER

Actividades

A. ¡Charlemos!

Pregúntele a su compañero(a).

1. ¿Has vivido fuera de los Estados Unidos? ¿Dónde? ¿Qué es lo que más te gustó? ¿Te gustaría vivir en un país latinoamericano? ¿Cómo imaginas la vida allí? ¿Qué crees que puedes hacer allí durante el invierno, la primavera, el verano y el otoño?

2. ¿Te gusta pasear por las calles de las ciudades donde has vivido? ¿Qué es lo que más te atrae de una ciudad? En los cafés al aire libre, ¿te gusta probar comidas exóticas o prefieres disfrutar de la vista y tomar algo que conoces? ¿Te gusta la comida latinoamericana?

3. Cuando vas de vacaciones, ¿prefieres hacer *camping* en lugares próximos o aventurarte en lugares lejanos? ¿Cuál ha sido el viaje que más te ha gustado? ¿Conoces alguna costumbre latinoamericana que te llame la atención? ¿Conoces algún museo latinoamericano? ¿Qué prefieres visitar, museos o mercados al aire libre?

La gente va en busca de las delicias callejeras (México).

B. Ciudadanos del mundo

Complete las siguientes oraciones.

1. La vida en las ciudades es…
2. México D.F. es…
3. Cuando voy de vacaciones prefiero visitar…
4. La ONU dice que en el año 2000…
5. El crecimiento de población en Latinoamérica…

VOCABULARIO

Para hablar del pasado histórico

a lo largo de *during*
el códice *codex*
descarnada *fleshless*
helicoidal *spiral*
identificarse con *to identify*
lo celeste *celestial*

lo terrestre *terrestrial*
llevar la cuenta *to keep track*
el poniente *west*
el rumbo *direction, course*
temporada de secas *dry season*

¡A LEER!

Los siguientes pasajes proceden de un artículo sobre los dioses del México antiguo que apareció en el periódico mexicano *Excelsior*.

Dioses del México antiguo

seats

stem, stalk / governed

rabbit
wet, humid

roots sank into
leaves and branches

fateful

tightly

cara

representados / urgentes

Los pueblos prehispánicos concebían al universo en tres niveles: el celeste, el terrestre y el inframundo. El primero estaba formado por trece *escaños* y el inframundo por nueve. El nivel terrestre tenía un centro fundamental, por lo general expresado a través del templo principal, centro en donde
5 habita el dios viejo o del fuego llamado Huehueteol-Xiuhtecuhtli y de donde partían los cuatro rumbos del universo: el oriente, lugar por donde sale el sol, identificado por el color rojo y el glifo *caña, regido* por el dios Xipe-Tótec; era la parte masculina del universo. El poniente, de color blanco y con el glifo casa, regido por Quetzalcóatl, era la región de las mujeres
10 conocida como Cihuatlampa. El norte, de color amarillo o negro, cuyo glifo era el cuchillo de sacrificios, estaba regido por Tezcatlipoca negro; era la región del frío y de los muertos. El sur, al que correspondían el color azul y el glifo *conejo*, regido por Tláloc, era un lugar del sacrificio conocido como Huitzlampa; era la región relacionada con lo *húmedo*.
15   Cada rumbo se identificaba con un árbol. En el centro había uno cuyas *raíces se hundían* en el inframundo y su tronco se elevaba de una manera helicoidal, llegando su *ramaje* hasta el nivel celeste.

Tiempo y espacio eran las dos categorías fundamentales del mundo prehispánico. Cuatro edades o soles habían existido en el intento de los dioses
20 por crear al hombre y el alimento que habría de sustentarlo. Fueron cuatro soles que a su vez se destruyeron por la eterna lucha de los dioses. El quinto sol nació en Teotihuacan. Este es el sol en el cual vivimos.

Fueron los dioses quienes crearon los días, los meses y los años. Dieciocho meses de veinte días componían el calendario solar con un total de
25 360, más cinco días *aciagos*. El calendario lunar se componía de 260 días. Algunos códices servían para llevar la cuenta de los días y el tiempo. Cada cincuenta y dos años había una renovación de lo existente y se encendía el fuego nuevo. El Xiuhmolpilli era el atado de cincuenta y dos cañas que simbolizaba el siglo. Era enterrado en altares adornados con huesos y crá-
30 neos de piedra conocidos como altar de los siglos.

La observación que el hombre hacía de los cambios ocurridos en la naturaleza lo llevó a comprender cómo a lo largo del año había una temporada de secas y otra de lluvias; es decir, de vida y muerte en un ciclo constante. De allí los conceptos duales estuvieran *estrechamente* unidos y representados
35 en muchas manifestaciones artísticas desde las épocas más tempranas. La dualidad vida/muerte se expresaba con un *rostro* con la mitad viva y la otra descarnada, o por medio de dos cabezas. El calendario y el culto a los dioses a lo largo del año eran otra manera de expresar esa dualidad, donde quedaban *plasmadas* las necesidades más *apremiantes* del hombre antiguo: la agri-
40 cultura, la vida y la guerra, esta última como expresión de la muerte misma.

DESPUÉS DE LA LECTURA

Actividad

¿Qué dice la lectura?

Complete las siguientes oraciones.

1. Los pueblos prehispánicos concebían el universo…
2. Xipe-Tótec era…
3. Al sur le correspondía…
4. Tiempo y espacio eran…
5. El calendario lunar se componía…
6. La dualidad vida-muerte se expresaba…

PREPÁRESE A LEER

Actividad

Puntos de vista

Con un(a) compañero(a) de clase, intercambie algunas ideas sobre las organizaciones internacionales como la Organización de las Naciones Unidas (ONU) o la Organización de los Estados Americanos (OEA), teniendo en cuenta las siguientes preguntas.

1. ¿Con qué propósito creen Uds. que se forman estas instituciones? ¿Cuáles podrían ser algunos de sus objetivos?
2. ¿Cuáles son las organizaciones que reúnen a las naciones europeas por motivos políticos o económicos?
3. ¿Piensan Uds. que estas instituciones internacionales ayudan a mantener la paz mundial? Den algunas razones a favor o en contra.

VOCABULARIO

Para hablar de las organizaciones internacionales

la asamblea general *general assembly*
 acordar *to agree*
 asumir una posición *to take a position*
 desempeñar un papel *to play a role*
 desenvolverse en un ambiente de *to act in an atmosphere of*
 enfrentar una situación/un tema *to face a situation/issue*

impulsar el desarrollo *to promote the development*
 planificar *to plan*
 suscitar el interés *to provoke interest*
el bienestar *welfare*
el código de comportamiento *behavior code*
las normas de procedimiento *procedural rules*
 ajustarse a *to adjust oneself to*

La **Organización de los Estados Americanos (OEA)** fue creada en 1948. Los representantes de veintiuna naciones americanas firmaron la Carta de la Organización de los Estados Americanos. Los objetivos principales de esta institución son mantener la paz entre los estados miembros, ayudarse mutuamente en caso de agresión, resolver los problemas que afecten el bienestar de los pueblos americanos y hacer los esfuerzos necesarios para impulsar el desarrollo cultural, social y económico de los estados miembros.

¡A LEER!

El siguiente artículo apareció en *Américas,* revista que publica en inglés y en español la Organización de los Estados Americanos. Mientras Ud. lee el artículo piense en…

1. los objetivos y las actividades de las organizaciones internacionales.
2. el provecho que pueden obtener los establecimientos educacionales de las simulaciones de grandes reuniones internacionales.

En Washington se inicia la Asamblea General de la OEA.

OEA: *Un modelo de cooperación*   Paul Bove

L as simulaciones de grandes reuniones internacionales no constituyen una
novedad en el campo educacional. Por lo general, consisten en reunir a
cien estudiantes universitarios en una sala, decirles que son líderes
mundiales y presentarles una crisis imposible de solucionar.

5   Durante la última década, la Organización de los Estados Americanos
(OEA) ha *auspiciado* un tipo muy diferente de simulación: el Modelo de
Asamblea General de la OEA. Édgar Maya, coordinador del Modelo OEA,
espera que éste «permita a la comunidad académica conocer nuestra
institución: su historia, su estructura, sus objetivos, sus problemas y sus
10   actividades».

Los participantes se preparan durante meses, estudiando con profundi-
dad los temas generales que enfrentan las Américas y el país que su institución habrá de representar. El proceso de preparación no termina al iniciarse
el Modelo. El primer día, los participantes se distribuyen en distintos
15   lugares de Washington, en las Misiones Permanentes de los países miembros de la OEA. En las Misiones, los estudiantes se reúnen con miembros
del cuerpo diplomático y funcionarios para tener un conocimiento directo
de los objetivos y las posiciones de los distintos países. Esta oportunidad
permite a los estudiantes asumir en forma más adecuada sus posiciones en
la reunión del Modelo de Asamblea General.

20   *La clave* del éxito del Modelo es que los estudiantes desempeñan sus
papeles en forma realista. Desde la primera reunión los jóvenes diplomáti-
cos se desenvuelven en un ambiente muy real. (El Modelo es la única
simulación auspiciada por un organismo internacional en su *sede.)* Los delegados que integran el Comité General se reúnen en el ornamentado Salón
25   de las Américas, la sala neoclásica donde se han reunido generaciones de
ministros *extranjeros*. Las normas de procedimiento se ajustan estrictamente
al código de comportamiento que *rige* las verdaderas Asambleas Generales
de la OEA.

Como el aspecto político es un elemento tan fundamental del Modelo, es
30   posible considerarlo como una serie de reuniones formales bien planifi-
cadas. Sin embargo, es más que eso; por espacio de varios días, representa
una adaptación a un estilo de vida totalmente diferente. Algunos aspectos
resultan sorprendentes aun a los estudiantes mejor preparados. Aunque
hayan estudiado detenidamente la teoría, quizá nunca hayan enfrentado
35   una situación en la que *se vean precisados a forjar* un *acuerdo* con alguien que
tiene un programa político diferente. El Modelo también les presenta una
diversidad de procesos informales que, con frecuencia, desempeñan un
importante papel en el campo internacional, como las transacciones políticas acordadas en las *antesalas* y el uso de las conferencias de prensa para
40   publicitar las posiciones de los distintos países.

Una serie de actos sociales permite a los participantes relajarse después
de la tensión de varios días de trabajo intenso, incluyendo una reunión
inaugural de gala que permite *imprimir* al resto de la semana un ambiente
amistoso y característicamente latinoamericano.

Glosas al margen:

patrocinado

El secreto

domicilio

foreign
controla

be forced to make / agreement

lobbies

dar

creado

que enseñan en

45 Durante los últimos años el Modelo ha *suscitado* claramente un mayor interés. Inicialmente sólo participaron catorce universidades, mientras que en 1990 asistieron equipos de treinta y cuatro instituciones y varios observadores de otras universidades.

Los delegados y los asesores *docentes de* las instituciones participantes, en 50 general, quedan entusiasmados con su experiencia en la OEA. Un asesor docente señaló que «algunos estudiantes muestran un interés tan intenso por los temas discutidos en el Modelo que deciden cambiar su orientación académica hacia las relaciones internacionales o los estudios latinoamericanos». Cualquiera que sea el campo de estudios elegido, la mayoría de los 55 participantes desarrolla una nueva conciencia, tanto de los demás países de las Américas como de los intrincados mecanismos de la política internacional.

DESPUÉS DE LA LECTURA

Actividades

A. ¿Qué dice la lectura?

Conteste las siguientes preguntas.

1. ¿En qué consisten las simulaciones de instituciones internacionales? ¿Qué tipo de simulación organiza la Organización de los Estados Americanos (OEA) y por qué es diferente de las demás?

2. ¿Quiénes son los participantes al Modelo de Asamblea General de la OEA? ¿Cómo y por cuánto tiempo se preparan los participantes?

3. ¿A qué se debe el éxito del Modelo de Asamblea General? ¿Qué normas se siguen durante las reuniones? ¿Qué aspectos pueden resultar sorprendentes para los participantes?

4. ¿Cómo pueden relajarse los participantes de la tensión de la semana de trabajo?

5. ¿Le gustaría a Ud. seguir una carrera política? Explique su respuesta.

6. Si Ud. fuera representante de su país ante la OEA, ¿qué propondría en este momento?

7. Si Ud. tuviera que ir de embajador(a) a un país hispanoamericano, ¿a qué país le gustaría ir? ¿Por qué?

B. Creación

Prepare un pequeño informe para la clase sobre alguno de los problemas de los países hispanoamericanos que afectan internacionalmente. Por ejemplo: los carteles de la droga, el tráfico de indocumentados, la intervención de los Estados Unidos en países hispanoamericanos, las guerras y guerillas en Centro y Sudamérica, etc.

Humor

1. Trabaje con un(a) compañero(a) de clase. Observen y lean con atención la siguiente caricatura de los países representantes a la Organización de las Naciones Unidas (ONU) y hagan sus propios comentarios.

2. Según Uds., ¿quiénes son los culpables del narcotráfico, los productores o los consumidores? ¿Qué solución propondrían Uds. a la ONU?

PREPÁRESE A LEER

Actividad

Puntos de vista

Los hispanos en los Estados Unidos confrontan día a día el conflicto de mantener su identidad hispana o aceptar la presión interna de asimilarse al mundo anglo. Con un(a) compañero(a) de clase, intercambie ideas sobre este aspecto que, para los inmigrantes hispanos, es de vital importancia. Tengan en cuenta éstas y otras preguntas.

1. ¿Ven Uds. algunas diferencias entre los problemas de asimilación al medio de los inmigrantes hispanos y los de otros grupos de inmigrantes (italianos, judíos, irlandeses, chinos, vietnamitas, etc.)? ¿A qué creen que se deben esos problemas?

2. ¿Qué efecto han tenido los siguientes factores en las distintas experiencias de los cubanos, los puertorriqueños y los chicanos en este país? Considere…
   a. la geografía.
   b. el nivel de la educación.
   c. el color de la piel.
   d. las razones económicas y políticas para emigrar a los Estados Unidos.
   e. la actitud de los ciudadanos norteamericanos hacia el grupo.

LENGUA: Llegar a ser, convertirse en

En la lectura que Ud. va a leer encontrará las expresiones **llegar a ser** y **convertirse en.** Ambas expresiones equivalen a *to become.*

Recuerde Ud. que:

Llegar a ser expresa, generalmente, el proceso y el resultado lógico de los hechos o del esfuerzo personal.

Es posible que el sueño de Vasconcelos pueda **llegar a ser** una realidad en los Estados Unidos.

Convertirse en se refiere a un cambio definitivo en la naturaleza de personas, cosas o ideas.

La palabra «hispanidad» deja de ser una idea abstracta para **convertirse en** una realidad de cada día.

VOCABULARIO

Para hablar de los hispanos en los Estados Unidos

los antepasados *ancestors*
los peregrinos *pilgrims*
el pueblo *the people*
  aportar; la aportación *to contribute; contribution*
  enfrentar/confrontar *to confront*

lograr *to achieve*
superar *to exceed*
surgir *to emerge*
la pugna por *struggle for*
el sueño *dream*

Expresiones

a diferencia de *unlike*
lo que ocurre con *what happens with*

para bien de *for the good of*

¿Sabía Ud. que…?

José Vasconcelos (1882–1959) fue un ensayista mexicano de gran renombre. En su ensayo *La raza cósmica* (1925) interpreta el complejo racial y cultural de Hispanoamérica y mantiene la teoría que «la raza cósmica», producto del mestizaje americano, está llamada a enfrentarse con la raza sajona y triunfar como la raza en la que se fundirán todos los pueblos de América.

Lewis and Clark fueron dos exploradores norteamericanos que encabezaron en 1803–1806 una expedición para explorar el territorio del *Louisiana Purchase* y más allá hasta el Océano Pacífico.

¡A LEER!

El siguiente ensayo apareció en la revista *Gráfica* de Los Ángeles, California. El autor, José Manuel Paz Agüeras, habla de dos formas antagónicas de adaptación al medio norteamericano: «la raza cósmica», propuesta por el escritor mexicano José Vasconcelos, y el «*melting pot*» que ha sido la forma de asimilación adoptada en los Estados Unidos.

El futuro de Hispanoamérica   José Manuel Paz Agüeras

El surgimiento de una poderosa colonia hispanoamericana en los Estados Unidos, que hoy en día supera los veinte millones de habitantes, va a darnos la clave del enigma de cómo puede comportarse un conjunto de pueblos de origen hispano, actuando como una auténtica comunidad y pro-
5 tegiendo sus intereses comunes.

Es aquí, en la América anglosajona, donde se está produciendo el fenómeno *inusitado* de la unión entre los distintos pueblos iberoamericanos, donde, por vez primera, la palabra Hispanidad deja de ser una idea abstracta para convertirse en una realidad de cada día. Son los mexicanos, los
10 cubanos, los puertorriqueños, los centroamericanos y tantos emigrantes de nuestra América los que han recuperado el nombre de hispanos y los que han mantenido en este suelo las tradiciones que sus propios antepasados trajeron a estos *parajes,* mucho antes de la llegada de los primeros colonos británicos.
15 En los estados de California, Arizona, Nuevo México, Texas, Florida y Nueva York se enfrentan actualmente dos fórmulas antagónicas de adaptación al *medio* norteamericano. Una está constituida por el tradicional proceso de aculturización con asimilación total de la lengua inglesa y de la «*American way of life*»*;* lo que sociólogos de este país han denominado el
20 «*melting pot*». Otra es la propuesta por el *insigne* escritor mexicano José Vasconcelos en su obra *La raza cósmica;* es decir, la creación de una raza universal *mediante* la unión de todas las razas que habitan en este continente. Entre el «*melting pot*» y «*la raza cósmica*» hay una diferencia fundamental: esta última es fruto de una sociedad tradicionalmente mestiza y la primera, no.
25 Si los *resortes* del «*melting pot*» no han podido lograr la asimilación de las comunidades hispánicas, ello se debe a dos causas importantes. La primera es el *peso* de una cultura tradicionalmente mestiza, acostumbrada a asimilar elementos de otras civilizaciones, pero sin renunciar a lo que en ellas hay de positivo. La segunda es el hecho de que los hispanos son también ameri-
30 canos. América es su hogar, su tierra natal, su medio geográfico, a diferencia de lo que ocurre con otros emigrantes llegados de Europa, para los que Estados Unidos no era solamente otra nación, sino también otro continente dotado de dimensión distinta, que *distorsionaba su propio ámbito vivencial.* Los hispanos llegaron a esta tierra siglos antes que los peregrinos del

Glosses (left margin):

raro, sorprendente

lugares

environment

famoso

through, by means of

means, resources

weight

alteraba su modo de vivir

contribuciones

fight

embryo

obtenerse

35 «*Mayflower*» y vieron las costas del Pacífico trescientos años antes que tuvieran lugar las expediciones de Lewis y Clark.

Quizás una de las principales *aportaciones* de los pueblos iberoamericanos al futuro de los Estados Unidos sea precisamente su contribución a la reamericanización del país, al ofrecerle unas tradiciones que son originariamente

40 americanas, a diferencia de los elementos culturales aportados por otros emigrantes: irlandeses, italianos, eslavos o alemanes, que en el pasado han ido forjando esta gran nación.

La dialéctica entre «la raza cósmica» y el «*melting pot*» se manifiesta en muy diversas circunstancias: en la *pugna* por el bilingüismo, en la preserva-

45 ción de la estructura fundamental de la familia hispana, en la conservación de usos y costumbres que nos son propios. En defensa de estos intereses se unen mexicanos, cubanos, puertorriqueños y toda la gran familia de pueblos aquí representados, contribuyendo a crear, como he afirmado antes, el primer *embrión* de una comunidad auténticamente hispánica.

50 Es deseable que el sueño de Vasconcelos pueda llegar a ser una realidad en los Estados Unidos y que, finalmente, pueda *conseguirse* la gran síntesis americana, para bien de los hombres y mujeres que habitan este vasto continente y para bien de toda la humanidad.

DESPUÉS DE LA LECTURA

Actividades

A. ¿Qué dice la lectura?

Conteste las siguientes preguntas.

1. ¿Qué fenómeno se está produciendo en la América anglosajona?
2. ¿Cuáles son las dos fórmulas de adaptación al medio norteamericano?
3. Explique la fórmula del «*melting pot*» y la teoría de «la raza cósmica». ¿Por qué difieren fundamentalmente las dos fórmulas?
4. Según la lectura, ¿cuál podría ser una de las principales aportaciones de los iberoamericanos al futuro de los Estados Unidos?

B. Temas de reflexión

En el ensayo *La raza cósmica: Misión de la raza iberoamericana,* José Vasconcelos dice que:

«En la América española ya no repetirá la Naturaleza uno de sus ensayos parciales, ya no será la raza de un solo color, de rasgos particulares, la que esta vez salga de la olvidada Atlántida; no será la futura ni una quinta ni una sexta raza destinada a prevalecer sobre sus antecesoras; lo que de allí va a salir es la raza definitiva de la raza síntesis o raza integral, hecha con el genio y con la sangre de todos los pueblos, y, por lo mismo, más capaz de verdadera fraternidad y de visión realmente universal».

1. ¿Cree Ud. que el sueño de Vasconcelos de «la raza cósmica» pueda ser una realidad? ¿Por qué sí o por qué no?

2. ¿Qué conoce Ud. sobre la historia de Hispanoamérica que pueda explicar esa síntesis de razas a la que se refiere Vasconcelos?

3. ¿Qué cree Ud. más conveniente, hablar de razas o de culturas? ¿A qué se refieren uno y otro término?

C. Creación

Formen tres grupos de estudiantes para hablar de la inmigración de los mexicanos, los cubanos y puertorriqueños a los Estados Unidos y presenten un informe a la clase. Cada grupo debe tener en cuenta éstas y otras preguntas.

Grupo A   ¿Por qué es tan numerosa la población mexicana en el suroeste de los Estados Unidos? ¿En qué estados viven los chicanos? ¿Qué significa la palabra **chicano?** ¿Cómo se beneficia el país con la inmigración mexicana?

Grupo B   ¿Cuándo llegaron los refugiados cubanos a este país? ¿Por qué abandonaron Cuba? ¿Dónde se establecieron? Se dice que los cubanos han contribuido enormemente al desarrollo de Miami. ¿Podrían pensar en algunas razones y contribuciones de los cubanos a la economía de Miami?

Grupo C   ¿En qué parte de los Estados Unidos se han concentrado los puertorriqueños? ¿Por qué vienen a las grandes ciudades? ¿Por qué son considerados ciudadanos americanos? ¿Qué problemas en común tienen puertorriqueños, mexicanos y cubanos?

La frontera entre México y los Estados Unidos: el cruce entre San Diego y Tijuana.

Situación

Ayuda para inmigrantes

Ud. trabaja para la Organización de Servicios de la Comunidad y desea ayudar a los inmigrantes en sus problemas con la oficina del Servicio de Inmigración, la policía y las organizaciones de ayuda social. Entreviste a varios inmigrantes (los estudiantes de la clase), averigüe sus problemas y trate de resolverlos de la mejor manera posible.

PREPÁRESE A LEER

Actividad

¡Charlemos!

frightening

Cuando Ud. era niño(a), seguramente hizo cosas que no debería haber hecho y se encontró en situaciones *pavorosas*. Comente con su compañero(a) lo siguiente.

1. Cuando eras pequeño(a), ¿fuiste alguna vez a jugar a un lugar prohibido? ¿Cuál fue la vez que más miedo pasaste? ¿Solías jugar con un grupo de amigos o sólo con tu mejor amigo(a)?

2. ¿Crees en los fenómenos sobrenaturales? ¿Qué opinas de las casas encantadas? ¿Te ha ocurrido algo inexplicable en alguna ocasión?

3. ¿Qué haces cuando cuentas algo extraordinario y nadie te cree? ¿Qué le dices a un(a) amigo(a) que te cuenta una experiencia sobrenatural? ¿Qué sabes de las momias? ¿Has oído hablar de las momias de Guanajuato?

El viento sopla en los Andes.

¡A LEER!

EL AUTOR Y SU OBRA

José Emilio Pacheco (n. 1939) es un escritor mexicano. Como cuentista ha publicado los libros *La sangre de Medusa* y *El principio del placer*. El cuento «La cautiva» forma parte de esta última colección de cuentos que apareció por primera vez en 1963. El autor nos trae a la memoria escenas y voces que provienen de los recuerdos de la infancia.

La cautiva   José Emilio Pacheco

ran las seis de la mañana cuando sentimos un sacudimiento que pareció *arrancar de cuajo* todo el pueblo. Nos echamos a la calle pensando que las casas se *desplomarían* sobre nosotros. Y una vez afuera temimos que se abrieran *grietas* por todas partes.

5   Ya había pasado el *temblor* y las mujeres continuaban rezando. Según los alarmistas el sismo estaba a punto de repetirse con mayor fuerza. Era tan honda la *zozobra* que, creímos, no iban a enviarnos a la escuela. Las clases comenzaron una hora más tarde. En el salón hablamos mucho tiempo de nuestras experiencias durante el *cataclismo,* hasta que el profesor dijo que a

10   nuestra edad y en cuarto de primaria no podíamos creer en supersticiones como el resto del pueblo, ni afirmar que los fenómenos naturales eran *castigos* o presagios divinos o desencadenamientos de las fuerzas del mal. Además el temblor no había provocado ninguna catástrofe: los únicos edificios verdaderamente dañados fueron las casas y las iglesias coloniales.

15   La explicación nos convenció y más o menos la repetimos ante nuestros padres. En la tarde todo estaba igual que antes; Sergio y Guillermo pasaron por mí. Fuimos a la *pradera* húmeda que crece entre el río y la *colina* del cementerio. El sol poniente brillaba en las cruces de mármol y los monumentos de granito.

20   Guillermo sugirió que fuéramos a ver qué había pasado en las ruinas del convento próximo al pueblo. Generalmente nos daba miedo ir hacia allá al oscurecer; pero esa tarde todo nos parecía explicable y fascinante.

Dejamos atrás el cementerio y, escogiendo el camino más difícil, subimos la cuesta del *cerro* hasta que el *declive* nos obligó a avanzar casi *arrastrándonos.*

25   Sufríamos vértigo al volver el rostro; pero, sin decirlo, cada uno trataba de probar que los cobardes eran los otros dos.

Al fin llegamos a los *despojos* del convento que se alzaba en la *cima* del cerro. Cruzamos el atrio. Nos detuvimos ante el muro que sostenía la terraza y las primeras celdas. Sobre las baldosas hallamos unas *abejas* muertas.

30   Guillermo se acercó y tomó una entre sus dedos. En silencio, volvió a reunirse con nosotros. Caminamos por el corredor en que la humedad y el *salitre* desdibujaban los antiguos frescos.

Sin confesar el miedo creciente que sentíamos, desembocamos en el claustro, aún más ruinoso que las otras secciones del edificio. El patio cen-

35   tral se hallaba cubierto de *cardos* y *matorrales.* Dos *vigas carcomidas* apuntalaban una pared llena de *cuarteaduras.*

Por la escalera desgastada llegamos al segundo piso. Había oscurecido, empezaba a llover. En los alrededores se levantaban los primeros ruidos nocturnos. La lluvia resonaba en las piedras porosas. El viento *gemía* en la

40   oscuridad.

Al acercarse a la ventana Sergio vio o creyó ver en lo que había sido el camposanto bolas de fuego que atravesaban entre las cruces rotas. Se escuchó *un trueno.* Un murciélago se *desprendió* del techo. Su aleteo repercutió sordamente en la bóveda.

Glosses (left margin):

to tear out by the roots
caerían
cracks
earthquake

collapse

temblor

punishments

prairie / hill

colina / descent / dragging ourselves

rubble / top

bees

saltpeter

thistles / scrubs / worm-eaten
beans / roturas

moaned

thunder / loosened

was shaking

escaparse / corrió

caído

ossuary

coffins / skulls

semioscuridad

the boiling

miedo

fell apart

rumbling

to hurl ourselves

revenge

*recobrar la conciencia /
aprisionada*

45   Echamos a correr por los pasillos y nos acercamos a la puerta de la escalera cuando oímos gritar a Sergio: todo su cuerpo se *estremecía* y únicamente acertaba a señalarnos una de las celdas. Lo tomamos por los brazos y ya sin esconder nuestro temor fuimos hasta la celda. Pero al entrar, Sergio logró *zafarse, huyó* por el corredor y nos dejó solos.

50   Nos dimos cuenta de que se había *derrumbado* una pared y llenos de espanto contemplamos el interior de una cripta o tal vez un *osario:* fragmentos de *ataúdes,* huesos deshechos, *calaveras.*

De pronto advertimos en la *semipenumbra* la túnica blanca de una mujer sentada en una silla de hierro. Un cuerpo momificado, intacto en su infinita 55 calma y su perpetua inmovilidad.

Sentí en cada arteria y en cada articulación el *bullir* helado del miedo. Temblando de *pavor* hice un esfuerzo y me acerqué al cadáver. Con tres dedos toqué la piel rugosa de la frente: bajo la mínima presión de mi tacto el cuerpo *se desmoronó,* se volvió polvo en el asiento de metal. Me pareció 60 que el mundo entero se deshacía junto con la cautiva del convento. Todo giraba ante mis ojos; *fragores* y estruendos llenaban la noche, los muros se dispersaban y caían al revelarse su secreto.

Entonces Guillermo me arrastró afuera de la celda y sin temor a *despeñarnos* huimos cuesta abajo a toda velocidad. En la entrada del pueblo 65 nos encontraron los hombres que Sergio había llamado en nuestra ayuda. Subieron al convento. Al volver afirmaron que se trataba de una cripta del 1800 con algunos restos pulverizados desde entonces. No había ningún cadáver: fue una alucinación, obra de nuestro miedo cuando la tormenta y la oscuridad nos sorprendieron en las ruinas, una tardía consecuencia del 70 sobresalto que a todos en el pueblo causó el temblor. No pude dormir. Mis padres permanecieron junto a mí. Los días siguientes, entre las personas que nos interrogaron, sólo el cura dio crédito al relato. Afirmó que se trataba de un crimen legendario en los anales del pueblo, una monstruosa *venganza* que se llevó a cabo en el siglo XVIII, pero de la cual nadie hasta 75 entonces había podido afirmar con certeza que fue verdad. El cadáver deshecho bajo mi tacto era el de una mujer sujeta a la acción de un tóxico inmovilizante, que al *volver en sí* se halló *emparedada* en una cripta tenebrosa, sin más compañía que los cadáveres y sin poder moverse de la silla en la que la encontramos doscientos años después.

80

Pasó el tiempo. No he regresado al pueblo ni he vuelto a ver a Sergio ni a Guillermo; pero cada temblor me llena de pánico pues siento que nuevamente la tierra devolverá a sus cuerpos y que será mi mano la que les dé el reposo, la otra muerte.

DESPUÉS DE LA LECTURA

Actividades

A. ¿Qué dice la lectura?

Conteste las siguientes preguntas.

1. ¿Quién es el narrador? ¿Qué edad debe tener durante la época del cuento? ¿Cómo imagina Ud. el lugar donde viven los protagonistas? ¿Cuáles son los elementos que producen miedo?
2. ¿Cuánto tiempo transcurre entre el principio y el final del cuento?
3. ¿Por qué cree Ud. que el protagonista tocó la frente de la mujer?
4. Diga qué función desempeñan los siguientes elementos: el murciélago, las abejas muertas, la silla de hierro y los frescos desdibujados.
5. ¿Qué significará «la otra muerte» en la oración final del cuento?

B. Puntos de vista

Considere con dos o tres compañeros las siguientes preguntas.

1. ¿Qué esperaba Ud. que hiciera Sergio después de zafarse de sus dos amigos? ¿Qué habría hecho Ud. en esta situación?
2. ¿Cómo se combinan la ficción y la realidad en este cuento? ¿Recuerdan Uds. algun cuento, leyenda o película similar al relato que han leído? Si es así, ¿cómo es?

PREPÁRESE A LEER

VOCABULARIO

Para hablar del poema

la fauce *mouth*
la harpía *harpy*
infame *infamous*
la jauría *pack (of hounds)*

el pedazo *piece*
porfiar *to wrangle*
la sepultura *grave*
el trance *moment*

¡A LEER!

EL AUTOR Y SU OBRA

José de Diego (1868–1918) escribió durante la dominación colonial de Puerto Rico por España. En 1898 la isla pasó a manos de los Estados Unidos como resultado de la guerra con España. Actualmente Puerto Rico es un Estado Libre Asociado a los Estados Unidos de Norteamérica.

El poema «Quia nominor leo» que Ud. va a leer a continuación es un soneto, una de las formas más clásicas de la poesía con una estructura fija (dos cuartetos y dos tercetos: catorce versos). Mientras Ud. lee, piense en las razones que tendría el poeta para combinar una forma tradicional (el soneto) y un contenido de rebelión.

Quia nominor leo   José de Diego

	Tras vuestro sonreír veo la oscura
capture	fauce insaciable que la *presa* espía,
fang	el *colmillo* voraz, la lengua harpía
	cuchillo de traición y de impostura.
fearlessness	5 El noble *arrojo* y la leal bravura
	os falta de la intrepida jauría,
	y sólo habéis la infame cobardía
	de la hiena en la santa sepultura.
bitterness	El trance ya pasó de la *amargura*
	10 en que un pedazo de la carne mía
fullness, gluttony	entregué desdeñoso a vuestra *hartura*…
struggle	Y ahora tened cuidado en la *porfía*,
	que conservo una pierna fuerte y dura
	y el zapato de la otra todavía.

El Yunque, Puerto Rico

DESPUÉS DE LA LECTURA

Actividad

¿Qué dice la lectura?

Conteste Ud. las siguientes preguntas.

1. ¿A quién se puede estar dirigiendo el poeta?

2. El odio del poeta se trasluce en el uso de una serie de palabras que aluden al mundo animal. Pero José de Diego usa estas palabras refiriéndose a seres humanos. ¿Puede Ud. identificar estos términos?

3 A pesar de que el «yo» poético aparece malherido, hay un desafío e ironía en el poema. ¿Puede Ud. identificar las frases irónicas de este texto?

4. Actualmente, ¿a qué pueblo(s) podría dirigirse este poema?

Lección 9

Plaza de Toros
MADRID TOREMA
LAS VENTAS

LA CORRIDA DE HOY

Miércoles, 15 de Agosto de 1990

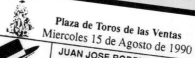

Plaza de Toros de las Ventas
Miércoles 15 de Agosto de 1990

JUAN JOSE RODRIGUEZ
AUXILIADORES
Joaquín Conceicao, verde y plata.
Manuel Dorado, verde y oro
SOBRESALIENTE
Pedro Luis Heredia, verde y oro

PACO ALCALDE
PICADORES
Manuel Gómez, Blanco y oro
Tomás Sánchez, verde y oro
BANDERILLEROS
Enrique Pérez "Paco Lucena", verde y azabache
Juan Buquerín, azul y plata
Joselito Calderón, fresa y plata

EL BONI
PICADORES
Antonio Vallejo "Pimpi", verde y oro
José Luis María, azul y oro
BANDERILLEROS
José Eugenio Pérez, grana y negro
Luis Miguel Villalpando, azul y plata
Brígido Perea, rosa y negro

PEPE LUIS MARTIN
PICADORES
Diego Mazo, corinto y oro
Manuel Molina, grana y oro.
BANDERILLEROS
Rafael Rodriguez, verde y negro.
José Castilla, blanco y azabache
Victoriano Rodríguez "el Victor", caña y plata

Los Toros
Hernandez Pla

Orden Lidia	NUM.	NOMBRE	CAPA	Peso	Nacido en
1*	147	SULTANATO	Neg. Brag.Meano		
2	11	CARIÑOSO	Cardeno	512	5-85
3	5	LAMPARILLA	Cardeno	527	12-85
4	9	BATALLON	Cardeno	517	12-85
5 **	80	CASERO	Negro.	419	12-85
6 ***	7	FUSILERO	Negro.	569	1-86
7	6	ESCRIBANO	Cardeno	541	1-86
Sob. R	4	MORENO	Negro.	535	12-85
Sob.	17	ROSCAO	Negro. Brag.	509	4-86
				505	9-85

* Ganadería: (Sob   R). Hnos. Santamaria.   (Sob). Viuda de Alicio Tabernero.
1.* Alcurrucén. 5 ** Martínez Benavides. 6 *** Peñajara.

Fiestas y tradiciones

PRIMEROS PASOS

Si Uds. van de turismo a España, es muy posible que sientan la tentación de ir a una corrida de toros, uno de los espectáculos más tradicionales y que atrae al público de todo el mundo.

Actividad

La corrida de hoy

Con un(a) compañero(a) de clase, observe con atención el programa de la corrida que, con motivo de la festividad de la Virgen de la Paloma, se ofreció a la afición madrileña. Comenten el programa y contesten las siguientes preguntas.

1. ¿Cuándo se llevó a cabo la corrida de toros? ¿Dónde?

2. ¿Cuántos y quiénes fueron los toreros que participaron en la corrida de toros?

3. Según el programa, ¿cuántos toros se lidiaron esa tarde? ¿Cuántos kilos pesaba el toro Sultanato? ¿Cuál de los toros que se lidió esa tarde fue el más pesado? ¿En qué año nació la mayoría de los toros? ¿Cuántos años de vida tenían los toros el día de la corrida?

PREPÁRESE A LEER

Actividad

¡Charlemos!

Pregúntele a su compañero(a).

1. Si fueras a España, ¿te gustaría ir a una corrida de toros? ¿Por qué sí o por qué no?

2. ¿Qué aspectos de la corrida crees que pueden atraer al público aficionado?

3. ¿Conoces otros espectáculos en los que las personas, por deporte o por diversión, ponen en peligro sus vidas? ¿Cuáles? ¿Qué piensas de ellos?

VOCABULARIO

Para hablar de la fiesta de San Fermín

la corrida *bullfight*
  arder *to burn*
  desviarse de su recorrido *to swerve out of their route*
  encender el cohete *to light the fireworks*
  estallar *to break out*
  extenderse como un relámpago *to spread out like lightning*
  lidiar los toros *to fight bulls*
  vigilar las esquinas *to watch the corners*

la feria *fair*
  tener siglos de antigüedad *to be centuries old*
el (la) forastero(a) *stranger*
  divertirse con todas las ganas *to enjoy completely*
  gritar; el grito *to yell; the yell*
  pasar emoción y miedo *to feel emotion and fear*
la plaza de toros *bullring*

Expresiones

dar comienzo a *to start*
de sobra *extra*

tardar en *to delay, to take time*

¿Sabía Ud. que...?

Pamplona es una ciudad que está situada en el norte de España y es capital de la provincia de Navarra.

Las fiestas de San Fermín comienzan el 6 de julio y duran una semana. Todos los festejos son en honor de San Fermín, patrono de la ciudad de Pamplona.

El chupinazo es el primer cohete que se enciende para dar comienzo a las fiestas.

Ernest Hemingway (1899–1961) fue un novelista norteamericano que ganó el Premio Nóbel de Literatura en 1954. Como periodista tuvo una vida de muchas aventuras y participó en varios conflictos, entre ellos la Guerra Civil en España y la Segunda Guerra Mundial. Su vida de aventuras en España está reflejada en sus narraciones *The Sun Also Rises* (1926) y *Por quién doblan las campanas* (1940).

Iruña es el nombre vasco de la ciudad de Pamplona.

Los sanfermines son servicios religiosos, fiestas, corridas y encierros para celebrar a San Fermín, santo patrón de Pamplona.

El encierro es el traslado de los toros del corral al lugar de la corrida. Los toros atraviesan las calles y plazas de Pamplona acompañados por los ciudadanos y los turistas que participan en este gran acontecimiento.

El chacolí es un vino vasco con un altísimo grado de alcohol que contribuye bastante al alboroto de los sanfermines.

¡A LEER!

Ud. va a leer un artículo de Carlos Carnicero que apareció en la revista española *Cambio 16.* Es un relato de la fiesta de San Fermín, desde sus orígenes hasta los tiempos modernos. Mientras Ud. lee, hágase estas cuatro preguntas: el ¿qué? ¿cuándo? ¿cómo? y ¿por qué? de esta tradicional fiesta española.

El chupinazo   Carlos Carnicero

S
eis de julio a las doce en punto del mediodía. Pamplona arde en fiestas. Por primera vez una mujer enciende el cohete que dará comienzo a las fiestas de San Fermín. La *pólvora* comienza a arder y en fracciones de segundo; con el seco ruido del chupinazo nace un grito en miles de gar-
5 gantas: «Viva San Fermín». La fiesta «estalla» como escribía Ernesto Hemingway. No hay otro modo de expresar lo que sucede a continuación y que se extiende como un relámpago hasta los últimos rincones de la vieja Iruña.

    Durante los siete días que duran los sanfermines nadie será extranjero
10 en Pamplona. Todos se convertirán en protagonistas de una de las últimas grandes fiestas que quedan en el mundo. Desde el chupinazo hasta que al final se cante el «Pobre de mi…así se acaba la fiesta de San Fermín», el pueblo en la calle ejerce de autoridad y se divierte *con todas las ganas* hasta quedar exhausto.

15   Los sanfermines son encierros y corridas, rituales y diversiones que no tienen mucho tiempo, aunque la feria en sí tenga más de cinco siglos de antigüedad.

    El encierro comenzó siendo una simple *maniobra* casi obligatoria y no una fiesta. Era la única forma de trasladar los toros desde la *dehesa* al lugar
20 de la corrida que, en Pamplona, era la Plaza del Castillo.

    Los días de corrida, un *regidor* a caballo guiaba la *manada de reses* bravas, ayudado por otras personas que iban a pie *azuzándolas* para que se dieran prisa y no se espantaran. Los vecinos, con palos en la mano, tenían la tarea de vigilar las esquinas de las calles para evitar que los toros se *desviaran de*
25 *su recorrido.*

    Hace algo más de un siglo desapareció el regidor a caballo y el pueblo comenzó a tener mayor participación en la tarea. No tardaría en encontrár-sele el aspecto festivo y deportivo que escandalizó a algunas autoridades. Los jóvenes comenzaron a correr delante de los toros tratando de ser los
30 primeros en llegar a la plaza. Hubo intentos de prohibir la corrida durante el siglo pasado. En 1861 las autoridades *advirtieron* que la toleraban «aunque la razón pública, la moral y hasta la humanidad reprueben de común esa costumbre …» Seis años más tarde se realizó el primer encierro similar al actual en su recorrido completo, prohibiendo la presencia de
35 niños, mujeres y ancianos. Los *corredores,* que eran muy pocos a comienzos de siglo, hoy son excesivos y constituyen un gran peligro. Porque peligro hay, y de sobra, en las corridas.

Glosses (margin):

gunpowder (line 3)

con mucho entusiasmo (line 13)

operación (line 18)
pasture (line 19)

administrador / herd of cattle (line 21)
incitándolas (line 22)

wander off their route (line 24)

anunciaron (line 31)

runners (line 35)

bruises

Doce personas han pagado con su vida el entusiasmo por correr delante de los toros en San Fermín desde el año 1924 y un número incontable de
40 valientes jóvenes han tenido la suerte de salir de los encierros con unas cuantas *magulladuras*. Sin embargo, los accidentados son relativamente pocos si se toma en cuenta que miles de personas corren cada año. Un San Fermín sin encierro ni corridas seria inconcebible.

En Pamplona estalla la fiesta y no hay quien la controle. Se la celebra
45 por calles y plazas, con una dinámica que consigue que vecinos y forasteros madruguen para divertirse, pasando emoción y miedo con el espectáculo del encierro. En Pamplona siempre hay sitio para más gente.

Un San Fermín sin encierro ni corridas sería inconcebible.

Canción tradicional de los Sanfermines

Uno de enero, dos de febrero, tres de marzo, cuatro de abril, cinco de mayo, seis de junio, siete de julio, ¡San Fermín!

A Pamplona hemos de ir, con una boina, con una boina; a Pamplona hemos de ir, con una boina y un calcetín.

5 Tenemos un defecto, tenemos un defecto, tenemos un defecto, que nos gusta el chacolí.

DESPUÉS DE LA LECTURA

Actividades

A. ¿Qué dice la lectura?

Complete las siguientes oraciones.

1. Las fiestas de _____ se celebran en _____.
2. El día _____, a las _____ se enciende _____.
3. Las fiestas duran _____ días.
4. En las fiestas los _____ no pueden correr delante de _____.
5. Los accidentes son relativamente pocos si se tiene en cuenta que _____.

B. ¡Charlemos!

Conteste las siguientes preguntas.

1. ¿Quién es San Fermín? ¿Qué son los sanfermines?
2. ¿Qué sucede en Pamplona cuando se oye el ruido del primer chupinazo? ¿Cuántos días duran los festejos?
3. ¿Qué es el encierro y cómo comenzó?
4. ¿Qué aspecto deportivo y festivo del encierro dio lugar a que se escandalizaran algunas autoridades?
5. ¿Cuántas personas han muerto en los encierros desde el año 1924? ¿Le parece un número muy elevado?
6. ¿Cree Ud. que correr por las calles delante de animales tan peligrosos puede llamarse un deporte? ¿Por qué?

C. Más allá de la lectura

Explique la diferencia entre…

1. un cohete y un relámpago.
2. arder, encender y estallar.
3. la corrida y la feria.

D. Creación

Prepare un informe oral o escrito sobre alguna fiesta tradicional que le llame la atención.

PREPÁRESE A LEER

Actividad

¡Charlemos!

1. ¿Cómo se celebra el Año Nuevo en su casa? ¿Qué se hace tradicionalmente el 31 de diciembre y el primero de enero?
2. ¿Qué le gustaría hacer este año durante las vacaciones de fin de año? ¿Con quién le gustaría pasar las fiestas?
3. ¿Podría contar a la clase una gran celebración que tuvo con su familia y que Ud. siempre recordará? ¿Cuál fue la ocasión? ¿Quiénes asistieron?

VOCABULARIO

Para hablar de la llegada del Año Nuevo

brindar por/con los amigos *to toast (with) one's friends*

chocar las copas *to clink glasses together*
gozar de *to enjoy*
la paz *peace*
el signo de buena suerte *sign of good luck*
el sonar de las campanadas *the ringing of the bells*

sonreírle (a uno) la dicha *to have good fortune*

la vista *eyesight*
el tacto *touch*
el olfato *smell*
el gusto *taste*
el oído *hearing*

¡A LEER!

El siguiente artículo de Manuel Amat apareció en la revista española *Destino*. En él se menciona una serie de diferentes tradiciones para celebrar el Año Nuevo. Mientras Ud. lee, piense en otras posibles manifestaciones de amistad y alegría que se acostumbran hacer en las fiestas.

Cuando suenan las doce campanadas Manuel Amat

¿Cómo se celebra el Año Nuevo por todo el mundo?

one grape

En España es costumbre comer *un grano de uva* al sonar cada una de las campanadas de medianoche.

steps

En Bolivia se suben doce *escalones,* símbolo de los meses del año. Esta
5 marcha ascendente representa la prosperidad en el futuro.

City Hall

En Portugal, en una de sus pequeñas ciudades, el *Ayuntamiento* abre un

cask

tonel de vino el día primero de enero. Cada vecino tiene derecho a un vaso lleno de él. «Con esto tiene para calentarse en la entrada del año —dice la tradición—, sin que pierda el equilibrio».

10   En toda Francia el ver en ese día a un marino es signo de buena suerte.

mistletoe

En Bretaña el primer muchacho que vuelve del bosque con una rama de *muérdago* tiene derecho a besar durante todo el día a las chicas que pasen por delante de su puerta.

fireman on duty

En París los artistas besan al *bombero de servicio* el primero de enero, gesto 15 que tiene buena suerte.

pudding

En Dinamarca, en el *budín* de la cena de fin de año se mete una almendra. Al que le corresponda al partirlo, se espera que goce de un mes de enero excepcional.

bebida / cider

En Irlanda se brinda por los amigos la noche del 31 de diciembre, be-20 biendo un *«lamb's wool»*, curioso *brebaje* hecho de leche y *sidra*.

En el Japón todos los bancos están abiertos el día 31 hasta medianoche, porque no se puede esperar que le sonría a uno la dicha si se tiene alguna deuda.

En China se decora todo de amarillo el día de la entrada del año, porque 25 se considera que éste es el color de la alegría, de la luz y de la paz.

En todos los países en que se da el muérdago, la gente se besa bajo sus ramas siempre que el corazón se sienta alegre.

DESPUÉS DE LA LECTURA

Actividades

A. Verdadero o falso

Si es falso, diga por qué.

1. V _____ F _____ En España y en Bolivia el número doce es importante en la celebración del Año Nuevo: es símbolo de los meses del año.

2. V _____ F _____ En Portugal y en Irlanda se celebra con bebidas especiales.

3. V _____ F _____ Al que le toca la almendra del budín de la cena en Dinamarca tendrá buena suerte durante el primer mes del año.

4. V _____ F _____ En China se decora todo de verde, color de la vida.

5. V _____ F _____ En todos los países donde existe el muérdago, la gente celebra el año nuevo besándose bajo sus ramas.

B. ¡Charlemos!

Con un(a) compañero(a) de clase, hable sobre las grandes fiestas, teniendo en cuenta lo siguiente.

1. ¿En qué ocasiones les gusta brindar con los amigos? ¿con sus padres? ¿con su novio(a)?

2. Cuando se desea a alguien «prosperidad en el futuro», ¿qué se quiere decir verdaderamente?

3. ¿Podrían relatar una ocasión en la que Uds. se sintieron verdaderamente alegres y felices?

4. ¿Cuál sería para Uds. un signo de buena suerte? ¿y un signo de mala suerte?

5. ¿Qué sentimientos especiales les trae el repicar de las campanas?

C. Asociaciones

Se dice que al chocar las copas en el Año Nuevo, los cumpleaños y los aniversarios se usan los cinco sentidos. Con su compañero(a), ¿podría Ud. emparejar cada uno de los sentidos con el gesto o actividad correspondiente?

A	*B*
1. la vista	a. al beber el contenido de la copa
2. el tacto	b. al mirar la copa
3. el olfato	c. Al chocar la copa se produce la música de los cristales.
4. el gusto	d. al coger la copa
5. el oído	e. Al acercar la copa a los labios, percibimos el aroma del licor.

Situación

¡Feliz Año Nuevo!

La clase se divide en tres o cuatro grupos. Cada grupo se encuentra en un país diferente. En este momento están esperando que el reloj marque el Año Nuevo. Suenan las doce campanadas. ¿Qué hacen? ¿Qué dicen? ¿Qué tradición siguen?

PREPÁRESE A LEER

Actividad

¡Charlemos!

1. Cuéntele a su compañero(a): (a) cuál es la fiesta más tradicional de la ciudad en la que ha crecido, (b) cómo se celebra la fiesta y (c) a qué se debe esa tradición.

2. Si alguno(a) de Uds. conoce la historia de la fundación de una de las ciudades hispanas en los Estados Unidos (Santa Fe, San Francisco, Los Ángeles, San Agustín, etc.), cuéntela a la clase.

VOCABULARIO

Para hablar de la fiesta de la plata y su tradición

el (la) artesano(a) *artisan*
el barranco *cliff*
las calles empinadas *steep streets*

la ciudad *city*
adquirir fama *to acquire fame*
poblarse *to become populated*

el (la) **jinete** *rider*
   dar cuenta del hallazgo *to report the find*
   enderezarse *to right oneself*
   estrellarse *to crash*
   montar/ir a caballo *to ride a horse*
   pasar el susto *to get over the fright*
   sacudir *to shake (off)*
   tropezar *to stumble*

el paisaje *landscape*
la platería *silversmith's shop*
el taller *shop*
los techos de tejas *tile roofs*
el terreno escarpado *steep terrain*
el yacimiento de plata *silver deposit*

¿Sabía Ud. que...?

El atolito de ciruela es una bebida tradicional mexicana hecha de maíz molido.

Los jumiles son pequeños insectos de sabor picante y perfumado que se encuentran alrededor de los árboles llamados encinas.

¡A LEER!

Ahora le toca a Ud. leer un relato sobre el origen de la tradición platera de la ciudad de Taxco en México. Taxco se encuentra a 185 km de la Ciudad de México por la supercarretera México–Cuernavaca–Acapulco. El artículo fue publicado por la Compañía Mexicana de Aviación en la revista *Caminos del aire*. Al leer el relato, piense en algunas tradiciones parecidas a ésta que Ud. oyó o leyó anteriormente.

En Taxco cada casa es un taller y todos viven de la plata.

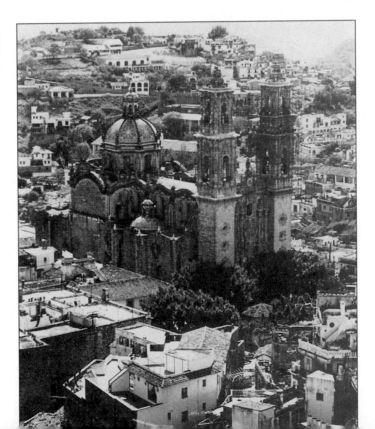

Tradiciones: La fiesta de la plata   Alejandra Sosa

U n hombre va tranquilamente a caballo disfrutando del abrupto y hermoso paisaje y tal vez pensando en llegar a desayunar un típico atolito de ciruela. De pronto ¡zas! su *montura* tropieza y él va a estrellarse en un *hueco* del suelo.

5   Cuando por fin deja de ver estrellitas, se da cuenta de que cayó sobre lo que parece ser — y es — una mina de plata. Se endereza, se sacude y luego de hacer como que no pasó nada — como hacen casi todos los que se caen — se va a toda prisa a tomar una copita de vino de uvas *silvestres* de la región, a fin de que se le pase el susto, otra copita para la emoción y
10   después a *dar cuenta del hallazgo* y buscar los medios para explotarlo.

Como esas cosas siempre se saben, pronto corre la voz y otros llegan, *ni tardos ni perezosos,* a descubrir y explotar nuevos yacimientos. El lugar prospera, adquiere fama y sus escarpados terrenos comienzan a poblarse de casitas blancas con techos de tejas rojas.

15   Por su parte el jinete se vuelve un minero millonario, se construye un palacio y, como muestra de agradecimiento, manda edificar un hermoso templo churrigueresco en el sitio mismo en que lo tiró el caballo, dedicándoselo a Prisca, su santa favorita.

Casi un siglo después, llega a establecerse a ese mismo lugar un aven-
20   turero y solitario profesor de una universidad de Louisiana. Su nombre era William Spratling y está deseoso de encontrar la tranquilidad suficiente para escribir un libro. Pronto le llaman la atención las posibilidades creativas de la plata y, olvidándose de sus propósitos iniciales, reúne a un grupo de artesanos y funda un taller que no tarda en crecer y crear fama y
25   escuela.

Cada casa, un taller

En Taxco cada casa es un taller y todos viven de la plata. Son miles los artesanos — algunos verdaderos talentos — que siguen la tradición que heredaron de sus abuelos. Se calcula que hay más de 8.000 artesanos. La
30   mayoría vive en lo alto de las montañas y trabaja en su hogar con toda su familia. Todos trabajan, desde el abuelo hasta el niño. En su mayoría los artesanos taxquenses acostumbran trabajar toda la semana en su pequeño taller y después bajan al centro de la ciudad para ofrecer su mercancía a las platerías.

35   Taxco es una bellísima ciudad entre verdes barrancas y sus habitantes están orgullosos de vivir y trabajar en ese lugar. El día 18 de enero, día de Santa Prisca, en un ambiente de música y fuegos artificiales, se puede recordar al afortunado minero, comprar algún recuerdito de plata, comerse un taquito de jumiles y subir y bajar las empinadas calles de la que proba-
40   blemente es una de las más hermosas ciudades coloniales de México: Taxco.

mount
hole

wild

contar lo que encontró

todos listos y dispuestos

DESPUÉS DE LA LECTURA

Actividad

¿Qué dice la lectura?

Formen grupos de cuatro estudiantes. Con sus propias palabras, relaten entre Uds. uno de los siguientes aspectos de la lectura.

ESTUDIANTE A: la historia del jinete que descubrió la primera mina de plata en Taxco
ESTUDIANTE B: la llegada de William Spratling a Taxco
ESTUDIANTE C: los talleres y los artesanos de Taxco
ESTUDIANTE D: la fiesta de Santa Prisca

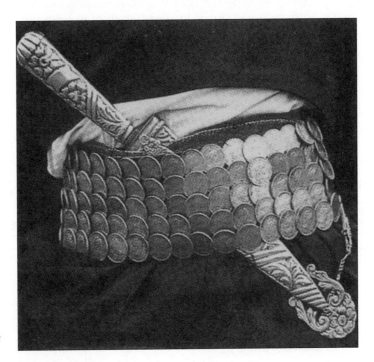

Rastra de plata

Situación

¡A vender!

Ud. trabaja para Artesanías El Zipa en la ciudad de Bogotá, Colombia. Un grupo de turistas (los estudiantes de la clase) se presentan para comprar esmeraldas, piedras preciosas, artículos de oro y plata. ¡Atiéndalos!

PREPÁRESE A LEER

Actividad

¡Charlemos!

1. ¿Cómo celebra Ud. el día de *Halloween?* ¿Qué sabe Ud. de la tradición europea de la danza macabra o danza de la muerte como género folklórico, pictórico o literario? ¿Cómo relacionaría Ud. esta tradición con las celebraciones de México y otros países hispanos? ¿Ha visto Ud. alguna vez en las grandes puertas de las iglesias la figura del esqueleto entre los vivos? ¿Qué propósito podría tener la presentación de un esqueleto entre los vivos?

2. ¿Qué opina Ud. de la comercialización de *Halloween* en los Estados Unidos? ¿Es mayor o menor que la comercialización de otros días festivos como la Navidad o el Día de los Enamorados? Explique su respuesta.

VOCABULARIO

Para hablar del Día de los Muertos

acudir al cementerio *to go to the cemetery*
adornar una mesa *to decorate a table*
aprovecharse de *to take advantage of*
brindar la oportunidad *to offer an opportunity*
burlarse de; la burla *to make fun of; joke*
la calavera *skull*
la conducta popular *popular behavior*
despreciar; el desprecio *to despise; contempt*

el (la) difunto(a) *dead person*
el epitafio *epitaph*
el esqueleto *skeleton*
hacer pedazos *to chop to pieces, to shatter*
el hueso *bone*
la muerte *death*
la tumba *tomb*

Práctica

Asociaciones

Ud. encontrará las siguientes palabras en la lectura. Diga cuál no pertenece al grupo y por qué.

1. la tumba, el difunto, la burla, la calavera, el epitafio
2. obsequiar, dar, regalar, otorgar, recordar
3. la caricatura, la imagen, la fotografía, el hueso, el retrato
4. valeroso, angustiado, preocupado, triste
5. la celebración, la costumbre, la fiesta, el homenaje

El General Porfirio Díaz (1830–1915) fue un político mexicano que se distinguió en la batalla del 5 de mayo en la que resultaron derrotados los franceses. Fue presidente de la República de 1877 a 1880 y de 1884 a 1911, fecha en que fue depuesto por la revolución triunfante que encabezó Francisco I. Madero.

Maximiliano de Habsburgo (1832–1867) fue emperador de México. Nieto del emperador de Austria Francisco I, fue amigo del emperador Napoleón III de Francia, quien, como resultado de la política francesa en México, le ofreció la corona del imperio mexicano recién creado. Maximiliano aceptó el ofrecimiento y llegó a la capital en junio de 1864. Los mexicanos, que no aceptaban la intervención extranjera, lucharon bajo las órdenes de Benito Juárez y las tropas francesas tuvieron que retirase. Maximiliano fue condenado a muerte y fusilado el 19 de junio de 1867.

José Guadalupe Posada (1851–1913) fue un grabador extraordinario que captó en imágenes el sentir del pueblo mexicano. Gran enemigo de Porfirio Díaz, sus grabados muestran con orgullo la figura de Francisco I. Madero y con dolor los horrores de la revolución mexicana. La serie más famosa de sus grabados son las *Calaveras.* Expresan las advertencias de las danzas macabras de la Edad Media, pero como característica mexicana, el esqueleto ha ido perdiendo su aspecto trágico y se presenta como un hermano y amigo que quiere darnos una lección.

El corrido es un género épico-lírico-narrativo que cuenta sucesos dolorosos. Deriva del romance castellano y de las canciones populares. El corrido en México se ha conservado y transmitido de boca en boca y ha salido de sus fronteras. En algunos lugares de los Estados Unidos el corrido se encuentra vivo como manifestación de nuevos tipos de romances que muestran características locales.

¡A LEER!

La muerte vista por el mexicano de hoy
Luis Alberto Vargas

¿A dónde irán los muertos?
¡Quién sabe a dónde irán!
—Canción popular

El mexicano de hoy sigue angustiado ante la perspectiva de morir, como toda la humanidad, pero a diferencia de otros pueblos, no se esconde ante la muerte, sino que vive con ella, la hace objeto de burlas y juegos e intenta olvidarla transformándola en algo familiar. Sin embargo, todo este

esconde, oculta

5 juego *encubre* un respeto absoluto hacia la muerte que determina en gran parte la conducta popular.

Esta actitud se manifiesta en muy diversas formas actualmente y si bien todo el año le brinda al mexicano oportunidad para temer a la muerte despreciándola, nunca lo hace con tanto afán como el 1 de noviembre, festivi-

faithful

10 dad que la iglesia católica dedica a los *fieles* difuntos y que en México ha perdido nombre tan solemne para transformarse en el Día de los Muertos. En esta fecha, todos los habitantes del país tienen la obligación moral de dirigirse a los cementerios para visitar a «sus» muertos y dejarles un recuerdo sobre la tumba. Se aprovecha la ocasión para «pasar el día» con

15 los desaparecidos y toda la familia acude llevando alimentos y bebidas al

homage

cementerio. En muchas ocasiones, parte del *homenaje* a los muertos se hace en casa, adornando una mesa en forma especial que se ofrece en honor al muerto; en ella se colocan objetos del gusto del difunto: una botella con su

deck of cards

bebida favorita, una *baraja* si era jugador, etc. Con frecuencia todo esto está

20 delante de la fotografía del desaparecido.

alrededor de

El Día de los Muertos resulta en una serie de actitudes festivas *en torno a* la muerte. A los niños se les compra juguetes con imágenes de ella, como

by pulling a thread

calaveras de *papier mâché* o esqueletos articulados que bailan *al jalar un hilo*. Sin embargo, la forma generalizada para la celebración de esta fecha es «las

25 calaveras», tradición que consiste en escribir los epitafios humorísticos de familiares o de personajes célebres y que son hechos en el hogar o bien que

printed

circulan en forma *impresa* y adornadas con caricaturas con fisonomía de esqueleto. Un ejemplo es el verso dedicado al General Porfirio Díaz, que fue durante muchos años Presidente de México.

30   Es calavera el inglés,
        calavera el italiano,
        lo mismo Maximiliano;
        y el Pontífice romano
        y todos los cardenales,

advisors

35   reyes, duques, *concejales*
        y el jefe de la Nación
        en la tumba son iguales:

heap

        calaveras del *montón*.

La época de oro de este género de poesía y gráfica popular fue la

de Porfirio Díaz

40 *porfirista;* su representante gráfico más destacado fue indudablemente José Guadalupe Posada, quien dejó imágenes de calaveras que se han hecho clásicas y que tienen un notable mérito artístico.

La comida del Día de los Muertos tiene un significado ritual y es elaborada

display of talent

con anticipación y reverencia, pero el *derroche de habilidad* se manifiesta en

45 las famosas calaveras hechas de azúcar que llevan en la frente el nombre del amigo a quien se obsequian. El «pan de muertos» es exclusivo de esta fecha y tiene muy variadas formas, desde la de un cuerpo humano o hue-

dotted with sesame seeds / sprinkles / little balls

sos, hasta la de una especie de montaña *salpicada con ajonjolí*, azúcar y *grajeas* y adornada con *bolas* del mismo pan.

executions

50 La muerte es también tema frecuente de las canciones mexicanas, particularmente de los corridos, en los que se relatan catástrofes, *fusilamientos*,

aventuras de hombres valerosos o cualquier otro suceso notable. En boca del general revolucionario Felipe Ángeles, antes de ser fusilado, se ponen
55 las siguientes palabras:

> Y aquí está mi corazón
> para que lo hagan pedazos
> porque me sobra valor
> para recibir *balazos.*

gunshots

60   Igualmente son muy conocidas las frases «la vida no vale nada» y «si me han de matar mañana, que me maten de una vez», que provienen de canciones mexicanas y que resumen ese aparente desprecio al morir.

Pero la indiferencia aparente ante la muerte no queda sólo en el plano de las actividades populares, sino impresa en el plano de la Ciudad de
65 México, ya que éste es uno de los pocos sitios donde se puede vivir en la *calzada* del Hueso, trabajar cerca de la *Barranca del Muerto* y beber una copa en la cantina «La Calavera».

avenida / calle de la Ciudad de México

DESPUÉS DE LA LECTURA

Actividades

A. ¿Qué dice la lectura?

Conteste las siguientes preguntas.

1. ¿En qué se diferencia el mexicano de las personas de otros países en la actitud ante la muerte?
2. ¿Cómo son las ceremonias del Día de los Muertos en el cementerio? ¿y las ceremonias en la casa?
3. ¿Qué reciben los niños el Día de los Muertos?
4. ¿Podría Ud. explicar lo que son «las calaveras»?
5. ¿Quién es José Guadalupe Posada y por qué se hizo famoso?
6. ¿Qué características tienen el «pan de muertos» y las calaveras hechas de azúcar?
7. ¿Qué resumen las canciones mexicanas que hablan de la muerte?
8. ¿Se puede sentir en la Ciudad de México la indiferencia aparente ante la muerte? ¿Dónde?
9. ¿Qué semejanzas y diferencias puede ver Ud. entre *Halloween* y el Día de los Muertos en México?

Gran fandango y francachela de todas las calaveras (Grabado satírico del mexicano José Guadalupe Posada)

B. Puntos de vista

revel

1. Con un(a) compañero(a), observe el grabado «Gran fandango y *francachela* de todas las calaveras» de Posada. Después haga sus propios comentarios.

2. En el artículo se menciona que Posada dejó imágenes de calaveras que se han hecho clásicas. ¿Por qué dirían Uds. que son clásicas? ¿Cuál sería el mérito artístico de las calaveras si tenemos en cuenta que la época de oro de este género gráfico fue al comienzo de la revolución mexicana (1910)?

C. Creación

Con un(a) compañero(a) de clase, escriba un epitafio humorístico a la manera mexicana y sométalo a un concurso de «Calaveras» en la clase. Los tres mejores epitafios serán seleccionados por un comité formado por los estudiantes.

PREPÁRESE A LEER

Actividades

A. ¡Charlemos!

Pregúntele a su compañero(a) éstas y otras preguntas sobre héroes y leyendas.

1. ¿Conoces alguna leyenda regional de este país? ¿Cuál?
2. ¿A qué héroes admiras? ¿Qué piensas de los héroes del cine y de la televisión?
3. ¿Por qué crees que el Superhombre es tan popular entre los niños? ¿y entre la gente mayor?
4. ¿Cuál es tu héroe del cine y de la televisión?

B. Puntos de vista

Trabaje con un(a) compañero(a) de clase. Observen la foto de la Alhambra y comenten lo que ven.

1. Si han visitado u oído hablar de este célebre palacio de los reyes moros en Granada, digan qué saben y cómo es.
2. Si han visitado u oído hablar del Generalife, que es el nombre de los hermosos jardines que se encuentran en la Alhambra, comenten lo que han visto o saben.
3. Si han visitado otros palacios o grandes mansiones hablen y den sus opiniones sobre este tipo de construcciones.

La Alhambra fue la regia morada de los monarcas moros.

Situación

¿Qué tal fue tu visita?

Su compañero(a) de clase acaba de llegar de España y, como recuerdo de la Alhambra y el Generalife, conserva el billete de su visita a los históricos palacios emitido por la Junta de Andalucía. Pregúntele la siguiente información que se encuentra en el billete de entrada de abajo.

1. Con un billete, ¿cuántas veces se puede entrar a la Alhambra y al Generalife? Si uno no tiene tiempo para visitar todo lo que quiere, ¿cuándo se puede visitar los lugares no visitados?
2. Con ese billete, ¿a qué hora se puede visitar el palacio?
3. ¿Cuánto cuesta la visita a la Alhambra y al Generalife?
4. ¿Cuáles son algunas de las normas para visitar el palacio?
5. ¿Se pueden sacar fotografías del lugar? ¿Dónde se puede comer?

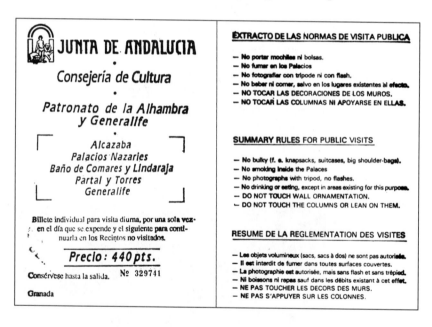

VOCABULARIO

Para hablar del Palacio de la Alhambra

el (la) albañil *bricklayer, mason*
en torno *around*
tosco *coarse, rough*
la fortaleza *fortress*
la muralla *outer wall*
el rey moro *Moorish king*

construir fuentes *to build fountains*
derramar prosperidades *to spread prosperity*
fomentar la cría de caballos *to encourage horse breeding*
reinar *to rule*
la torre *tower*

¿Sabía Ud. que...?

Alhambra significa en árabe «palacio rojo», nombre que justifican los tejados y azulejos rojos del exterior del palacio.

Caaba es un pequeño edificio cúbico, santuario de la principal mezquita de La Meca.

Héjira es la era de los mahometanos que empieza el 16 de julio del año cristiano 622, día de la salida de Mahoma de la Meca.

Mohamed   Durante la dominación de los árabes en España, muchos soberanos llevaron el nombre de Mohamed, entre ellos, Mohamed Ibn Abd'allah, quién comenzó la construcción del palacio de la Alhambra.

¡A LEER!

EL AUTOR Y SU OBRA

Washington Irving (1783–1859), escritor norteamericano, es uno de los creadores de la literatura nacional en los Estados Unidos. Vivió varios años en Europa. A Irving siempre le encantaron las historias románticas. Durante los tres años que pasó en España, coleccionó muchas leyendas y visitó lugares históricos. En Andalucía se inspiró para escribir *Cuentos de la Alhambra*. La siguiente lectura, «Visiones de la Alhambra», pertenece a esa colección. A este escritor se le deben también *Vida y viajes de Cristóbal Colón, Viajes de los compañeros de Colón* y *Conquista de Granada*.

Mientras Ud. lee «Visiones de la Alhambra», hágase las siguientes preguntas.

1. ¿Qué es la Alhambra y cuándo fue construida?
2. ¿Quién fue el rey moro y qué hizo durante su reinado?

Visiones de la Alhambra Washington Irving

lleno

Para el viajero *imbuido* de sentimiento por lo histórico y lo poético, tan inseparablemente unidos en los anales de la romántica España, es la Alhambra objeto de devoción como lo es la Caaba para todos los creyentes musulmanes. ¡Cuántas leyendas y tradiciones, ciertas y fabulosas;
5 cuántas canciones y baladas, árabes y españolas, de amor, de guerra y de

knights' battles / palacio

lides caballerescas, van unidas a este palacio oriental! Fue la *regia morada* de los monarcas moros, donde, rodeados del esplendor y refinamiento típicos del lujo asiático, ejercían su dominio sobre lo que ellos consideraban un

lugar de defensa

paraíso terrestre y del que hicieron último *baluarte* de su imperio en España.

crowned	10 El palacio real forma parte de una fortaleza cuyas murallas *coronadas* de to-
cima / extremo	rres se extienden irregularmente en torno a la *cumbre* de la colina, *estribación*
torre	de Sierra Nevada y *atalaya* de la ciudad. Contemplada por fuera es una
parapets	tosca agrupación de torres y *almenas,* sin regularidad de planta ni elegancia

El palacio real forma parte de una fortaleza cuyas murallas *coronadas* de torres se extienden irregularmente en torno a la *cumbre* de la colina, *estribación* de Sierra Nevada y *atalaya* de la ciudad. Contemplada por fuera es una tosca agrupación de torres y *almenas,* sin regularidad de planta ni elegancia arquitectónica, que apenas da una idea de la gracia y belleza que reina en 15 su interior.

El rey moro

Los moros de Granada miraron la Alhambra como un *milagro* del arte y era tradición entre ellos que el rey que la fundó se dedicaba a las artes mágicas o, por lo menos, *estaba versado en* la alquimia, por cuyos medios se 20 *procuró* las inmensas sumas de oro gastadas en su edificación. El nombre de este monarca, inscrito en las paredes de algunos salones, era Ibn Abd'allah, pero se conoce comúnmente en la historia musulmana por Mohamed Ibn Alahmar. Nació en Arjona, en el año de la Héjira 591 — 1195 de la Era Cristiana —, del noble linaje de Beni Nasar, y no *escatimaron* sus padres 25 gasto alguno para educarlo en el alto *rango* a que la grandeza y dignidad de su familia le daban derecho.

En 1238 entró en Granada en medio de los entusiastas vítores de la multitud. Fue proclamado rey con grandes demostraciones de júbilo y dedicó su reinado a derramar toda clase de prosperidades entre sus súbditos. Creó 30 escuelas y colegios; construyó baños y fuentes, acueductos y *acequias para regar* y fertilizar *la vega.* Fomentó la cría de caballos y favoreció igualmente el desarrollo y fabricación de la seda, hasta conseguir que los *telares* de Granada *aventajasen* incluso a los de Siria en la finura y belleza de sus confecciones. De este modo, la prosperidad y abundancia reinaban en su her- 35 mosa ciudad. A mediados del siglo XIII, comenzó el espléndido palacio de la Alhambra, inspeccionando en persona su edificación, *mezclándose* frecuentemente entre artistas y *alarifes* y dirigiendo los trabajos. Aunque tan magnífico en sus obras y grande en sus empresas, era austero en su persona y moderado en sus *goces.* Consumía la mayor parte del tiempo en sus jardines, 40 especialmente en los de la Alhambra, que había enriquecido con las más raras plantas y las flores más hermosas y aromáticas.

Glosas marginales:
miracle
conocía
obtuvo
negaron
clase
irrigation channels
el campo
looms
fueran mejores
mingling
masons
placeres

DESPUÉS DE LA LECTURA

Actividades

A. ¿Qué dice la lectura?

Complete las siguientes oraciones de acuerdo con la lectura.

1. En la Alhambra vivían…
2. Vista por fuera, la Alhambra es…
3. El rey moro que hizo construir este palacio real se llamó…
4. Mohamed Ibn Alahmar fue proclamado…
5. La construcción de la Alhambra comenzó…

B. ¡Charlemos!

1. ¿Conoce Ud. alguna leyenda de los reyes moros? ¿Cuál? ¿Podría contar la historia a la clase?

2. ¿Le gustaría ser rey (reina) o presidente y vivir en un gran palacio? ¿Por qué sí? ¿Por qué no?

3. Si Ud. fuera rey (reina) y estuviera enamorado(a) de una persona que no tuviera sangre real, ¿qué haría?

4. ¿Piensa Ud. que deben seguir existiendo los reinados? Explique su respuesta.

C. Puntos de vista

Con un(a) compañero(a) de clase, comente los siguientes temas.

1. princesas y príncipes históricos o legendarios que fueron coronados con grandes demostraciones de júbilo, teniendo en cuenta la época, el país y los años que fueron monarcas

2. algún príncipe (alguna princesa) que algún día será coronado(a) como rey (reina), teniendo en cuenta los años de espera para llevar la corona real, los problemas que pueda presentar una larga espera, la popularidad entre sus súbditos, etc.

Situación

Su majestad

Trabajen en grupos de cinco estudiantes. Ahora le toca a uno(a) de Uds. ser rey o reina. En este momento está sentado(a) en su trono atendiendo los pedidos y quejas de todos sus súbditos. Recíbalos uno por uno y, sobre todo, trate de ser justo(a) con ellos.

PREPÁRESE A LEER

LENGUA

A. Las formas del presente del subjuntivo

Recuerde Ud. que...

1. para formar el presente del subjuntivo, se cambia la vocal **–o** de la primera persona singular del presente del indicativo por la vocal **–e** en los verbos que terminan en **–ar** y por la vocal **–a** en los verbos que terminan en **–er** e **–ir**.

Infinitivo	Presente indicativo	Presente subjuntivo
observar	observo	observe (–e, –es, –e, –emos, –éis, –en)
leer	leo	lea (–a, –as, –a, –amos, –áis, –an)
escribir	escribo	escriba (–a, –as, –a, –amos, –áis, –an)

2. los verbos que son irregulares en la primera persona singular del indicativo son irregulares en todas las personas del subjuntivo.

Infinitivo	Indicativo	Subjuntivo
hacer	hago	ha**ga** (**–ga, –gas, –ga, –gamos, –gáis, –gan**)
conocer	conozco	cono**zca** (**–zca, –zcas, –zca, –zcamos, –zcáis, –zcan**)

3. los verbos **–ar** y **–er** que cambian el radical en el presente del indicativo sufren los mismos cambios en el subjuntivo.

Infinitivo	Indicativo	Subjuntivo
pensar (**e → ie**)	p**ie**nso	p**ie**nse, p**ie**nses, p**ie**nse, pensemos, penséis, p**ie**nsen
volver (**o → ue**)	v**ue**lvo	v**ue**lva, v**ue**lvas, v**ue**lva, volvamos, volváis, v**ue**lvan

4. los verbos **–ir** que cambian el radical sufren un cambio adicional en la primera y segunda persona del plural en el subjuntivo.

Infinitivo	Indicativo	Subjuntivo
pedir	p**i**do	p**i**da, p**i**das, p**i**da, p**i**damos, p**i**dáis, p**i**dan

5. los siguientes verbos son irregulares en el subjuntivo.

dar	dé, des, dé, demos, deis, den
estar	esté, estés, esté, estemos, estéis, estén
haber	haya, hayas, haya, hayamos, hayáis, hayan
ir	vaya, vayas, vaya, vayamos, vayáis, vayan
saber	sepa, sepas, sepa, sepamos, sepáis, sepan
ser	sea, seas, sea, seamos, seáis, sean

B. Las formas del imperfecto del subjuntivo

Para formar el imperfecto del subjuntivo se toma la tercera persona del plural del indicativo y se cambia la terminación **–ron** por **–ra** (o **–se**).

Infinitivo	Pretérito indicativo	Imperfecto subjuntivo
observar	observa**ron**	observa**ra**[1] (**–ra, –ras, –ra, –ramos**[2]**, –rais, –ran**)
leer	leye**ron**	leye**ra**
dormir	durmie**ron**	durmie**ra**

C. Los usos del presente del subjuntivo

El uso del indicativo o del subjuntivo depende de la idea que lleva el verbo de la cláusula principal.

Se usa el subjuntivo...

1. cuando el verbo de la cláusula principal expresa deseo, ruego, orden, emoción o duda. En estos casos, el verbo de la cláusula subordinada aparece en el subjuntivo, si hay cambio de sujeto.

Deseo:	**Prefiero** que **cierres** los ojos.
	Pero: Prefiero cerrar los ojos.
Ruego:	Les **rogamos** que no los **despierten.**
Orden:	¿Ud. me **pide** que **construya** un palacio?
Emoción:	Me **alegro** que **tengas** tiempo para visitar la Alhambra.
Duda:	**Dudo** que **conozcan** Granada.

2. cuando una expresión adverbial **(cuando, mientras que, en cuanto, hasta que, a fin de que, con tal de que, antes de que)** introduce una acción que aún no se ha realizado.

   No salgo de casa **hasta que lleguen** los niños.
   Vendrá **aunque diga** que no lo hará.
     Pero: No salí de casa hasta que llegaron los niños.
         Vino cuando dijo que lo haría.

3. cuando la oración subordinada se refiere a una persona o cosa que no existe o no se conoce.

   Busco un hombre que me **ayude.**
     Pero: Busco al hombre que me ayuda.
   Serán bien recibidos los amigos que **vengan.**

---

[1]En España y algunos lugares de Hispanoamérica también se usan las terminaciones del imperfecto del subjuntivo: **–se, –ses, –se, –semos, –seis, –sen.**

[2]Esta forma lleva un acento escrito en la terminación: **observáramos, leyéramos, dumiéramos.**

D. Los usos del imperfecto del subjuntivo

Se usa el imperfecto del subjuntivo...

1. cuando el verbo de la cláusula principal está en tiempo pasado y exige el uso del subjuntivo en la cláusula subordinada.

Presente	Imperfecto
Espero que no lleguen tarde.	**Esperaba** que no **llegaran** tarde.
No conozco a nadie que viva en Japón.	No **conocía** a nadie que **viviera** en Japón.
Te damos dinero para que viajes a España.	Te **dimos** dinero para que **viajaras** a España.

2. si la conjunción **si** introduce una oración que expresa una condición contraria a la realidad.

Si **tuviera** dinero, visitaría el palacio, pero estoy sin un centavo.

Si te **levantaras** temprano, harías todo lo que tienes que hacer.

Práctica

A. Para hablar de los reyes

Complete las siguientes oraciones con el verbo entre paréntesis.

1. ¿Hay alguien aquí que _____ (conocer) la Alhambra?
2. Van a coronar al rey antes de que él _____ (cumplir) los 18 años.
3. Seré emperador(a) aunque _____ (tener) que luchar contra todos.
4. Quiero que tú _____ (comprender) la historia musulmana de Mohamed Ibn Alahmar.
5. El rey moro nunca creyó que los productos de Siria _____ (ser) mejores que los de Granada.
6. Si todavía _____ (vivir) los reyes moros en España, estarían orgullosos de los jardines del Generalife.

B. ¿Presente o imperfecto del subjuntivo?

En la lectura «La aventura del albañil» Ud. encontrará varias oraciones en las que aparecen el presente y el imperfecto del subjuntivo. Explique por qué las primeras seis oraciones llevan el presente del subjuntivo y por qué las dos últimas llevan el imperfecto del subjuntivo. Si no comprende bien las oraciones, lea primero el cuento (pág. 212).

1. Has de consentir que te **vende** los ojos.
2. Espera aquí hasta que **oigas** la campana de la catedral.
3. Permítame vivir en su casa hasta que **encuentre** mejor inquilino.
4. Lo haré con muchísimo gusto, con tal de que **cobre** como corresponde.

5. No tengo miedo al mismo diablo aunque **se presente** en forma de dinero.

6. No hay nadie que **quiera** ayudarme.

7. El cura le pidió que **formase (formara)** una pequeña bóveda.

8. El clérigo le puso una moneda de oro en la mano un poco antes de que **amaneciese (amaneciera)**.

VOCABULARIO

Para hablar de la leyenda del albañil

el (la) alarife *bricklayer, mason*
    de buena/mala gana *(un)willingly*
    distraerse *to distract oneself, to amuse oneself*
    encaminarse hacia *to walk toward*
    flaco(a) *thin*
    guardar los domingos *to go to church on Sundays*
    humilde *humble*
    rezar *to pray*
la bóveda *vault, space inside a dome*
el camino *road*
el cura/el sacerdote *priest*
    avariento/tacaño *greedy, stingy*
    confiar en *to trust*
    detenerse ante el portal *to stop in front of the doorway/porch*

unos ducados en una bolsa *some ducats (gold coins) in a bag*
el (la) inquilino(a) *tenant*
el (la) propietario(a) *owner*
    acaudalado(a) *wealthy*
    dar golpes en/golpear la puerta *to pound on the door*
    destapar/descubrir *to uncover*
    echar el cerrojo *to lock*
    erizarse los cabellos *to have one's hair stand on end*
    hacer girar la cerradura *to turn the lock*
    quitar la venda *to take off the blindfold*
    sacar la llave *to take out the key*
    vendar los ojos *to blindfold*
    venirse abajo *to come down*

Expresiones

apenas si *barely*
haber + de *to be supposed to*
¡La peste se lo lleve! *The devil take him!*

puesto que *since, because*
saltar a la vista *to be obvious*

¡A LEER!

A continuación Ud. leerá una de las muchas leyendas que todavía hoy se cuentan en la histórica ciudad de Granada. Mientras lee piense en...

1. el título de la leyenda.
2. el lugar donde ocurre la acción.
3. la época.
4. la cronología y la sucesión de los acontecimientos.

La aventura del albañil Washington Irving

Vivió hace tiempo en Granada un humilde albañil o enladrillador, que hacía fiesta todos los domingos y días de los santos, incluso San Lunes, y a pesar de toda su devoción era cada vez más pobre y apenas si podía ganar el pan para su numerosa familia. Cierta noche fue despertado en su
5 primer sueño por unos golpes en la puerta. Abrió y se encontró frente a un cura alto, flaco y de aspecto cadavérico.

—¡Escucha, buen amigo! —dijo el recién llegado— He observado que eres buen cristiano en quien puedo confiar. ¿Quieres hacerme un pequeño trabajo esta misma noche?

get paid 10 —Con muchísimo gusto, señor padre, con tal de que *cobre* como corresponde.

—Desde luego; pero has de consentir que te vende los ojos.

objection No opuso el menor *reparo* el albañil. De forma que, con los ojos vendados, fue conducido por el sacerdote a través de varias retorcidas callejuelas
15 y tortuosos pasajes, hasta que se detuvo ante el portal de una casa. El cura
squeaking sacó la llave, hizo girar una *chirriante* cerradura y abrió lo que por el sonido parecía una pesada puerta. Una vez que hubieron entrado, cerró, echó el cerrojo y el albañil fue conducido por un resonante corredor a una espaciosa sala a la parte interior del edificio, donde le fue quitada la venda de
Moorish 20 los ojos y se encontró en un patio, alumbrado apenas por una lámpara solitaria. En el centro se veía la seca taza de una vieja fuente *morisca,* bajo la
vault cual le pidió el cura que formase una pequeña *bóveda;* con tal objeto, tenía
bricks / lime a mano *ladrillos* y *cal.* Trabajó, pues, el albañil toda la noche, pero no logró
trabajo terminar la *faena.* Un poco antes de que amaneciese, el clérigo le puso una
25 moneda de oro en la mano, le vendó nuevamente los ojos y lo condujo a su morada.

—¿Prometes —le preguntó— volver a completar tu tarea?

—Ya lo creo, señor padre, puesto que se me paga tan bien.

—Bueno, pues entonces, volveré mañana de nuevo a medianoche.

30 Así lo hizo y la bóveda quedó terminada.

corpses —Ahora —le dijo el cura— tienes que ayudarme a traer los *cadáveres* que
buried han de ser *enterrados* en esta bóveda.

paraban El pobre albañil sintió que se le *erizaban* los cabellos cuando oyó estas palabras. Con pasos temblorosos siguió al cura hasta una apartada
horrible 35 habitación de la casa, esperando encontrarse con algún *espantoso* y macabro
jars espectáculo; pero se tranquilizó al ver tres o cuatro grandes *jarras* apoyadas en un rincón, que él supuso llenas de dinero.

El albañil y el cura las transportaron con gran esfuerzo y las encerraron en su tumba. La bóveda fue *tapiada,* restaurado el pavimento y borradas
cerrada 40 todas las señales de trabajo. El albañil, vendado otra vez, fue llevado por un camino distinto del que antes había hecho. *Tras* haber andado bastante
Después de tiempo, se detuvieron y el cura puso en sus manos dos piezas de oro.

—Espera aquí —le dijo al albañil— hasta que oigas la campana de la catedral tocar a *matines.* Si te atreves a destapar tus ojos antes de esa hora, te
morning prayers 45 sucederá una desgracia.

Tras haber pronunciado estas palabras, se alejó. El albañil esperó fielmente y se distrajo en sopesar las monedas de oro en sus manos, haciéndolas sonar una contra otra. Cuando la campana de la catedral lanzó su *matutina* llamada, se descubrió los ojos y vio que se encontraba a orillas del
50 [río] Genil. Se encaminó hacia su casa lo más rápidamente posible y se gastó alegremente con su familia, durante quince días, las *ganancias* de sus dos noches de trabajo; después volvió a quedarse tan pobre como antes.

Continuó trabajando poco y rezando bastante, guardando los domingos y días de los santos, un año tras otro, mientras que su familia seguía
55 enflaquecida y *harapienta* como una tribu de *gitanos*. Cierta tarde que estaba sentado en la puerta de su cabaña se dirigió a él un viejo, rico y avariento, conocido propietario de muchas casas y *casero* tacaño. El acaudalado personaje lo miró un momento por debajo de sus inquietas y espesas cejas.

—Amigo, me he enterado de que eres muy pobre.
60 —No tengo por qué negarlo, señor, pues es cosa que salta a la vista.

—Supongo, entonces, que te agradará hacer un pequeño trabajo y que lo harás barato.

—Más barato, señor, que ningún albañil de Granada.

—Eso es lo que yo quiero. Tengo una casa vieja que se está viniendo
65 abajo y que me cuesta en reparaciones más de lo que vale, porque nadie quiere vivir en ella; de modo que he decidido *arreglarla* y mantenerla en pie con el mínimo gasto posible.

El albañil fue conducido a un *caserón* abandonado que amenazaba ruina. Después de haber pasado por varias salas y cámaras vacías, penetró en un
70 patio interior, donde *atrajo* su atención una vieja fuente morisca. Se quedó sorprendido pues, como en un sueño, vino a su memoria el recuerdo de aquel lugar.

—Dígame —preguntó—, ¿quién ocupaba antes esta casa?

—¡La peste se lo lleve! —exclamó el propietario. Un viejo cura avariento
75 que sólo se ocupaba de sí mismo. Decían que era inmensamente rico y, al no tener parientes, se pensaba que dejaría todos sus tesoros a la Iglesia. Murió de repente y *acudieron* en tropel curas y frailes a tomar posesión de su fortuna, pero únicamente encontraron unos pocos ducados en una bolsa de cuero. A mí me ha tocado la peor parte porque, desde que murió, el
80 viejo sigue ocupando mi casa sin pagar renta y no hay forma de aplicarle la ley a un difunto. La gente pretende que se oye todas las noches un *tintineo* de oro en la habitación donde dormía el viejo cura, como si estuviese contando dinero, y en ocasiones, *gemidos* y lamentos por el patio. Falsas o verdaderas, estas *habladurías* han dado mala fama a mi casa y no hay nadie
85 que quiera vivir en ella.

—Está bien —repuso el albañil con tono firme—, permítame vivir en su casa, sin pagar, hasta que se presente mejor inquilino, y yo me comprometo a repararla y a *apaciguar* al molesto espíritu que la perturba. Soy buen cristiano y hombre pobre y no tengo miedo al mismo diablo, aunque se
90 presente en forma de *un talego* de dinero.

La oferta del *honrado* albañil fue aceptada de buen grado; se trasladó con su familia a la casa y cumplió todos los *compromisos*. Poco a poco fue restaurándola, hasta volverla a su primitivo estado; ya no se oyó más por la

Glosses (left margin):
de la mañana
earnings
dressed in tatters / gypsies
landlord
fix it
casa grande
llamó
llegaron
clinking
moans
chismes
tranquilizar
una bolsa grande
honesto
commitments

noche el tintineo de oro en el dormitorio del difunto cura, sino que comen- *pocket* 95 zó a oírse de día en el *bolsillo* del albañil vivo. En resumen: aumentó rápi- damente su fortuna, con la consiguiente admiración de todos sus vecinos, y *Regaló* llegó a ser uno de los hombres más ricos de Granada. *Obsequió* con grandes sumas a la Iglesia, sin duda para tranquilizar su conciencia, y hasta que se encontró en su lecho de muerte, nunca reveló el secreto de la bóveda a su *heir* 100 hijo y *heredero*.

DESPUÉS DE LA LECTURA

Actividad

¿Qué dice la lectura?

Numere las siguientes oraciones según el orden de los sucesos en el cuento anterior.

1. ___ El albañil gastó el dinero que había ganado en dos noches de trabajo.
2. ___ En Granada vivía un humilde albañil que era muy devoto y cumplía con la iglesia.
3. ___ Una noche, el albañil se despertó por unos golpes que daban a la puerta.
4. ___ Años más tarde, un viejo rico y avariento le pidió al albañil que arreglara una casa vieja que se estaba viniendo abajo.
5. ___ Después de un tiempo se dejó de oír el tintineo de oro en el dormitorio del difunto cura.
6. ___ El cura le ordenó que formara una pequeña bóveda debajo de una vieja fuente morisca.
7. ___ Después le pidió que le ayudara a traer «los cadáveres», que según él tenían que ser enterrados en la bóveda.
8. ___ El cura le pidió que le hiciera un pequeño trabajo.
9. ___ El albañil se trasladó con su familia al viejo caserón para restaurarla y apaciguar al espíritu que la perturbaba.
10. ___ La bóveda fue tapiada y el pavimento fue restaurado.
11. ___ De día se oía el oro en el bolsillo del albañil, que rápidamente aumentó su fortuna.
12. ___ Cuando el albañil vio la vieja fuente morisca, recordó aquel lugar.
13. ___ Cuando abrió la puerta se encontró con un cura alto y flaco.

PREPÁRESE A LEER

EL AUTOR Y SU OBRA

José Martí (1853–1895) fue un poeta, escritor y abogado cubano que por muchos años luchó por la independencia de su país. Como poeta, fue uno de los iniciadores del modernismo *(Ismaelillo, Versos libres, Versos sencillos)*. Escribió muchos ensayos, crónicas y folletos de carácter político.

¡A LEER!

El poema que Ud. va a leer a continuación pertenece a su obra *Versos sencillos.*

Mientras Ud. lee el poema, fíjese en…

1. la escasez de adjetivos frente a la abundancia de verbos y sustantivos.
2. el tono exclamativo con que comienza y termina el poema.
3. las alusiones a la naturaleza.

XXXIV   José Martí

se atreve

¡**P**enas! ¿Quién *osa* decir
Que tengo yo penas? Luego,
Después del rayo, y del fuego,
Tendré tiempo de sufrir.

pena

5   Yo sé de un *pesar* profundo
Entre las penas sin nombres:

slavery

¡La *esclavitud* de los hombres
Es la gran pena del mundo!

10   Hay montes, y hay que subir
Los montes altos; ¡después
Veremos, alma, quién es
Quien te me ha puesto a morir!

DESPUÉS DE LA LECTURA

Actividad

¿Qué dice la lectura?

Conteste las siguientes preguntas.

1. En su opinión ¿a quién se dirige el poema?
2. ¿Encuentra Ud. unas metáforas en el poema? Dé un ejemplo.
3. ¿Qué quiere decir «te me ha puesto a morir»?
4. ¿Cuál es el tono del poema: irónico, cómico, quejumbroso, violento, desafiante? ¿Por qué?
5. ¿Puede Ud. identificar la rima del poema?

Lección 10

La Opinión

Latinoamérica

SECCIÓN **B**

ESTATAL - NACIONAL - INTERNACIONAL -

LUNES 8 DE JULIO DE 1996

Iglesia pide resolver crisis penitenciaria

☐ En cárcel de Santa Ana reos reciben comida con gusanos

SAN SALVADOR (AFP).— El arzobispo de San Salvador, Fernando Sáenz Lacalle, pidió este domingo al gobierno solucionar la crisis carcelaria que vive El Salvador, donde un grupo de presos del occidente amenaza con suicidarse a partir del 12 de julio si no se mejora su situación.

Tras celebrar la tradicional homilía dominical, el prelado advirtió en rueda de prensa que es urgente "poner los medios oportunos para resolver el hacinamiento" en que viven los más de ocho mil presos en las 16 cárceles salvadoreñas.

"Aquí tenemos un grandísimo problema humano que nos debe preocupar a todos", afirmó el arzobispo Sáenz, al añadir que "he tenido que orar" por los presos del penal de Santa Ana.

El pasado 17 de junio, más de un centenar de reclusos iniciaron una huelga de hambre en el penal de Santa Ana, 66 kilómetros al oeste de San Salvador, en demanda de mejoras en las cárceles, reducción de penas y la agilización de los procesos de millares de reos sin condena.

A la vez, amenazaron con llevar a cabo la "lotería de la muerte", como han llamado al suicidio de cuatro presos, seleccionados en un sorteo, que planean ejecutar a partir del próximo 12 de julio.

Aunque expresó sus dudas de que los reos cumplan sus amenazas, Sáenz admitió que la población reclusa vive en condiciones deplorables que ameritan una pronta solución de las autoridades competentes.

La Procuraduría para la Defensa de los Derechos Humanos reveló que de los 8,225 presos que había en las cárceles hasta el 14 de junio, el 74% no han sido sentenciados, por "deficiencias" del

AP/Por DOLORES OCHOA

Un empleado del tribunal electoral marca con tinta indeleble a una indígena ecuatoriana, después de votar en las elecciones de ayer domingo en Ecuador, en las que resultó vencedor el candidato populista Abdalá Bucaram.

Durán-Ballén llama a respetar resultados de los comicios

QUITO (AFP).— El mandatario de Ecuador, Sixto Durán-Ballén, pidió el domingo a los ecuatorianos que acudieran masivamente a las urnas para elegir a su sucesor, y que respeten el resultado de los comicios presidenciales definitivos que se celebraron ayer domingo en todo el país.

"Pido al pueblo ecuatoriano que acuda a las urnas", expresó el mandatario en un diálogo con periodistas, que mantuvo luego de votar en un colegio electoral de la parte norte de Quito, durante las dos primeras horas de las elecciones de ayer domingo.

"Notamos que no hay el entusiasmo que debería existir. Se trata de definir nuestro futuro, no sólo inmediato, sino a largo plazo", enfatizó Durán Ballén, cuyo mandato de cuatro años

Lea ECUADOR, 2B

Fuerte tormenta deja siete muertos en Acapulco

☐ Realizan campaña pro damnificados

MEXICO, D.F. (UPI).— Equipos de rescate buscaban ayer domingo a tres personas que fueron arrastradas por corrientes torrenciales provocadas por una tromba que el sábado azotó el puerto y centro turístico de Acapulco, causando la muerte a siete personas y dejando a miles de familias damnificadas.

Autoridades del gobierno del estado sureño de Guerrero y funcionarios del municipio de Acapulco, 300 kilómetros al sur de la ciudad de México, instalaron albergues en escuelas y establecimientos públicos.

La televisión mostró imágenes de calles inundadas, viviendas destruidas por deslizamientos de tierra y un cadáver envuelto en lodo negro, que era trasladado por voluntarios.

Ayer al mediodía continuaba

cayendo una lluvia ligera sobre toda la zona, mejor conocida mundialmente por sus atracciones turísticas. No obstante, los hoteles prácticamente estaban intactos.

Algunas estaciones de radio en Acapulco realizaban ayer una campaña de recaudación de víveres para ayudar a las familias damnificadas. La tormenta cayó sobre una zona que ya había sido afectada la semana pasada por el huracán Boris.

De acuerdo con cifras del gobernador interino de Guerrero, Angel Aguirre, en la zona afectada había al menos ocho mil damnificados por el huracán Boris, que aumentaron a casi 10 mil con la tormenta del sábado. Aguirre dijo que entró en operación el plan de emergencia DN-III del Ejército.

Se intensifica debate público sobre posible amnistía en Guatemala

☐ Conflicto ha dejado 150 mil víctimas

GUATEMALA (AP).— En la inminencia de un acuerdo de paz a firmarse en espacio de meses, los guatemaltecos ya debaten la posibilidad de una amnistía general que protegería a militares y otros agentes gubernamentales acusados de torturar y ultimar a compatriotas en su afán de impedir el advenimiento del comunismo en su patria.

Se cree que por lo menos 150 mil personas perecieron a lo largo de tres décadas de insurgencia izquierdista contra el gobierno militar. Pocos murieron en combate abierto entre fuerzas gubernamentales y rebeldes. En su mayoría fueron civiles sospechosos de simpatizar con la izquierda.

Recientes avisos publicitarios pagados en los diarios por militares vinculados, actualmente o en el pasado, con el gobierno, han alabado a las fuerzas armadas por sus 36 años de guerra contra "la amenaza totalitaria" que representaban los rebeldes. Los insurgentes, en cambio, declaran haber intentado derrocar una serie de gobiernos derechistas por cerrar los ojos ante las necesidades de la mayoría de indígenas pobres.

Negociadores de una y otra parte desmienten que el problema de la amnistía se haya planteado en las negociaciones de paz llevadas a cabo en la ciudad de México. Pero muchos guatemaltecos creen que se planteará antes de la firma de un acuerdo definitivo de paz, posiblemente en septiembre.

La cuestión de la amnistía es muy común en América Latina, donde las dictaduras militares de Brasil, Argentina, Chile, El Salvador y Uruguay emplearon la violencia para aplastar a los movimientos guerrilleros izquierdistas a partir de los años 60.

Al impulso de las doctrinas de seguridad nacional cuyo fin era librar a esos países del marxismo, dichos regímenes emprendieron las llamadas "guerras sucias" contra sus propios ciudadanos: emplearon la tortura, el asesinato extrajudicial y las "desapariciones" en perjuicio de sospechosos subversivos.

Con el propósito de dejar atrás el pasado, la mayoría de esos países dictaron amnistías generales para soldados e izquierdistas, a despecho de las protestas de los activistas por el respeto de los derechos humanos.

Argentina, por ejemplo, ofreció una amnistía limitada, juzgando únicamente a los generales más encumbrados. Pero finalmente fueron amnistiados también, igual que los jefes guerrilleros urbanos que sobrevivieron.

En Guatemala no está claro qué clase de amnistía regirá.

El grupo internacional de vigilancia Derechos Humanos/Américas está tan preocupado por la posibilidad de la aprobación de una amnistía general que recientemente instó a las Naciones Unidas —que está mediando en las negociaciones de paz— que se asegure que la amnistía de que pudiera hablarse no ampare a los responsables de violaciones de los derechos humanos.

Pasados gobiernos guatemaltecos han aprobado amnistías generales, pero los defensores de los derechos humanos consideran que son ilegítimas.

El gobierno militar de facto del general Humberto Mejía Víctor declaró una autoamnistía general por actos cometidos durante sus tres años de existencia, pocos días antes de entregar el poder al presidente Vinicio Cerezo, elegido democráticamente en 1986.

Los medios de comunicación

PRIMEROS PASOS

Actividades

A. Puntos de vista

1. Con un(a) compañero(a) de clase, lea los titulares del periódico (pág. 216) *La Opinión* que se publica en la ciudad de Los Ángeles, California. Intercambien ideas sobre la presentación de las noticias y la información que esperan obtener de la lectura.

2. Cada uno(a) de Uds. seleccione uno de los reportajes y eche un vistazo al primer párrafo. Después, dígale a su compañero(a) de qué trata el reportaje en lineas generales y si los asuntos tratados todavía tienen alguna actualidad.

B. ¡Charlemos!

Lea el anuncio de la página 220 para la suscripción a la edición internacional de *El País* y explique a uno(a) de sus compañeros qué debe hacer para recibir este semanario en los Estados Unidos, teniendo en cuenta: (a) el precio de la suscripción, (b) las formas de pago y (c) la manera de suscribirse desde los Estados Unidos.

Para leer de lejos.

Suscripción a EL PAIS, Edición Internacional
(marque con una equis lo que le interese), por un período de:

❏ 1 año (52 números), 90$ USA.   ❏ 9 meses (39 números), 68$ USA.
❏ 3 meses (13 números), 23$ USA.   ❏ 6 meses (26 números), 46$ USA.

NOMBRE Y APELLIDOS ....

....

DIRECCION ....

CIUDAD .... C.P.........................

PROVINCIA, DEPARTAMENTO O ESTADO

....

PAIS ....

Forma de pago: Los precios en dólares o su contravalor en pesetas a la fecha de emisión de este boletín son iguales para cualquier país del mundo. Es imprescindible la recepción del pago para formalizar la suscripción.
Con cargo a mi tarjeta:

Master Charge Int.

American Express

Visa Internacional

Diners Club

Fecha de caducidad de la tarjeta

Por transferencia bancaria a nombre de Diario EL PAIS S.A. a Banco Popular Español, c/Alcalá 372 Madrid España. Cuenta corriente nº06017573035
FIRMA (LA MISMA DE LA TARJETA)

Recorte y envíe este cupón a: El País Internacional, S. A., Departamento de Suscripciones. Miguel Yuste, 40. Madrid (España)

PREPÁRESE A LEER

Actividad

¡Charlemos!

Hoy en día, por medio de los múltiples medios de comunicación, se puede difundir todo tipo de programas culturales, políticos, sociales, didácticos y de entretenimiento. Los medios de comunicación de masas tienen un efecto inmediato sobre el público receptor y forman la opinión colectiva de una nación. Hay, sin embargo, quejas constantes por la falta de responsabilidad de todos los medios para con el público. Pregúntele a su compañero(a).

1. En tu opinión, ¿qué se debe difundir por televisión? ¿Cuáles crees que son los mejores programas de televisión? ¿Qué películas se deben programar para los menores de edad? ¿y para las personas mayores?

2. ¿Te molesta cuando ves programas violentos? ¿Por qué crees que se usa la violencia en los programas de entretenimiento? ¿Cuál es tu programa de televisión favorito? ¿Por qué?

¡A LEER!

Guía de televisión

Repasen la siguiente guía de televisión. Pongan mucha atención a los nombres de las películas norteamericanas y comenten cuáles han visto, si les ha gustado y si las volverían a ver.

LAS PELÍCULAS / LUIS MARTÍNEZ

● MALA   ★ ENTRETENIDA   ★★ INTERESANTE   ★★★ BUENA   ➾ CINÉFILOS

10.00 / Drama / La 2

Esta chica es para mí ★

España-Italia, 1958 (89 minutos). Director: Giusseppe Bennati. Intérpretes: Elsa Martinelli, Félix Acaso, Conchita Bautista.

La marejadilla une en feliz tormenta pasional a un pescador de recia pelambre pectoral y a una aldeana de suave voz de viceliple. Por lo demás, el guión es de Vicente Escrivá y el título, de juzgado de guardia (que no es guionista).

15.40 / Drama / Antena 3

Babies

Estados Unidos, 1990 (89 minutos). Director: Michael Rhodes. Intérpretes: Lindsay Wagner, Dinah Manoff.

Las escarpadas pendientes de la maternidad sirven de excusa para un recital de fecundas amistades en pleno proceso reproductivo. Así las cosas, otro telefilme dramático a la mayor gloria de las hormonas sin hueso (como las aceitunas, vamos).

17.20 / Intriga / La 2

Conspiración en Bergen

Rubicum. Noruega, 1987 (89 minutos). Director: Leidulv Risan. Intérpretes: Sverre Anker Ousdal, Ewa Karlsson, Ellen Horn.

Un submarino de radioactividad descontrolada se hunde en las procelosas y ardientes aguas de la tarde. Un barco a la deriva, unos muertos sospechosos y, para aumentar la tensión, un gato completamente vivo. Básicamente, éstos son los desconcertantes elementos de una intriga tan entretenida como la memorización entera del reparto (atentos al nombre del protagonista).

22.20 / Bélica / La 2

Comando en el desierto ●

Raid on Rommel. Estados Unidos, 1971 (93 minutos). Director: Henry Hathaway. Intérpretes: Richard Burton, John Colicos, Wolfgang Preiss, Karl-Otto Alberty.

El siempre cinematográfico mariscal Rommel y sus muchachos del ancho desierto se enredan en un ejercicio de insolación destinado a promocionar las virtudes de los protectores solares. De esta forma, el avance de las dunas del tedio se come literalmente cualquier amenaza de interés que pueda haber en la interpretación de Burton o Preiss.

22.30 / Terror / Antena 3

La siguiente víctima ●

Relentless IV: Ashes to Ashes. EE UU, 1994 (91 minutos). Director: Oley Sassone. Intérpretes: Leo Rossi, Famke Janssen.

ESTRENOS DE CANAL +

22.00 / Musical

Flamenco ★★★

Imagen de *Flamenco.*

Esp, 1995 (98 m). Dir.: Carlos Saura. Int.: Paco de Lucía, Manolo Sanlúcar, Lole y Manuel, Joaquín Cortés, Farruco, Farruquito, Mario Maya...

Después del mediometraje *Sevillanas*, Saura continúa a la caza y captura del *quejío* y los pesares de sabor profundo a él pegados. Una dirección limpia, secundada por una elaboradísima fotografía firmada por Vittorio Storaro, sirve para rescatar al Flamenco de la mirada aguda *del que sabe*, de los finos de meñique estirado y de los rancios taquitos de jamón servidos en la caverna. En definitiva, un espectáculo riguroso, sabio y, por ello, cercano.

23.39 / Musical

El amor brujo ★★

Segunda película del día dedicada a festejar la *grasia* de Saura. Con esta adaptación de la obra de Falla, el director y Antonio Gades se vuelven a reunir por tercera vez después de *Bodas de sangre* (1981) y *Carmen* (1983). Si antes la mención especial era para el fotógrafo, ahora es para el escenógrafo: Gerardo Vera. Falta, sin embargo, la capacidad de asombro que procura la destilada pasión de los otros dos filmes. En definitiva, para irse a la cama dando palmas.

10.00 / Drama

Los juncos salvajes ★★★

La dura mirada de la adolescencia.

11.51 / Comedia

Suspiros de España... ★★

Humor de negro hábito (o sotana).

El asesino en serie que empezara su carrera en 1989 (entonces fue la primera parte) continúa sus andanzas con el aire resuelto del tendero que da la vez: ¡*La siguiente...*, por favor!

1.30 / Bélica / La 2

La Escuadrilla Lafayette ★

Lafayette Escadrille. EE UU, 1957 (88 minutos). Director: William A. Wellman. Intérpretes: Tab Hunter, David Janssen.

En la Gran Guerra, un joven piloto americano llega hasta París para combatir trajeado con el uniforme francés. El director intenta una cinta épica de camaraderías y consigue un recital tópico de algo muy cerca de la majadería. Lo que queda es una cinta de acción algo plana, heroicidad pelín hueca y, por supuesto, con interludio romántico incorporado como los coches llevan *airbag*, que por algo estamos en Francia. (V. O. S.)

1.50 / Drama / Tele 5

Chica solitaria ●

The lonely lady. Estados Unidos, 1982 (87 minutos). Director: Peter Sasdy. Intérpretes: Pia Zadora, Lloyd Bochner, Jared Martin, Bibi Besch, Ray Liotta.

Ella quiere ser guionista de cine y se ducha mucho (vestida, eso sí). Éstas son las dos únicas conclusiones de una película empeñada en hacer del lugar común trinchera.

2.00 / Comedia / Antena 3

El mago de la velocidad y el tiempo ★★

Wizard of speed and time. Estados Unidos, 1988 (94 minutos). Director: Mike Jittlov. Intérpretes: Mike Jittlov, Paige Moore.

Vuelta a los siempre fotogénicos caminos autorreferenciales del cine en el cine. Esta vez, el salvavidas corre a cuenta del humor, el tono provocadoramente desenfado y la siempre imprescindible irreverencia. El director propone un juego: narrar la necesaria caída en el adusto subproducto como paso previo al triunfo en Hollywood. Por supuesto —y aquí está la gracia—, el objetivo se consigue merced a otro subproducto de efecto especial ligero.

5.30 / Terror / Antena 3

Las orgías de la locura ★

Tales that witness madness. Reino Unido, 1973 (86 minutos). Director: Freddie Francis. Intérpretes: Kim Novak, Georgia Brown, Joan Collins.

Cuatro historias de pánico psiquiátrico se entrelazan en un festín de viajes en el tiempo, árboles vivos, magias negras y sueños profundos de telespectador traumatizado (el relato más verídico).

DESPUÉS DE LA LECTURA

Actividades

A. ¿Qué dice la guía?

Después de consultar la guía de televisión, conteste las siguientes preguntas.

1. Si a Ud. le gustan las películas históricas, ¿cuál podría seleccionar? ¿Qué día y a que hora la vería? ¿Cuántas estrellas le da la crítica?

2. ¿Hay alguna película de suspense? De acuerdo con la guía, ¿cuál es el tema central de esta película?

3. ¿Ha visto Ud. algunas de estas películas? ¿Cuántos de estos actores conoce? ¿Cuáles son sus actores favoritos? ¿Cuál es la última película que ha visto?

B. Creación

1. Imagínense que todos Uds. son críticos de cine y trabajan para las redes nacionales de la televisión. Cada uno(a) de Uds. haga un corto reportaje sobre una película (romántica, cómica, de terror, de aventuras, de misterio, de ciencia ficción) que aconsejan que vea el público.

2. Escríbale una carta a un(a) amigo(a), contándole que Ud. acaba de ver una gran película. Descríbala.

Humor

"The Far Side" by Gary Larson

1. Describa a la gente que está en el cine y explique lo que está a punto de ocurrir.
2. Si alguna vez ha estado en una situación parecida, cuéntenos cómo, cuándo y dónde ocurrió el hecho.

PREPÁRESE A LEER

Actividad

Puntos de vista

Con un(a) compañero(a) de clase, intercambie ideas sobre la difusión de noticias, teniendo en cuenta estas y otras preguntas.

1. ¿Piensan Uds. que en la prensa, en general, hay un equilibrio en la difusión de noticias? ¿Por qué sí o por qué no?
2. ¿Qué periódicos leen? ¿Cuál creen que es la columna más seria del periódico que leen? ¿la más interesante?
3. ¿Creen Uds. que los medios de comunicación influyen mucho en el público? Si piensan que sí, ¿podrían dar ejemplos de cómo los medios de comunicación pueden dirigir la política y el modo de vida de un país?

VOCABULARIO

brindar apoyo *to support*
instar *to urge*

patrocinar *to sponsor*
la sede *headquarters*

¡A LEER!

Las editoriales hispanas lanzan una campaña de motivación al voto para convertir la importancia numérica en influencia política

Una campaña nacional de inscripción de votantes hispanos, patrocinada por el grupo de editoriales hispanas más importantes del país y por una cadena de televisión en español, fue anunciada recientemente en Washington, DC.

5 El proyecto fue lanzado por la *National Association of Hispanic Publications* (NAHP), un grupo de prensa con sede en Washington, y por Univisión, la cadena más importante de televisión en español. La NAHP y la Univisión confían que estos esfuerzos, junto con aquellos de otras organizaciones hispanas, se traducirán en más de un millón de nuevos votantes hispanos para

10 las elecciones presidenciales de 1996.

«La inscripción de votantes es una importante responsabilidad cívica», comenta el presidente de la NAHP, Luis Rossi, editor del semanario *La Raza* de Chicago. «Como editores, tenemos la responsabilidad de informar a los hispanoamericanos acerca de cómo inscribirse y votar».

15 La NAHP, que representa a 150 diarios y revistas hispanos por todo el país, se ha asociado con varias organizaciones hispanas, tanto profesionales como de apoyo, algunas de las cuales ya han iniciado sus propias campañas de motivación al voto.

Univisión brindará su apoyo a esta campaña de educación del votante a

20 través de anuncios de servicio público, noticias y reportajes de televisión.

La campaña de inscripción de votantes bilingües, que contiene catorce anuncios de prensa y de servicio público de televisión, utiliza a conocidas celebridades latinas que instan a los ciudadanos a que voten bajo el lema «Su voto cuenta: inscríbase y vote en 1996».

25 Entre los famosos que aparecen en los anuncios figuran el presentador de televisión Geraldo Rivera; la actriz ganadora de un Oscar, Rita Moreno; el cantante cubano Willy Chirino; el actor y cómico Cheech Marín; y la actriz Rosana de Soto. Se espera que otras figuras se unan a la campaña en las próximas semanas.

30 La NAHP, Univisión y una coalición nacional de grupos hispanos están organizando una campaña de televisión y prensa, repartiendo carteles gratuitos de inscripción de votantes en ciudades a lo largo del país y utilizando líneas de teléfono gratuitas para incrementar la participación de los más de 27 millones de hispanoamericanos.

DESPUÉS DE LA LECTURA

Actividades

A. ¿Qué dice la lectura?

Conteste las siguientes preguntas.

1. ¿Quién patrocina la campaña de votantes hispanos?
2. ¿Cómo colaborará Univisión en esta campaña?
3. ¿Reconoce Ud. a alguno(a) de los famosos que colabora en esta campaña?
4. ¿Cree Ud. que el voto de la población hispana en los Estados Unidos tiene mucho peso en la política de este país?
5. ¿Cuál es su opinión respecto al interés de la minoría hispana en la política estadounidense?
6. En su opinión, ¿cómo se integra la minoría hispana dentro de los Estados Unidos y dentro del estado en el que Ud. vive?

B. Creación

En la biblioteca de la universidad, Ud. probablemente encontrará varios periódicos hispanos que se publican en los Estados Unidos.

1. Haga una lista de cinco de esos periódicos, anotando dónde se publican, cuándo fueron fundados y qué tipo de noticias cubren.
2. Prepare un pequeño informe comparando un periódico publicado para los lectores de habla inglesa y un periódico que circula para los hispanos. ¿Qué le llama la atención? ¿Qué noticias cubren? ¿Qué aspectos son similares? ¿diferentes?

Humor

A. Temas de reflexión

Las estadísticas señalan que cada niño vive un promedio de cuatro horas diarias junto al televisor, viendo cómo pasan uno tras otro los anuncios de chocolates, dulces, juguetes y otros productos de poca utilidad, aunque de mucho interés para ellos. Observe con atención el siguiente dibujo.

B. ¡Charlemos!

Con un(a) compañero(a) de clase, trate de responder las siguientes preguntas.

1. ¿Cómo son los personajes del dibujo? ¿Qué edad tienen?
2. ¿A qué clase socioeconómica pertenecen estos niños?
3. ¿Cuántas horas a la semana mira usted la televisión? ¿Y cuántas horas la miraba de niño(a)?
4. En su opinión, ¿influye mucho la televisión en las actitudes que tenemos respecto a la violencia? ¿Por qué?

PREPÁRESE A LEER

Actividad

¡Charlemos!

Con un(a) compañero(a) de clase, diga qué medios de comunicación (el teléfono, una carta o nota, una visita) usaría en los siguientes casos y por qué.

1. para felicitar a su mamá (papá) si su cumpleaños fuera hoy
2. para avisarle a su profesor(a) que no va a poder venir al examen de mañana
3. para invitar a unos amigos a una fiesta que prepara para este fin de semana
4. para pedir un préstamo a la universidad
5. para pedirle a su novio(a) que vaya con Ud. a un baile
6. para hacer una solicitud de trabajo
7. para anunciar a sus padres que se acaba de casar

VOCABULARIO

arrugar; desarrugar *to crumple; to smooth out*
el (la) destinatario(a) *addressee*
anticuado(a) *old-fashioned*
atreverse a decir *to dare to say*
enterarse de *to find out about*
reñir *to fight*

lanzar a la cara *to throw into someone's face*
la letra *handwriting*
el (la) repartidor(a) *delivery man*
el timbre *doorbell*

Expresiones

a eso de *about*

menos mal *fortunately*

Práctica

Antónimos

Empareje una palabra de la columna **A** con su antónimo de la columna **B.**

A	*B*
1. saber	a. tener razón
2. anticuado	b. llorar
3. grueso	c. ignorar
4. estar equivocado	d. moderno
5. reír	e. delgado

¿Sabía Ud. que...?

El suburbio es una zona en los alrededores de la ciudad en la que generalmente vive gente de pocos medios económicos.

El barrio es una de las zonas en las que se dividen las ciudades.

¡A LEER!

El siguiente artículo de Noel Clarasó apareció en la revista española *Destino*. Es el dramático relato de la entrega de un telegrama. El narrador comienza por definir lo que es un telegrama, explica el tipo de mensajes que lleva y la impresión que causa en la persona que lo recibe. Mientras Ud. lee el relato, hágase las siguientes preguntas.

1. ¿Quiénes son los personajes?
2. ¿Quién cuenta el relato?
3. ¿Cuándo lo cuenta?
4. ¿Dónde ocurre el hecho?

El telegrama   Noel Clarasó

Dicen que un telegrama es una noticia que manda uno que tiene mucha prisa, que lleva otro que tiene mucha menos y que recibe un tercero que no tiene ninguna. Todo esto, algunas veces, es cierto. Y también lo es que existen seres humanos con una sensibilidad especial, a quienes un te-
5 legrama recién llegado les impresiona tanto que *se les pone la carne de gallina.*

Lo digo porque esto es lo que a mí me pasa. Nunca he pensado que nadie se moleste en darme una buena noticia por telegrama y así hacerme un poco más feliz.

they get goose bumps

aprensión

Si yo trabajara como repartidor en Correos o en Telégrafos, me gustaría
10 llevar cartas con buenas noticias dentro. Y los telegramas me daría *reparo*
llevarlos. Preferiría abrirlos yo, enterarme de la mala noticia y darla de
palabra, despacio. Empezaría así:

—No se preocupe, no es nada tan grave que no tenga remedio. Se trata
de que…, etc.

15 Yo, antes de abrir un telegrama, paso un mal rato. Me dan miedo, como
una aprensión. Sobre todo desde aquella vez, hace años. Lo cuento tal
como lo recuerdo, quizás exagerándolo un poco, como de costumbre.

piso

Yo vivía entonces en una calle con casitas todas de una sola *planta*, en un
suburbio de la ciudad. Una noche llegué a mi casa a eso de la una. Vi a un
20 hombre junto a la puerta del número 18 y una bicicleta apoyada en la pared.

It aroused my curiosity

Yo vivía en el numero 16. *Me picó la curiosidad* y me acerqué a ver. El hombre
era el ciclista de los telegramas. Estaba impaciente y me habló en seguida:

—Es un telegrama para esta casa. Hace ya diez minutos que estoy llamando y no me contestan.

widower
unbearable grumbler /
quarrelsome

25 En el numero 18 vivía un señor solo, don Agapito. Un *viudo* sin hijos,
gruñón insoportable, mal amigo, mal vecino, tipo raro, agresivo, *pendenciero.*
Conmigo no se llevaba bien. Reñimos a los quince días de vecindad.

—Llame más fuerte.

¿Cómo? Le estoy dando al timbre.

dando golpes fuertes

30 —El inquilino duerme en la parte de atrás. Llame a *porrazos.*
¿Con qué?

walking cane / entregué
golpeó

Menos mal que yo llevaba *bastón.* Lo *cedí* al hombre de los telegramas.
Y él, decidido, *aporreó* la puerta con mi bastón. Era una puerta sólida de
madera. Se abrió una ventana de la casa vecina y una voz preguntó:

35 —¿Qué pasa?

—Un telegrama para don Agapito. Se ve que no ha oído el timbre, ni los
golpes a la puerta.

El vecino bajó a ayudarnos con un bastón más grueso que el mío. Y porrazo va, porrazo viene sobre la puerta cerrada. Por fin se abrió y apareció
40 don Agapito en camisón de noche. Era anticuado y no usaba pijama. Yo le
grité:

—¡Un telegrama! ¡Que tiene usted un telegrama! Y no ha oído usted el
timbre. Menos mal que ha oído los porrazos.

Don Agapito, sin contestarme, cogió el telegrama y, como es natural, miró
45 el nombre de la persona a quien iba dirigido. Y don Agapito me gritó una
palabra que no me atrevo a repetir. Arrugó el telegrama y me lo lanzó a la
cara, al tiempo que *vociferaba:*

gritaba

—¡Me lo pagará! Me lo pagará!

Desarrugué el telegrama y leí el nombre del destinatario. Era mi nombre.
50 El telegrama era para mí. Pero el número de la casa estaba equivocado. En
fin, que no hubo forma humana de *reanudar* la amistad con don Agapito en

continuar

los siete años que duró nuestra vecindad. Hace de esto muchos años. Si
don Agapito todavía vive, le pido perdón desde aquí.

Si yo trabajara como repartidor en Telégrafos, me gustaría llevar buenas noticias.

DESPUÉS DE LA LECTURA

Actividades

A. ¿Qué dice la lectura?

Conteste las siguientes preguntas.

1. ¿Por qué se define un telegrama como «una noticia que manda uno que tiene mucha prisa, que lleva otro que tiene mucha menos y que recibe un tercero que no tiene ninguna» (ll. 1–3)?

2. Según el escritor, ¿qué les sucede a los seres humanos que tienen una sensibilidad especial cuando reciben un telegrama?

3. ¿Qué tipo de mensajes le gustaría llevar el narrador si trabajara como repartidor de Correos?

4. ¿Dónde vivía el narrador hace muchos años? ¿Qué le sucedió una noche que llegó a su casa a eso de la una? ¿Qué le dijo el repartidor de telegramas?

5. ¿Quién vivía en el numero 18? Describa Ud. al inquilino.

6. ¿Qué le dio el narrador al hombre de los telegramas para despertar a don Agapito? ¿Cómo les ayudó un vecino?

7. Cuando don Agapito finalmente abrió la puerta, ¿qué hizo? ¿Para quién era el telegrama? ¿Qué había sucedido?

B. Puntos de vista

Dígale a un(a) compañero(a) cómo reaccionaría Ud. si estuviera en el lugar de don Agapito y que su compañero(a) le diga cómo reaccionaría él (ella) si estuviera en el lugar del narrador.

C. Opinión

Después de que se inventó, el telégrafo se convirtió en el medio más rápido para comunicarse con una persona que vivía en otro lugar. Hoy en día existen medios más modernos y casi instantáneos de comunicación. Con un(a) compañero(a) de clase, ordene los siguientes medios de comunicación del más rápido al más lento.

1. ___ la carta
2. ___ el sistema fax
3. ___ el correo electrónico por medio del ordenador
4. ___ el teléfono
5. ___ el telegrama

Humor

stay tuned

«Por favor *manténte en sintonía*, que ahora te va a hablar mi hermano Pepito».

Conteste las siguientes preguntas y haga sus propios comentarios.

1. ¿Por qué está de rodillas la niña? ¿A quién se dirige?
2. ¿Por qué cree Ud. que habla en términos técnicos?
3. ¿Le parece que el lenguaje técnico está invadiendo el hogar? ¿Podría citar algunos ejemplos?
4. ¿Le sorprende a Pepito la oración de su hermana?

PREPÁRESE A LEER

LENGUA: *Gustar* y otros verbos

El verbo **gustar** tiene una construcción diferente a la del verbo *to like* en inglés. Recuerde que en oraciones con **gustar** el sujeto de la oración generalmente aparece al final de la oración. El sujeto siempre concuerda con el verbo.

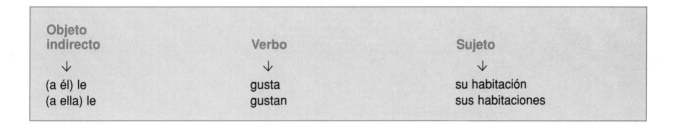

Objeto indirecto	Verbo	Sujeto
↓	↓	↓
(a él) le	gusta	su habitación
(a ella) le	gustan	sus habitaciones

Las siguientes oraciones, que aparecerán en la lectura «Anónimo» (pág. 231), llevan verbos del mismo grupo que **gustar**.

asombrar *to astonish*

> (A nosotros) **Nos asombraba** que cupiera allí un ser humano.
>
> (A él) **Le asombró** descubrir un pequeño sobre blanco.

aterrar *to frighten, terrify*

> **Le aterraba** que alguien lo vigilara constantemente.

extrañar *to seem strange*

> **Le extrañó** que alguien se hubiera tomado el trabajo de subirlo hasta allí.

intrigar *to intrigue*

> **Le intrigó** el anónimo.

parecer *to seem*

> ¿No **le parece** extraño?

quedar *to have left*

> No **le quedaba** más remedio que acudir a la policía.
>
> No **le quedaban** más que cinco días.

Práctica

Reacciones

Complete la oración con el pronombre correspondiente y seleccione el verbo más lógico. Preste atención al tiempo verbal.

1. A mí ya no _____ dinero para comprar más cosas. (quedar / intrigar)
2. A Juan Ugarte _____ los anónimos que recibía. (parecer / extrañar)
3. Al amigo _____ que la letra de los anónimos fuera similar a la de Ugarte. (asombrar / quedar)
4. A nosotros _____ sus amenazas. (aterrar / gustar)
5. A ti, ¿_____ vivir al final de esta larga escalera? (gustar / asombrar)

Actividad

¡Charlemos!

1. ¿Qué piensa Ud. de los mensajes anónimos? ¿Ha recibido Ud. alguna vez una carta, unas flores o un regalo anónimo? Si es así, ¿le causo alegría? ¿inquietud? ¿Se enteró finalmente quién era el (la) autor(a) del anónimo?
2. ¿Qué haría Ud. si de pronto recibiera por correo mucho dinero y no supiera quién se lo enviaba?

VOCABULARIO

Para hablar sobre el cuento «Anónimo»

la amenaza *threat*
el asesinato; el (la) asesino(a) *murder; murderer*
la broma de mal gusto *practical joke*
el cartel *poster*
el (la) cartero(a) *mail carrier*
el (la) culpable *the guilty one*
la flecha *arrow*
la habitación *room*
la lata de conservas *can of food*

el (la) mecanógrafo(a) *typist*
 adivinar *to guess*
 aterrar *to frighten, terrify*
 encender la hornilla *to light the stove*
 extrañar *to seem strange*
 hallarse en peligro *to find oneself in danger*
 trepar *to climb*
los rasgos *traits*

¡A LEER!

LA AUTORA Y SU OBRA

Esther Díaz Llanillo nació en Cuba en 1934. El cuento «Anónimo» pertenece a la colección de cuentos *El castigo*. Todos sus cuentos muestran la pérdida de la identidad y el humor negro.

Al leer «Anónimo», preste mucha atención a lo siguiente.

1. El título: ¿Será éste un cuento de amor? ¿de aventuras? ¿de misterio? ¿de ciencia ficción?

2. El primer párrafo: «Aquella mañana se levantó…avanzó hacia la cocina hambriento» (ll. 1–2). Si Ud. se hace las cuatro preguntas claves ¿quién? ¿cómo? ¿cuándo? y ¿dónde?, ¿de qué se da cuenta?

3. El cuarto párrafo: Comienza: «Cuando me dieron aquella noticia de él…» (l. 25). Mientras lee, piense por qué de pronto la voz del narrador cambia a la primera persona.

4. El último párrafo: El narrador explica el misterio de las cartas anónimas y el lector se entera finalmente quién enviaba los anónimos. Pregúntese, ¿por qué coincidían los rasgos esenciales del muerto y de Anónimo?

Anónimo   Esther Díaz Llanillo

ponerse los zapatos	**A**quella mañana se levantó temprano y, sin *calzarse,* casi dormido, avanzó hacia la cocina hambriento.
garret	Era la suya una habitación peculiar: vivía en una *buhardilla,* al final de una larga escalera que trepaba por la parte posterior de la casa, como una
serpiente / *steps* / excedido slip muchísima / *suspiciously* railing	5 *culebra,* los *peldaños* eran tan estrechos que uno temía haber *sobrepasado* las proporciones normales de un ser humano, pues podía *resbalar* y caerse con *suma* facilidad; por otra parte, la escalera vibraba *sospechosamente* a cada paso, y esto, unido a la insegura *barandilla* de hierro, hacía pensar que la vida del que se atrevía a utilizarla se hallaba en constante peligro. Como el
este valor ground floor metida	10 cartero no compartía *estos arrestos,* ni por vocación de su oficio, solía dejarle la correspondencia junto al primer apartamento de la *planta baja* del edificio, en una cajita de madera *incrustada* en la pared.
	Le gustaba vivir allí, donde nadie lo molestaba, ni ruidos ni personas. No me atrevía a asegurar que aquello pudiera considerarse un hogar en el sen-
encerrado	15 tido exacto de la palabra: un cuadrilátero *aprisionado* entre cuatro paredes; dentro de él, a la izquierda de la puerta, otro cuadrilátero más pequeño
servía de / entrara	*hacía de* baño en condiciones tan reducidas que nos asombraba que *cupiera* en él un ser humano. Al final de un rectángulo, con pretensiones de corre-
A primera vista	dor, estaba la sala-cuarto-cocina. *De primera intención,* lo que se percibía era
	20 una hornilla eléctrica sobre una mesa donde se amontonaban platos,
picture holder layer of dust	cubiertos, un vaso, una taza con lápices, un *portarretrato* con el asombroso perfil de Michele Morgan y una fina *capa de polvo* de varios días. La cama era a la vez sofá. En las paredes de madera había fotografías de otras actrices, un cartel de propaganda y programas de teatro.
	25 Cuando me dieron aquella noticia de él, traté de reconstruir los hechos colocándome en su lugar; me basé en lo que pude adivinar de él en tan poco tiempo, pues trabajamos juntos en la misma oficina durante cuatro meses, ambos como mecanógrafos, y no creo que este trabajo nos diera

grandes oportunidades de conocernos. Sin embargo, creo poder reconstruir
30 lo que pasó en aquellos días…

Esa mañana se levantó temprano, según dije. Al encender la hornilla
para calentar el café le asombró descubrir un pequeño sobre blanco debajo
de la puerta. Le extrañó que alguien se hubiera tomado el trabajo de subir-
lo hasta allí. Cogió el sobre y leyó: «Sr. Juan Ugarte Ruedas», escrito a
35 mano, con una letra temblorosa e irregular. Inmediatamente rompió uno
de los extremos y *extrajo* la carta, que decía con la misma letra del sobre:
«Nombre: Juan Ugarte Ruedas. Edad: 34 años. *Señas:* Una pequeña marca
tras la oreja derecha, producto de una caída cuando niño. Gustos: Prefiere
leer al acostarse; suele tardar en dormirse imaginando todas las *peripecias* de
40 un viaje a Francia que en realidad no puede *costear*. Detalle: Ayer, alrededor
de las once P.M., se cortó levemente el *índice* de la mano derecha tratando
de abrir una lata de conservas. Anónimo». Aquello le intrigó. ¿Qué
propósito podía perseguir quien le mandaba la carta, que *por ende* le jugaba
la broma de firmarla Anónimo, como si ya no fuera evidente que se trataba
45 de un anónimo? Por otra parte, ¿cómo sabía Anónimo todos aquellos
detalles de su vida? Su primera preocupación fue averiguar si le había con-
tado a alguien esos detalles; no lo recordaba.

En éstas y otras *cavilaciones* pasó toda la jornada, salvo las horas de oficina y de almuerzo, pues tenía la costumbre de ser reservado con todos,
50 hasta consigo mismo, cuando estaba con los demás. Por la noche, como es
lógico, reanudó estos pensamientos y llegó a la conclusión de que recibiría
otro algún día, quizá más pronto de lo que esperaba; tuvo un sueño intran-
quilo y por primera vez se olvidó de su viaje a Francia antes de dormirse.

Al día siguiente, octubre 13, recibió otra carta misteriosa. Como la ante-
55 rior, venía fechada y escrita con letra irregular y nerviosa; decía: «Padre:
Regino Ugarte, *cafetero*. Madre: Silvia Ruedas, prostituta. El primero ha
muerto; la segunda huyó del hogar cuando usted tenía nueve años y se dio
a la mala vida; usted *desconoce su paradero* y no le interesa saberlo. Educación:
autodidacta desde los quince años. Preocupaciones: Teme que los demás lean
60 sus pensamientos. Anónimo».

Durante varios días estuvo recibiendo comunicaciones de Anónimo que
revelaban detalles de su pasado, de su vida cotidiana y de sus procesos
mentales que sólo hubiera podido saber él mismo o alguien que tuviera
poderes extraordinarios. Esto no le aterraba, sino el pensar que en realidad
65 aquel hombre estuviera empleando algún procedimiento simple y directo
para saberlo; es decir, que lo vigilara constantemente.

Las cartas de Anónimo empezaron por adivinar sus deseos y luego
descubrieron sus preocupaciones, sacaron a relucir su pasado y quizá aven-
turarían su futuro, lo cual lo intranquilizó. Frases como «ayer no pudo
70 dormir en casi toda la noche», «esta mañana, durante el almuerzo, estuvo
a punto de contárselo todo a su amigo, pero se detuvo pensando que él
fuera el remitente», «ha decidido usted no abrir más estas cartas, pero no
puede dejar de hacerlo, ya ve, ha abierto la de hoy», «su trabajo estuvo
deficiente ayer, no cesa de pensar en mí»; eran para sobresaltar a cualquiera.
75 Finalmente, Anónimo envió en tres cartas seguidas este mismo mensaje:

(marginal glosses)
sacó
Identifying marks

problemas
pagar
index finger

besides

pensamientos

vendedor de café

ignora dónde está
self-taught

«Usted teme una amenaza»; al cuarto día lo varió por «la amenaza está al formularse»; y después por «sé que ha dejado de leer mis cartas durante varios días; ésta es la penúltima; *por tanto,* la leerá; mañana sabrá cuál es la amenaza. Anónimo».

therefore

80 Por último, pensó que no tenía el valor suficiente para leer la última carta, pero el deseo de saber en qué consistía la amenaza y la esperanza de que al saberla podría escapar de ella lo llevaron a abrirla y leyó: «Morirá mañana. Anónimo».

Al finalizar el mensaje llegó a la conclusión de que no le quedaba más
85 remedio que acudir a la Policía, pues no sabiendo en qué condiciones moriría, ni dónde, ni cuándo, no podría evitar el hecho. Llevó los anónimos a la Estación de Policía y fue cuidadosamente vigilado. Siguió trabajando como si nada hubiera sucedido, y por la noche, a eso de las ocho, llegó a la casa.

90 Sabía que estaba bien protegido, no podía temer nada, salvo la pérdida de su soledad, pero por poco tiempo, hasta que se descubriera al autor de los anónimos; después sería nuevamente independiente y feliz.

Se acostó más tranquilo; tardó un poco en dormirse, quizá planeó otra vez el viaje a Francia. Al día siguiente apareció muerto frente a su cuarto,

across / threshold
bloody

95 la puerta abierta, el cuerpo *atravesado* en el *umbral,* un sobre abierto junto a él y una carta *ensangrentada* en la mano derecha. La única palabra visible era «ya», y después: «Anónimo». Tenía abiertas las venas del brazo, la san-

rolled down
thread
investigaciones

gre había *rodado* por los escalones. Nadie la había visto hasta que el vecino de los bajos notó el largo *hilillo* rojo bajo sus zapatos.

100 Se hicieron múltiples *indagaciones* sin resultados positivos. No obstante, por sugerencia mía, se ha comparado la letra de Anónimo con la del muerto: coinciden en sus rasgos esenciales.

DESPUÉS DE LA LECTURA

Actividades

A. ¿Qué dice la lectura?

Conteste las siguientes preguntas.

1. ¿Quién narra la historia? ¿Tiene Ud. alguna prueba de que quien narra es hombre o mujer? ¿Cuál?

2. ¿Qué clase de hombre era el personaje principal? ¿Cómo se presenta? ¿rasgos físicos? ¿nombre? ¿edad? ¿carácter? ¿Quién o quiénes nos dan la información sobre él?

3. ¿Por qué dice el narrador que la habitación no es un hogar en el sentido exacto de la palabra? ¿Qué sugiere la descripción de la habitación sobre su inquilino?

4. Lea el cuarto párrafo (ll. 25–30). Según el cuento, ¿es lo que se narra verdad o posibilidad? ¿Cuáles son los hechos verdaderos y cuáles los supuestos?

5. ¿Qué encontró el personaje principal debajo de la puerta la mañana que se levantó temprano? ¿Por qué se sorprendió?

6. ¿Qué decía la carta? ¿Cómo estaba firmada? ¿Qué mensaje llevaban las últimas cartas? ¿Cómo reaccionó el protagonista a la última?

7. Describa Ud. la escena final. ¿Cómo murió el Sr. Juan Ugarte Ruedas?

8. ¿Sospechó Ud., antes de leer el último párrafo, quién enviaba los anónimos?

B. Temas de reflexión

1. ¿Cómo se narraría la misma historia desde un punto de vista diferente, por ejemplo, el suyo?

2. Imagínese Ud. los motivos que tuvo el Sr. Juan Ugarte Ruedas para suicidarse de una manera tan extraña. ¿Cómo explicaría Ud. el hecho de que no parecía saber que era él mismo el que escribía las cartas?

3. ¿Ha recibido Ud. alguna vez un anónimo? ¿Le daría miedo recibir un anónimo? ¿Por qué sí o por qué no?

C. Creación

Formen grupos de tres estudiantes. En cada grupo, un(a) estudiante hará el papel de periodista, otro(a) estudiante hará de vecino(a) y el (la) tercero(a) será el (la) mecanógrafo(a) y compañero(a) de trabajo de Juan Ugarte Ruedas. El (La) periodista debe entrevistar primero al (a la) vecino(a) y después al (a la) mecanógrafo(a) para aclarar la muerte de Juan Ugarte Ruedas. Para obtener toda la información posible, el (la) periodista debe preparar una lista de preguntas que puedan llevar a aclarar esta extraña muerte.

D. Investigación

Lean la historia de «Un asesino en el jardín» que apareció en la sección dominical del periódico español *El País*. En grupos de tres estudiantes, traten de descubrir al asesino. (La solución al asesinato la encontrará en la página 237.)

Un asesino en el jardín

Mister Hinkey no era un hombre que se asustara fácilmente, pero el último anónimo que había recibido en nada se parecía a los anteriores. Durante una temporada, un desconocido le había amenazado con informar a la Policía de unos hechos que conocía en los que Hinkey estaba implicado. A cambio de su silencio le pedía una cantidad de dinero que nunca fue entregada, ya que Hinkey no había hecho el menor caso. Sin embargo, el último anónimo ya no hablaba de denunciarle y se limitaba a advertirle que en los próximos días sería asesinado. Esto le obligó a tomar ciertas precauciones, y lo primero que hizo fue sacar su pistola de la caja fuerte y ponerla en su cinturón para no separarse de ella en ningún momento. Todos cuantos le conocían sabían que su fortuna no era fruto de negocios limpios precisamente, pero aunque la Policía había estado tras sus pasos en alguna ocasión, nunca pudo probarse nada contra él. Incluso se había atrevido a pedir protección entregando los anónimos al inspector, en la seguridad de que los hechos a los que se referían sólo eran una invención para que pagara cantidades de dinero cada vez mayores.

Pasados varios días, Hinkey vivía más confiado e incluso en muchos momentos llegó a olvidarse del asunto. Fue una noche en que esperaba la visita de Albert Adams —amigo con el que había hecho negocios en algunas ocasiones—, cuando comprobó que el anónimo no era precisamente una broma de mal gusto.

Su casa de dos plantas tenía delante una gran extensión de césped. Hinkey se encontraba en su despacho en el piso superior y con la ventana abierta: cualquier ruido procedente del jardín se escuchaba arriba perfectamente. Sin embargo, no hubo el menor ruido; Hinkey se levantó y pasó por delante de la ventana. Su sangre se heló en las venas al notar que algo alargado pasaba rozando su rostro y se clavaba con fuerza en la pared. Era una flecha de las usadas en torneos y había fallado por unos milímetros. Sin pensarlo, sacó su pistola y, asomándose a la ventana, disparó varias veces sobre un arbusto que vio abajo en el jardín. Su amigo Adams se desplomó dejando caer junto a él un arco y una flecha que tenía preparada para disparar.

La Policía comprobó que Hinkey había disparado para defenderse, aunque esta teoría quedó descartada poco después al comprobar que había sido un asesinato premeditado. ¿Sabe por qué?

ALEX LEROY

PREPÁRESE A LEER

EL AUTOR Y SU OBRA

Octavio Paz nació en la Ciudad de México en 1914. Empezó a escribir en 1931, cuando estudiaba en la preparatoria; en 1945 ingresó en el servicio diplomático y en 1990 recibió el Premio Nóbel de Literatura. Poeta y ensayista, es autor, entre otras, de las siguientes obras: *Bajo tu clara sombra, Entre la piedra y la flor, A la orilla del mundo, Libertad bajo palabra, ¿Aguila o sol?* y *El laberinto de la soledad.*

¡A LEER!

El poema que Ud. leerá a continuación pertenece a la obra *Libertad bajo palabra*.

Mientras Ud. lee el poema fíjese en...

1. las repeticiones.
2. el efecto de los cambios que se producen en los segundos versos de las tres primeras estrofas («olas», «piedras», «raíces») frente a los de las dos últimas («navajas», «caen»).

Dos cuerpos Octavio Paz

Dos cuerpos frente a frente
son a veces dos olas
y la noche es océano.

Dos cuerpos frente a frente
5 son a veces dos piedras
y la noche desierto.

Dos cuerpos frente a frente
son a veces raíces
en la noche *enlazadas*.   *linked, intertwined*

10 Dos cuerpos frente a frente
son a veces *navajas*   *pocket knife*
y la noche *relámpago*.   *lightning*

Dos cuerpos frente a frente
son dos *astros* que caen   *estrellas*
15 en un cielo vacío.

DESPUÉS DE LA LECTURA

Actividades

A. ¿Qué dice el poema?

Conteste las siguientes preguntas.

1. ¿Piensa Ud. que éste es un poema de amor? Si piensa que no lo es, ¿qué clase de poema le parece?
2. ¿Qué le sugieren a Ud. los segundos versos de las cinco estrofas de este poema?

3. ¿Conoce Ud. otros poemas de Octavio Paz? ¿Cuáles son su poema y poeta favoritos?

4. ¿Cuál es el poema o lectura de este libro que más le ha gustado? ¿Por qué?

B. Temas de reflexión

1. Hable con su compañero(a) sobre sus gustos personales en lo que a la literatura se refiere — no olvide mencionar también las revistas que lee. Explique cómo han cambiado sus gustos en los últimos años.

2. ¿Le parece a Ud. bien que se usen poemas como letra de canciones modernas? ¿Qué le parece de la adaptación de novelas para *guiones* cinematográficos?

3. ¿Lee o escucha Ud. poesía con frecuencia? ¿Le gusta a Ud. escribir? ¿Podría Ud. escribir una estrofa más para terminar el poema de Octavio Paz a su gusto?

«Un asesino en el jardín»
Solución al asesinato de la pág. 235

La inclinación de la flecha era la prueba de que no fue disparada desde el jardín como aseguró Hinkey. Disparada desde abajo, a un segundo piso, la flecha hubiera quedado con la parte de atrás abajo o recta al ser disparada desde distancia. Hinkey había puesto la flecha en la pared, esperó que llegara Adams y puso el arco al lado del cadáver.

Vocabulario

Note: Exact and very close cognates are not included in this vocabulary.
Abbreviations: adj. adjective   m. masculine   pl. plural
               n. noun   f. feminine   adv. adverb

A

a lo largo de *during*
a largo plazo *at long term*
a simple vista *at first sight*
abajo *below*
abatir *to knock down*
la **abeja** *bee*
abollar *to dent*
abordar *to board*
abrir *to open*
aburrirse *to get bored*
acabar *to end*
   acabar por *to end up by*
   acabarse *to run out of*
acaso *perhaps, just in case*
acaudalado, –a *wealthy*
acceder *to agree on*
las **acciones** *bonds*
el **aceite** *oil*
la **acequia** *irrigation channel*
la **acera** *sidewalk*
acercarse a *to approach*
aciago, –a *unlucky*
acomodar *to arrange*
acompañar *to escort*
acordar (ue) *to agree*
   acordarse (ue) de *to remember*
acostumbrar *to accustom*
   acostumbrarse *to get accustomed*
la **actualidad** *present time*
acudir *to go*
adelgazar *to lose weight*
adivinar *to guess*
el/la **adivino, –a** *fortuneteller*
adquirir *to acquire*
advertir *to observe*
afable *friendly*
afinar *to tune*
agobiante *overwhelming*
agonizar *to be dying, to be in anguish*
agosto: hacer su agosto *to have large profits*

el **agotamiento** *exhaustion*
el **aguacate** *avocado*
agregar *to add*
agrupar(se) *to group together*
el **agua (f.) embotellada** *bottled water*
aguantar *to put up with; to bear*
agudo, –a *acute*
el **águila (f.)** *eagle*
la **aguja** *needle*
el **agujero** *hole*
ahogar *to drown*
ahorrativo, –a *thrifty*
ajeno, –a *not related to; belonging to someone else; foreign*
el **ajetreo** *bustle*
el **ajo** *garlic;* **diente de ajo** *garlic clove*
el **ajonjolí** *sesame*
el **ala (f.)** *wing*
el **álamo** *poplar*
el **alarde** *display show*
alargar *to reach out in order to give*
el **alarife** *bricklayer, mason*
el/la **alarmista** *pessimist*
el **albañil** *bricklayer*
el **alcance: al alcance de** *within the reach of*
la **alcancía** *(piggy) bank*
alcanzar *to reach, to attain*
la **alcuza** *oil jar or container*
la **aldea** *village*
la **alegría** *joy; happiness*
alejar(se) *to distance oneself, to go away*
alentar (ie) *to encourage*
el **alero** *(building) eaves*
el **alerón** *aileron*
la **alfombra** *rug*
el **aliento** *breath*
la **alimentación** *food*
el **alma (f.)** *soul*
la **almena** *parapet*
la **almendra** *almond*
el **almirante** *admiral (often refers to Christopher Columbus)*
alojarse *to stay at a hotel, to be a guest*

el **alpiste** *bird seed*
alquilar *to rent*
alrededor de *around*
los **alrededores** *surrounding area*
el **altavoz** *public address system, loud speaker*
el **alumbrado** *lighting system*
el **alumnado** *student body*
amaestrado, –a *trained*
el **amanecer** *dawn*
la **amapola** *poppy*
la **amargura** *bitterness*
el **ambiente** *environment; room*
ambulante *traveling*
la **amenaza** *threat;* **amenazar** *to threaten*
la **amistad** *friendship*
el **amor** *love*
amparar *to shelter*
ampliar *to amplify;* **amplio, –a** *ample*
el/la **anciano, –a** *old person*
el/la **anfitrión, –a** *host, hostess*
el **Ángelus** *Catholic noon prayer*
el **angostamiento** *narrowing*
angustiado, –a *upset*
anhelante *yearning*
el **anillo** *ring*
animarse a *to be encouraged to, to decide*
anímico, –a *psychic*
el **ánimo** *spirit, disposition*
ansioso, –a *anxious*
ante *facing, before*
la **antelación** *advance*
antemano: de antemano *in advance*
los **antepasados** *ancestors*
la **antesala** *anteroom, antechamber, lobby*
anticuado, –a *old-fashioned*
antiguo, –a *old, ancient*
antipático, –a *unpleasant (person)*
la **antorcha** *torch*
anunciar *to announce; to advertise*
el **anuncio** *advertisement*
añadir *to add*
apaciguar *to pacify*
apagar *to shut off*
el **aparato** *machine, appliance*
aparcar *to park*
aparecer *to appear*
apenas (si) *barely*
aplastar *to smash*
la **aportación** *contribution;* **aportar** *to contribute*
apoyar *to support*
el **aprendizaje** *learning*
apresurarse *to rush*

apretar (ie) *to press down on*
aprobar (ue) *to approve*
aprovechar *to take advantage of, to enjoy the benefits of*
apuntar *to note*
el **apuro** *problem; haste*
el **árbol** *tree*
el **arcano** *the unknown*
arder *to burn*
la **arena** *sand*
la **armonía** *harmony*
el **arnés** *harness*
arrancar *to pull out*
arrasar *to destroy*
arrebatar *to take away*
arrebatarse *to feel passionate about*
arreglar *to fix*
el **arrendamiento** *lease*
el/la **arrendatario, –a** *one who rents or leases*
arrepentirse (ie) de *to repent*
arriba *up*
arrodillarse *to kneel down*
arrojar *to throw*
arrugar *to crumple, to wrinkle*
arruinar *to ruin*
arrullar *to sing lullabies*
la **artesanía** *handicrafts*
el/la **artesano, –a** *craftsperson*
la **asamblea** *assembly*
el **asador** *spit; oven*
asar *to roast*
ascender (ie) a *to reach, to be promoted*
asegurar *to assure; to insure*
asentarse (ie) *to get established*
asequible *accessible*
el **asesinato** *murder*
el/la **asesor, –a** *aide*
el/la **asistente (de cátedra)** *(teaching) assistant*
asolearse *to be in the sun*
asomarse *to look out of/in from*
asombrar *to astonish*
 asombrarse de *to be astonished about*
asumir *to assume; to take (charge)*
el **asunto** *topic*
la **atadura** *binding; responsibility*
la **atalaya** *lookout, watchtower*
el **atardecer** *nightfall, dusk*
el **ataúd** *coffin*
atender (ie) a *to attend to; to take care of*
atenerse a *to abide by, to adhere to*
atentar contra *to attack*
aterrar *to terrify*
aterrizar *to land*

atorarse *to choke; to tighten*
atraer *to attract*
atrás *behind; backward*
atravesar (ie) *to go from side to side*
atreverse a *to dare to*
atronador, –a *thundering*
aturdido, –a *rattled, stunned*
el **auge** *increased popularity*
augusto, –a *illustrious*
el **aula (f.)** *classroom*
aullar *to howl*
la **ausencia** *absence*
auspiciar *to sponsor*
autodidacta *self-taught*
el **autorretrato** *self-portrait*
el **avance** *advancement;* **avanzar** *to advance*
avariento, –a *greedy*
aventajar *to surpass, to beat*
averiguar *to find out*
avieso, –a *mischievous*
el **aviso** *warning*
el **ayuntamiento** *City Hall*
el **azadón** *hoe*
la **azafata** *female flight attendant*
el **azar** *luck*
la **azotea** *(flat) roof*

B

el **bachillerato** *high school diploma*
el **badajo** *bell clapper*
bajar(se) *to go down*
balar *to bleat*
el **balazo** *gunshot*
el **baluarte** *bastion*
el **banco** *bank; bench*
la **bandeja** *tray*
el **bandoneón** *concertina*
el **bañador** *bathing suit*
bañar(se) *to bathe (oneself)*
la **bañera** *bathtub*
la **baraja** *deck;* **jugar (ue) a la baraja** *to play cards*
la **barandilla** *railing*
el **barquillo** *wafer*
la **barraca** *shack*
el **barranco** *cliff*
el **barrio** *neighborhood*
el **barro** *clay*
el **bastón** *walking cane*
batir *to beat*
la **batuta** *baton*
la **baya** *berry*
bendecir *to bless*

besar *to kiss*
la **bestia** *beast*
los **bienes** *wealth, assets*
el **bienestar** *welfare*
el **billete** *bill (currency); ticket*
el **bocadillo** *sandwich; snack*
la **boina** *cap, beret*
el **boliche** *tavern*
la **bolsa** *bag*
la **bolsa de valores** *stock market*
el **bolsillo** *pocket*
el **bombero** *firefighter*
el **bombón** *chocolate-covered candy*
bonachón, –a *good natured*
bordado, –a *embroidered*
el **borde** *edge*
borrar *to erase*
la **bóveda** *vault, crypt*
la **brecha** *breach*
brincar *to jump*
brindar *to toast*
brindar apoyo *to support*
el **broche** *fastener*
la **broma** *joke*
el **budín** *pudding*
el **buen humor** *good mood*
la **buhardilla** *garret*
bullir *to boil*
la **burbuja** *bubble*
burlarse de *to make fun of*
la **búsqueda** *search*

C

el **caballero** *knight; gentleman*
la **cabaña** *shack*
cabizbajo, –a *sad, sorry; crestfallen*
el **cabo** *end; handle*
el **cacao** *seeds from which chocolate is made*
cacaotero *cacao tree*
cacarear *to cackle*
el **cacique** *Indian chief*
el **cachete** *cheek*
la **cadena** *chain, network*
caérsele a uno los anillos *to act beneath one's station*
la **caja** *box; cashier*
caja fuerte *safe, strong box*
el **cajón** *drawer*
la **cal** *lime (mineral)*
la **calavera** *skull*
el **calcetín** *sock*
la **calefacción** *heating*
cálido, –a *hot*

la **calificación** *grade;* **calificar** *to grade*
calurosamente *heatedly, highly*
la **calzada** *avenue*
calzar(se) *to put on shoes*
callejero, –a *street (adj.)*
el **callejón sin salida** *dead-end street*
la **callejuela** *back street, back alley*
la **cámara** *chamber*
el/la **camarero, –a** *waiter*
cambiar *to change*
   en cambio *on the other hand*
el **camellón** *bed of flowers*
el **camino** *walk; road*
el **camión** *truck; bus (Mexico)*
el **camisón (de noche)** *night shirt*
la **campana** *bell*
la **campanada** *bell chime*
el **campanario** *bell tower*
la **campaña** *campaign*
el/la **campeón, –a** *champion*
el **campo** *countryside*
el **camposanto** *cemetery*
la **canción** *song*
candente *hot, burning*
el/la **cantante** *singer*
la **cantidad** *quantity*
la **cantina** *bar (Mexico)*
el **canto** *song, chant*
la **capa** *layer*
la **capacidad** *capability*
el **caparazón** *shell*
capaz *capable*
el **capricho** *whim*
el **carácter** *character*
carcomido, –a *worm eaten*
el **cardo** *thistle*
la **carencia** *lack*
la **carga** *weight, load*
cargar *to charge*
la **caricia** *caress*
la **carne** *meat*
   carne de gallina *goose bumps*
la **carpa** *tent*
la **carrera** *profession; race; running around on errands*
   hacer carrera *to advance in a career*
la **carretera** *highway*
la **carta de marear** *navigation chart*
el **cartel** *poster*
el **cartero** *mail carrier, postman*
el **caserón** *large house*
la **cáscara de huevo** *egg shell*
casero, –a *homemade; homeloving*

casillas: sacar de sus casillas (a alguien) *to enrage*
el **castigo** *punishment*
catalán, –a *related to the Spanish region of Cataluña (Barcelona)*
el **catastro** *real estate tax assessor*
el/la **catedrático, –a** *full professor*
cavilar *to meditate*
el **cazador** *hunter*
la **cazuela** *deep, wide pot*
cebar *to feed, to fatten*
la **ceja** *eyebrow*
celebrarse *to be held; to be celebrated*
celeste *celestial*
la **centella** *thunderbolt*
la **cerca** *fence*
el **cerebro** *brain*
la **cerradura, el cerrojo** *lock*
el **cerro** *hill*
la **cerveza** *beer*
el **cesto** *basket*
charlar *to chat*
chato, –a *flat*
chirriar *to squeak*
la **chispa** *spark*
el **chiste** *joke*
el **chorizo** *sausage*
el **chorro** *spurt*
el **churro** *cruller-like fritter*
la **cicatriz** *scar*
el **cielo** *sky; heaven*
la **ciencia** *science*
   ciencia ficción *science fiction*
la **cifra** *figure, number*
el **cilantro** *coriander*
la **cima** *top*
el **cinturón** *belt*
el/la **cirujano, –a** *surgeon*
la **clave** *key*
el **clérigo** *cleric*
el/la **cobarde** *coward*
la **cobardía** *cowardice*
   cobrar *to collect, to be paid; to charge*
   cocer (ue), cocinar *to cook*
el/la **cocinero, –a** *cook*
el **coche cama** *sleeping car*
el **coche comedor** *dining car*
el **coche fumador** *smoking car*
cochino, –a *dirty*
el **códice** *codex*
el **código** *code*
el **codo** *elbow*
   coger *to take, to pick up*

el **cognado** *cognate*

el **cohete** *rocket, fireworks*

cohibir *to inhibit*

coincidir *to meet by chance; to coincide*

el **cojín** *cushion, pillow*

el **colegio** *grade school; private school*

el/la **colegial, –a** *school child, student*

colgar (ue) *to hang*

la **colina** *hill*

colocar *to place*

la **colonia** *neighborhood (Mexico and Puerto Rico)*

colorado, –a *red; redhead*

el **comal** *flat earthenware (Mexico)*

el **combinado** *mixed drink*

el/la **comensal** *diner, eater*

el/la **comerciante** *business person*

la **comisaría** *police station*

cómodo, –a *comfortable*

compaginar *to reconcile*

compartir *to share*

la **competencia** *contest*

el **comportamiento** *behavior*

comprensivo, –a *understanding*

comprobar (ue) *to prove, to verify*

el **compromiso** *commitment; engagement*

concluir *to conclude*

con creces *with flying colors*

conducir *to lead*

la **conducta** *behavior*

confeccionar *to make*

confiar en *to trust*

conformarse *to resign oneself to*

conllevar *to bring about*

el **conocimiento** *knowledge*

consabido, –a *expected; well-known*

consagrar *to endorse, to ratify*

la **conscripción** *military draft*

conservar *to keep*

la **consigna: consigna política** *political slogan*

el **consorcio** *allied companies*

el **consultorio** *doctor's office*

consumarse *to be realized*

el **consumo** *consumption*

el **contador: contador eléctrico** *electric meter*

contar (ue) *to tell, to count; to be operative, important*

contenido, –a *restrained*

el **contertulio** *friend, acquaintance*

la **contestación** *answer*

contestatario, –a *defiant*

contiguo, –a *adjoining*

contraer una enfermedad *to catch a disease*

el **contratiempo** *mishap*

convertirse (ie) en *to become*

la **convivencia** *living together*

el/la **cónyugue** *spouse*

la **copa** *wineglass; drink*

la **copa del árbol** *treetop*

el **cordero** *lamb*

la **corona** *crown*

el/la **corrector, –a** *(exam) grader*

correr *to run; to move away; to push away, slide*

la **corrida: corrida de toros** *bullfight*

cortar *to cut*

la **cosecha** *harvest*

costar (ue) *to cost;* el **costo** *cost*

costear *to pay for*

la **costumbre** *custom*

cotidiano, –a *daily*

cotizado, –a *sought-after*

cotizar *to quote (price)*

la **coyuntura** *bone joint*

crear *to create*

crecer *to grow*

devolver con creces *to return with interest*

el **crepúsculo** *twilight*

el/la **creyente** *believer*

la **cría** *breeding*

la **criatura** *baby, small child*

la **crudeza** *crudeness, harshness*

cruzar *to cross*

cuadros: a cuadros *plaid*

el **cuadro** *painting, picture*

cuando: de cuando en cuando *from time to time*

cuanto: en cuanto a *with regard to*

el **cuartel** *barracks*

la **cuarteadura** *crack*

la **cucharadita** *teaspoonful*

el **cuchicheo** *whispering*

el **cuello** *neck*

la **cuenta** *account*

cuenta corriente *checking account*

repasar cuentas *to review finances*

tener en cuenta *to take into account*

el/la **cuentista** *storyteller*

el **cuero** *leather*

el **cuerpo** *body; corps*

la **culebra** *snake*

la **culpa** *blame*

por culpa de *on account of, because of*

el/la **culpable** *the guilty one*

la **cumbre** *top*

cumplir *to fulfill*

el **cura** *priest*

la **cursiva** *italics*

D

dañino, –a *harmful*
dar *to give*
    dar cuenta de *to report*
    dar ganas de *to feel an urge to*
    dar la gana *to do what one pleases*
    dar golpes *to beat*
    dar vergüenza *to feel ashamed or embarrassed*
    dar(le) por *to feel compelled to*
    dar un tajo hondo *to slash deeply*
    darse cuenta de *to realize*
    darse la mano *to shake hands*
    darse un palo *to have a drink (colloquial)*
    darse por vencido *to give up*
    darse vuelta *to turn around*
debido, –a *due to, owing to*
el/la **decano, –a** *dean*
el **declive** *descent*
deambular *to walk around*
dejar *to allow, to leave behind*
dejar a *to sell at, to reduce to*
dejar a alguien plantado *to stand someone up*
dejar paso a *to give way to*
la **demanda** *claim, lawsuit*
los **demás** *the others*
    por lo demás *aside from that*
demostrar (ue) *to demonstrate*
denigrante *defamatory, abusive*
el/la **deportista** *sportsman, sportswoman*
deprimente *depressing*
el **derecho** *right, law*
derramar *to spill*
derramar lágrimas *to shed tears*
derrocar *to overthrow*
el/la **derrochador, –a** *squanderer*
derrochar *to squander*
el **derroche** *display, showing off*
derrumbar *to collapse*
desabrido, –a *tasteless*
desamparado, –a *helpless*
desangrar *to bleed to death*
desanimar(se) *to discourage (to get discouraged)*
desarmado, –a *without weapons*
desarrollar(se) *to develop*
desarrollar una labor *to carry out a task*
desarrugar *to smooth out*
desayunar(se) *to eat breakfast*
descalzo, –a *without shoes*
descargarse *to discharge*
descarnado, –a *fleshless*
descascarado, –a *peeled off*
descender *to go down*

descenso en picada *nose dive*
descompuesto, –a *out of order; broken*
desconcertarse *to get confused*
desconocer *not to know*
descubrir *to discover*
desdeñar *to disdain; to reject*
la **desdicha** *misfortune*
desempeñar *to carry out*
    desempeñar un papel *to play a role*
el **desencanto** *disenchantment*
desenchufar *to unplug*
desenvolverse (ue) *to perform, to act*
desenvuelto, –a *self-assured, graceful*
el **deseo** *desire, wish*
desfasado, –a *out of step, phased out*
desfilar *to parade*
desgranar *to shake out the grains*
deshacerse de *to undo, to get rid of*
deshuesado, –a *deboned*
deslizarse *to slide*
desmaquillarse *to take off make-up*
desmarcarse de *to break away, to evade*
desnudarse *to undress*
despedirse (i) de *to say good-bye to*
despertarse *to awake*
despeñar *to hurl*
desplomar *to collapse*
despojado, –a *deprived; having shed, free*
despreciar *to disdain, to scorn*
desprenderse *to separate, to loosen*
destacarse *to stand out*
destapar *to uncover*
desterrar (ie) *to banish*
el/la **destinatario, –a** *recipient, addressee*
la **destreza** *skill*
destruir *to destroy*
desvanecer *to disappear, to fade*
la **desventaja** *disadvantage*
desventurado, –a *unfortunate*
desvestirse *to undress*
desviarse *to deviate, to swerve*
el **detalle** *detail*
detenerse *to stop*
detenidamente *carefully*
la **devolución** *return*
devorar *to devour*
diáfano, –a *transparent*
diagnosticar *to diagnose*
el **diario** *newspaper; (adj.) daily*
el/la **dibujante** *drawer, sketcher*
el **dibujo** *drawing*
    dibujos animados *cartoons*

la **dicha** *happiness*
el/la **difunto, –a** *dead person*
digno, –a de confianza *trustworthy, reliable*
diminuto, –a *small*
el **discurso** *speech*
el **diseño** *drawing, design*
disfrazado, –a *wearing a costume*
disfrutar de *to enjoy*
el **disgusto** *annoyance, displeasure, upset*
disparar *to shoot*
el **disparate** *blunder, nonsense*
dispense *excuse me*
la **dispepsia** *indigestion*
disponer de *to have available, to use*
disponible *available*
dispuesto, –a *ready, willing*
distendido, –a *open, stretched*
distinguirse *to distinguish oneself*
distraerse *to get distracted*
  distraer la mirada *to look away*
divertido, –a *entertaining*
divertirse *to have a good time*
doblar *to fold; to turn*
docente *teaching*
doloroso, –a *painful*
el **domicilio** *home address*
  entrega a domicilio *home delivery*
dorar *to brown*
dormir (ue) *to sleep*
dotado, –a *gifted*
el **ducado** *ducat (old gold coin)*
el/la **dueño, –a** *owner*
durar *to last*
el **durazno** *peach*
la **dureza** *hardship*

E

echar *to throw*
  echar de menos *to miss*
  echar el cerrojo *to lock*
la **edad** *age*
edificar *to build*
educar *to bring up, to raise*
egresar de *to leave (school)*
el **eje** *axis, axle*
el/la **ejecutivo, –a** *executive*
ejercer (una profesión) *to practice (a profession)*
el **ejército** *army*
la **elección** *selection; election*
elegir (i) *to elect*
el **embarazo** *pregnancy*
el **embarque: tarjeta de embarque** *boarding pass*

embestir (i) *to attack (like a bull)*
emitir *to issue*
empacar *to pack*
el **empalme** *junction*
la **empanada** *turnover (usually meat)*
empapado, –a *wet, soaked*
emparedar *to wall in*
emparejar *to match up*
el **empedrado** *paved road; stone pavement*
el **empellón** *heavy push, shove*
empeñarse en *to insist upon*
empezar (ie) *to begin*
empinado, –a *steep*
el/la **empleado, –a** *employee*
emprender *to undertake*
  emprender con *to quarrel with*
la **empresa** *company*
empujar *to push*
encabezar *to head*
encaminarse hacia *to walk towards*
encantador, –a *charming*
el/la **encargado, –a** *person in charge*
encargar *to order, to ask for*
  encargarse *to be in charge of, to do*
el **encargo** *request, thing to do for someone else*
encarnar *to embody*
encender (ie) *to light*
encerrar(se) (ie) *to shut (oneself) in*
encima *on top of*
  por encima de *above*
la **encrucijada** *crossroads*
la **encuesta** *survey poll*
enchufar *to plug in*
enderezarse *to straighten up*
la **enfermedad** *illness*
enfermo, –a *sick; (n.) patient*
enflaquecido, –a *thin, weakened*
enfocar *to focus*
enfrentar *to confront; to face*
enfundarse *to cover oneself with, to put on*
engordar *to gain weight*
engullirse *to gulp down*
el **enlace** *connection;* **enlazar** *to connect, to interlock*
enlodado, –a *muddy*
enredar(se) *to get involved, to entangle*
enrolarse *to register, to sign up*
enrollarse *to curl*
el/la **ensayista** *essayist;* el **ensayo** *essay*
la **enseñanza** *teaching*
ensimismado, –a *self-absorbed*
el **ensueño** *dream, reverie*
entendido, –a *knowledgeable*

enterarse de *to find out about*
entero: por entero *entirely*
enterrar *to bury;* **el entierro** *burial*
la **entrega** *delivery*
 entrega a domicilio *home delivery*
entrenarse *to train*
entresacar *to read between the lines*
el **entretenimiento** *entertainment*
la **entrevista** *interview*
el/la **entrevistador, –a** *interviewer*
envejecido, –a *aged*
envenenar *to poison*
envidiar *to envy*
envidriar *to glass in*
envolver(se) (ue) *to wrap up; to be wrapped up*
la **época** *age, era*
el **equipaje** *baggage*
el **equipo** *equipment; team*
 trabajo en equipo *teamwork*
equivocarse *to make a mistake*
la **errata** *typographical error*
la **escala** *scale; stopover*
la **escalera** *stairs*
 correr escaleras arriba (abajo) *to run up (down) the stairs*
 escalera de caracol *spiral staircase*
la **escalerilla** *short staircase*
el **escalofrío** *chill*
el **escalón** *step (stairs)*
escarpado, –a *steep*
el **escaparate** *glass case; store window*
escaso, –a *scarce, small*
escatimar *to skimp, to scrimp*
el **escepticismo** *skepticism*
escocés, –a *Scottish*
escoger *to choose*
esconderse *to hide*
la **escritura** *deed of sale; writing*
escrutar *to examine carefully*
el **esfuerzo** *effort*
la **esmeralda** *emerald*
el **espacio sideral** *outer space*
la **espalda** *back*
espantar *to frighten (away)*
espantoso, –a *horrible*
la **especia** *spice, herb*
el **espejo** *mirror*
la **esperanza** *hope*
el **espesor** *thickness*
espiar *to spy*
el **espíritu** *spirit*

el **esqueleto** *skeleton*
esquiar *to ski*
la **esquina** *corner*
estacionar *to park*
estallar *to break out*
la **estampa** *image; vignette*
el **estándar** *standard*
el **estante** *shelf*
estatal *state (adj.)*
la **estera** *doormat*
la **estiba** *load, freight*
estirar *to stretch*
estrechar *to press, to squeeze (hand)*
la **estrella** *star*
estimar *to appreciate*
el **estómago** *stomach*
estrecho, –a *narrow*
estrellarse *to explode; to crash*
estremecer *to shake*
el **estreno** *premiere*
el **estrés** *stress*
la **estrofa** *stanza*
estropear *to damage, to destroy*
el **estruendo** *din, clamor*
el **estuche** *fancy box*
estupefacto, –a *astonished, dazed*
el **éter** *ether; sky (poet.)*
la **ética** *ethic*
la **etiqueta** *etiquette, ceremony; label*
evadir *to evade*
evitar *to avoid*
evolucionar *to evolve*
el/la **examinador, –a** *test administrator*
examinarse *to be tested*
la **exigencia** *demand*
la **exigüidad** *smallness*
la **existencia** *stock*
el **éxito** *success*
el **expediente** *file*
 expediente académico *transcript, school record*
la **explotación** *exploitation*
explotar *to exploit*
la **exposición** *exhibit*
expulsar *to throw out, to banish*
extraer *to extract*
extrañarse *to be surprised*
extraño, –a *strange, foreign; (n.) stranger*
extranjero, –a *foreign; foreigner*
 en el extranjero *abroad*
extraviar *to lose*

F

la **fabricación** *manufacture*
la **facultad** *school (university)*
la **faena** *task*
la **falla** *failure, error*
el **fallo** *verdict*
   fastidioso, –a *fastidious, picky*
la **fauce** *mouth*
   favorecer *to favor*
la **feria** *fair*
los **fiambres** *cold cuts*
la **fiera** *beast*
   fijarse en *to notice*
la **fila** *row; line*
la **filial** *branch*
el **filo de la navaja** *razor's edge*
el **fin** *end*
     al fin y al cabo *after all*
la **finca** *rural property*
   finca urbana *house or apartment in the city*
el **firmamento** *heaven*
la **firma** *company*
   firmar *to sign*
   flaco, –a *thin*
la **flecha** *arrow*
la **flor** *flower*
   florecer *to flourish, to bloom*
   flote: poner a flote *to set afloat*
   fluir *to flow*
el **flujo** *flow*
el **folleto** *pamphlet*
   fomentar *to encourage, to foster*
el/la **forastero, –a** *stranger*
la **formación** *preparation*
el **formulario** *form, application blank*
   forjar *to forge, to create*
   forrado, –a *covered; paneled; lined*
la **fortaleza** *fortress*
   forzar (ue) *to force*
la **fosa** *grave*
el **fósforo** *match*
el **fracaso** *failure*
el **fragor** *rumble*
el **fraile** *friar*
el **frasco** *bottle*
   frecuentar *to frequent*
el **fregadero** *sink*
   frenar *to brake*
la **frente** *forehead*
   fresno *ash tree*
la **frialdad** *coldness*
la **fruición** *pleasure*

el **fuego** *fire, flame*
la **fuente** *fountain; source*
la **fuerza** *force, energy*
el/la **funcionario, –a** *officer, staff worker*
la **funda: funda de cuero** *leather case*
   fundar *to establish*
   fundir *to merge*
   fusilar *to shoot, to execute*
el **futbolista** *soccer player*

G

   gacho, –a *bending, hunchbacked*
   galardonar *to reward*
la **gallina** *hen*
     carne de gallina *goose bumps*
   ganar *to earn; to win*
     ganarse el pan/la vida *to earn a living*
las **ganas** *desire*
     de buena (mala) gana *(un)willingly*
     tener ganas de *to feel like*
la **garúa** *rain (Argentina)*
el **gasto** *expense*
el/la **gemelo, –a** *twin*
el **gemido** *moan*
el **gesto** *gesture*
   gentil *kind, gracious*
la **gentileza** *kindness*
el/la **gerente** *manager*
   gesticular *to make excited gestures*
la **gira** *tour*
el **girasol** *sunflower*
   girar *to spin, to turn*
el/la **gitano, –a** *gypsy*
el **glifo** *glyph*
el **goce** *enjoyment*
la **golondrina** *swallow*
la **golosina** *delicacy*
el **golpe: dar golpes, golpear** *to pound on*
     golpe de vista *quick look*
el **gorro** *bonnet*
   gozar de *to enjoy*
el/la **grabador, –a** *engraver*
   grabar *to record; to engrave*
el **grado** *degree*
     de buen grado *willingly*
las **grajeas** *sprinkles*
   granizar *to hail;* **el granizo** *hail*
el **grano** *grain, kernel*
el **«granito de pimienta»** *grain of salt (literally, a peppercorn)*
   grave *serious*
el **grifo** *tap:* **agua de grifo** *tap water*

el **grito** *shout*
   a gritos *shouting*
el **gritón** *loud talker*
   grueso, –a *thick, fat*
   gruñón, –a *grouchy*
el **guapetón** *bully; (adj.) handsome*
   guapo, –a *handsome, beautiful*
el **guapo** *tough guy*
   guardar *to keep, to put away*
     guardar los domingos *to go to church on Sundays*
el **gueto** *ghetto*
el **gusto** *pleasure; taste; sense of taste*
     sentirse a gusto *to feel comfortable*

H

la **habitación** *room*
la **habladuría** *rumor, gossip*
   hacer caso omiso *to ignore*
   hacer falta *to be necessary*
   hallar *to find*
el **hallazgo** *find*
   hambriento, –a *hungry, starving*
   harapiento, –a *in tatters*
la **harina** *flour*
   harina de maíz *corn meal*
   hasta *until;* **hasta hace** *up until*
   hastiado, –a *fed up with, bored*
la **hazaña** *deed, feat*
la **hebra** *strand of thread*
el **hecho** *fact*
la **hectárea** *hectare (10,000 m²)*
   helicoidal *spiral*
la **hembra** *female (animals); female child*
la **hendidura** *crack, slit*
   heredar *to inherit*
la **herida** *wound*
   hervir (ie) *to boil*
la **hierba** *grass*
el **hilo** *thread;* **hilito** *trickle*
el **hogar** *hearth; home*
   hogareño, –a *relative to the home*
la **hoja** *leaf; sheet (paper)*
   hojear *to flip through pages*
   holgazán *lazy*
el **homenaje** *homage*
el **hombro** *shoulder*
   hondo, –a *deep*
   honrar *to honor*
   honrado, –a *honest*
   hornear *to bake*
la **hornilla** *stove, burner*
el **hueco** *hole*

el **hueso** *bone*
   huir *to flee, to escape;* **la huida** *flight*
   humilde *humble*
el **humo** *smoke; fume*
el **humor: de mal (buen) humor** *in a bad (good) mood*
   hundir(se) *to sink*
el **hundimiento** *sinking, shipwreck*

I

   ida y vuelta *round trip*
   identificarse con *identify with*
   ignorar *to be uninformed of*
   ignorado, –a *unknown*
   igual *same, alike*
la **imagen** *image*
   imbuido, –a *full, permeated*
el **impermeable** *raincoat*
   imponer(se) *to impose*
   imprescindible *essential*
   impresionar *to impress*
   imprimir *to print, to engrave*
el **impuesto** *tax*
   impulsar *to promote*
   impulsivo, –a *impulsive*
la **incapacidad** *inability; incompetence*
   incapaz *incapable*
el **incendio** *fire*
   inclinarse *to bend over*
   incluso *including*
   incongruente *not in harmony*
   incrementar *to increase*
   incrustar *to make an inlay; to engrave*
   incursionar *to make headway into*
la **indagación** *investigation, inquiry*
el **índice** *index, index finger*
   indiscutible *unquestionable*
la **infancia** *childhood*
   inflar *to inflate*
   influir *to influence*
el **informe** *report*
   ingresar a *to enter into*
el **ingreso a** *entrance, admission, income (college or university)*
el **inodoro** *toilet; (adj.) odorless*
   inolvidable *unforgettable*
   inquietarse *to worry*
la **inquietud** *concern, uneasiness*
el/la **inquilino, –a** *tenant*
   inscribirse *to register*
la **inscripción** *enrollment*
   insensato, –a *not sensible, mad*
la **insignia** *emblem*
   insigne *renowned*

insólito, –a *unusual*
insoportable *unbearable*
insospechado, –a *unsuspected, unexpected*
instar *to urge*
insular *related to an island (adj.)*
intentar *to try to*
intercambiar *to exchange*
interesarse por *to be interested in*
el interrogatorio *interrogation*
inti *Peruvian currency*
intimidar *to intimidate*
íntimo, –a *intimate, close*
inusitado, –a *unusual*
la inversión *investment*
invertir *to invest*
el/la invitado, –a *guest*
invitar *to invite*
irresoluble *impossible to solve*

J

jalar, halar *to pull*
jamás *ever*
el jardín *garden*
   jardín infantil *kindergarten*
el jarro *jug, pitcher*
la jaula *cage*
la jauría *pack (of hounds)*
el/la jefe, –a *chief, boss*
el/la jíbaro, –a *peasant from Puerto Rico*
la jícara *small bowl made from a gourd*
el/la jinete *(horse) rider*
la jubilación *retirement;* jubilarse *to retire*
el juego *game*
   juegos artificiales *fireworks*
   juegos de luces *light effects*
el/la juez *judge*
   juez de paz *justice of the peace; arbiter*
la jugada *move (game)*
jugar (ue) *to play*
   jugar una mala pasada *to betray*
el jugo *juice*
juntos *together, close*
la juventud *youth*
el juzgado *court (of law)*

K

el kilovatio *kilowatt*

L

laboral *working*
el labriego *farmer*
el lado: de al lado *next-door*

ladrar *to bark*
el ladrillo *brick*
la lagartija *lizard*
el lago *lake*
la lágrima *tear*
la lámpara *lamp*
la langosta *lobster*
lanzar *to throw; to launch*
el lapsus *slip, error*
la lata de conservas *can of food*
el látigo *whip*
latir *to beat (heart)*
el laurel *bay leaf*
el lazo *knot, bow*
la lectura *reading*
lejano, –a *distant*
la lengua, el lenguaje *language*
la letra *lyrics*
la ley *law*
la leyenda *legend*
la libra *pound*
libre *free*
el/la librepensador, –a *free thinker*
el/la licenciado, –a *college or university graduate*
la licuadora *blender*
el/la líder *leader*
la lid: lides caballerescas *knights' battles*
lidiar: lidiar los toros *to fight bulls*
la liebre *hare*
limítrofe: país limítrofe *bordering country*
el limo *mud*
la limpieza *cleanliness*
el linaje *lineage*
liso, –a *smooth*
liviano, –a *lightweight*
las llamas *flames*
la llamada *call*
la llave *key*
llegar *to arrive*
   llegar a ser *to become*
lleno, –a *full*
llevar *to carry, to wear*
   llevar a cabo *to carry out*
   llevar la cuenta *to keep track*
   llevar de paseo *to take for a walk (ride)*
llevarse *to be fashionable*
llorar *to cry*
la lluvia *rain*
el local *place, site*
lograr *to achieve*
la loma *hill*
la losa *tombstone; slab, stone*

la **luciérnaga** *firefly*
   lucir *to shine*
el/la **luchador, –a** *fighter;* **luchar** *to fight*
     luchar a brazo partido *to fight fiercely*
la **luna** *moon;* **luna de miel** *honeymoon*
el **luto** *mourning*

M

el **machete** *large, heavy knife; cutlass*
la **madera** *wood*
la **madreselva** *honeysuckle*
la **madrugada** *dawn*
   madrugar *to get up very early*
la **magulladura** *bruise*
el **maíz** *corn*
la **maldad** *evil*
el **malestar** *malaise, indisposition*
   malhumorado, –a *ill-humored*
   malsano, –a *unhealthful*
   malvado, –a *wicked*
la **manada** *herd of cattle*
   manchar *to stain;* **la mancha** *stain*
el **mango** *handle*
el **maní** *peanut*
   manifestarse (ie) *to show, to become evident*
el **manjar** *delicacy*
la **mano** *hand*
la **manopla** *mitten*
   manso, –a *tame*
la **manta** *blanket*
la **manteca** *butter; grease*
   mantener: mantenerse en forma *to stay in shape*
     mantenerse en sintonía *to stay tuned in*
el **mantenimiento** *maintenance*
la **mantequilla** *butter*
el **manto** *cape*
   mañana *tomorrow; morning*
     muy de mañana *early in the morning*
   mañanero *morning (adj.)*
la **máquina** *machine*
la **marca** *brand (name)*
   marcharse *to leave*
la **margarita** *daisy*
el **margen** *margin*
   al margen de *outside*
el **marino** *sailor*
la **mata** *shrub;* **mata de flores** *flowering shrub*
   matar *to kill*
el **matorral** *scrub*
la **matrícula** *registration (fee)*
   matricularse *to register, to enroll*
   matutino, –a *early morning (adj.)*

   maullar *to meow*
la **mayoría** *majority*
el/la **mecanógrafo, –a** *typist*
   mecer(se) *to rock (in a chair)*
   mediante *by means of*
   mediano, –a *average*
las **medias** *stockings; socks*
el **medicamento** *medication*
la **medicina** *medicine*
la **medida** *measure*
   a medida que *while, as*
el **medio** *means; environment; center*
   en medio de *in the midst of*
   medios de comunicación *media*
   medir (i) *to measure*
   mejorar *to improve*
el/la **mendigo, –a** *beggar*
   menos *less*
     al menos *at least*
     menos mal *fortunately*
     ¡No es para menos! *With good reason!*
el **mensaje** *message*
   mensual *monthly*
el **mentón** *chin*
la **mercadería** *merchandise; commodity*
el **mercado** *market*
el **mestizaje** *cross-breeding, race-mixing*
la **meta** *goal*
el **metate** *stone surface for grinding seeds*
   meter *to put in (inside)*
     meterse *to get involved*
el **metro** *meter*
     metro cuadrado *square meter*
   mezclar *to mix*
el **miedo** *fear*
la **miel** *honey*
el **milagro** *miracle*
   miles de *thousands of*
el/la **minero, –a** *miner*
la **mirada** *look, glance*
   mirar a hurtadillas *to glance slyly at*
el **mirlo** *blackbird*
la **mitad** *half*
el **mobiliario** *furnishing*
el **modo** *mood (language)*
el **molde: pizza de molde** *pan pizza*
   moler (ue) *to grind;* **molido, –a** *ground*
   molesto, –a *annoyed, upset*
   monástico, –a *austere*
   montar *to ride*
la **moneda** *currency, coin*

la **montaña** *mountain*
  montaña rusa *roller coaster*
el **monte** *mount*
el **monto** *total amount*
el **montón de** *a lot of*
la **montura** *mount (horse)*
el **monumento** *monument, funerary structure*
la **morada** *residence, dwelling*
la **moraleja** *moral*
  morder (ue) *to bite*
la **mordida, el mordisco** *bite*
  morisco *Moorish, Arabic*
el **moro** *Moor, Arab*
el **mosaico** *tile*
la **mosca** *fly*
el **mostrador** *counter*
el **motivo** *reason*
el **mueble** *furniture*
la **muerte** *death*
  mugir *to moo*
la **multitud** *crowd*
el **muñón** *stump*
la **muralla** *high wall*
el **músculo** *muscle*

N

  nacer *to be born*
la **nadería** *trifle*
  natural de *native of*
la **naturaleza** *nature*
el **naturismo** *nudism, "back to nature" movement*
la **navaja** *pocket knife*
  nefasto, –a *ominous*
  negar (ie) *to deny*
el **negocio** *business*
  nervudo, –a *sinewy*
la **nevada** *snowstorm*
  ni: ni siquiera *not even*
el **nido** *nest*
la **niebla** *fog, mist*
la **nobleza** *nobility*
  nocivo, –a *harmful*
  no más *nothing more; only*
el **nombre** *name*
la **norma** *rule*
la **nota** *grade, note*
el **notario** *notary*
la **noticia** *news*
la **novedad** *novelty;* **novedoso** *novel, new*
el/la **novio, –a** *boyfriend/groom, girlfriend/bride*
la **nube** *cloud*
  nublado, –a *cloudy*

el **nudismo** *nudism*
el **nudo** *knot*
  nutritivo, –a *nutritional*

O

  obedecer *to obey*
el **obispo** *bishop*
los **objetos perdidos** *lost and found*
la **obra** *job, work*
  obra maestra *masterpiece*
  obrar *to act*
  obsequiar *to give (a present)*
  obstante: no obstante *however*
  obtener (ie) *to obtain*
  ocultar *to hide*
  ocurrir *to occur*
  ocurrírsele a uno *to think about*
  odiar *to hate;* **el odio** *hatred*
la **oferta** *offer*
el/la **oficial, –a** *officer*
  ofrecer *to offer*
el **oído** *hearing*
la **ola** *wave*
el **óleo** *oil painting*
el **olfato** *sense of smell*
el **olor** *smell, odor*
  oloroso, –a *sweet-smelling, fragrant*
  olvidarse de *to forget about*
la **onda** *wave*
  oponerse *to oppose*
la **oración** *prayer*
el **orbe** *sphere; world*
el **orden** *order*
la **orden** *command, request*
el **orgullo** *pride;* **orgulloso, –a** *proud*
la **orilla** *shore; edge*
el **oro** *gold*
  osado, –a *daring*
  osar *to dare*
el **osario** *ossuary*
la **oscuridad** *darkness*
  otorgar *to grant, to bestow*
la **ovación** *applause*
la **oveja** *sheep*

P

  padecer *to suffer (from)*
los **padres** *parents*
  pagar *to pay*
el **pago** *payment*
  pago de entrada *down payment*
el **paisaje** *landscape*

el **pájaro** *bird*
la **pala** *shovel*
el **palacete** *mansion*
la **paloma** *dove*
las **palomitas: palomitas de maíz** *popcorn*
    palpar *to feel with the hands*
los **pantalones** *pants, slacks*
    pantalones vaqueros *jeans*
la **pantalla** *screen*
el **pañuelo** *handkerchief*
la **papa** *potato*
    papas fritas *french fries*
la **papeleta de calificación** *official grade report*
el **par** *pair*
el **paradero** *whereabouts*
    parado, –a *standing; laid off*
el **paraguas** *umbrella*
el **paraje** *place*
    parar *to stop*
    parecerse a *to resemble*
la **pareja** *pair, couple*
los **parientes** *relatives*
el **parque de diversiones** *amusement park*
    particular *private*
el/la **partidario, –a** *supporter*
    partir *to leave*
        a partir de *starting from*
el **pasaje** *ticket, fare*
el/la **pasajero, –a** *passing*
    pasar *to pass*
        pasar por alto *to pass over*
        pasársele el susto *to get over the fright*
el **paso** *step*
el **pasillo** *corridor, aisle*
la **pasta de dientes** *toothpaste*
el **pasto** *pasture, grass*
el/la **pastor, –a** *shepherd, shepherdess*
    patalear *to kick;* **el pataleo** *kicking*
la **patata** *potato*
    patatas fritas *french fries*
    patrocinar *to sponsor*
el **pavor** *terror*
la **paz** *peace*
el **pecho** *chest;* **niño de pecho** *(nursing) baby*
el **pedazo** *piece;* **hacer pedazos** *to shatter*
el **pedido** *request, order*
    pedir (i) *to ask for*
        pedir prestado *to ask for a loan*
las **pedradas** *blows with stones*
    peinar(se) *to comb*
el **pelao** *poor man (colloquial)*
    pelar *to peel*

el **peldaño** *step (stair)*
la **pelea** *fight;* **pelear** *to fight*
la **película** *film*
el **peligro** *danger*
    correr peligro *to face danger*
el **pellejo** *skin*
la **pena** *suffering*
el **penacho** *plume, feathers*
    pendenciero, –a *quarrelsome*
la **pendiente** *decline*
    penoso, –a *sad*
el **pensamiento** *thought*
    pensar (ie) *to think*
    pensativo, –a *thoughtful*
    peor *worse*
    percibir *to perceive*
el **perdigón** *pellet*
el/la **peregrino, –a** *pilgrim*
el **perfil** *profile*
el/la **periodista** *journalist*
el **periodismo** *journalism*
las **peripecias** *difficult situations, vicissitudes*
    perjudicar *to damage, to harm*
    permanecer *to remain*
el **perro** *dog*
    perro caliente *hot dog*
el **personal** *personnel*
    pertenecer *to belong*
    pesar *to weigh*
        a pesar de *in spite of*
el **pesar** *sorrow*
el **pescado** *fish (dead)*
la **pestaña** *eyelash*
la **peste** *plague*
el **petróleo** *oil*
    picar *to chop; to sting*
el **pie** *foot*
    de pie *on foot*
    pie cuadrado *square foot*
    al pie de la letra *exactly*
la **piedad** *pity*
la **piedra** *stone*
el/la **piel-roja** *Native American*
la **pieza** *room*
la **pila** *heap*
    nombre de pila *first name*
la **píldora** *pill*
la **pimienta** *pepper*
    pintar *to paint*
el/la **pintor, –a** *painter*
la **pintura** *painting*
el **piso** *floor, apartment*

la **pista** *track*
   pista de aterrizaje *landing field*
   pista de baile *dance floor*
la **pizarra** *(black)board*
el **placer** *pleasure*
  plagado, –a de *plagued, afflicted by*
  plagiar *to plagiarize*
  planificar *to plan*
la **planta** *floor;* **planta baja** *ground floor*
  plantado, –a: dejar a alguien plantado *to stand*
   someone up
  plantear *to propose, to outline*
la **plata** *silver; money (colloquial)*
la **platería** *silversmith shop*
  platicar *to chat (Mexico)*
la **plaza de toros** *bullring*
el **plazo: el plazo se vence/cumple en** *the deadline is*
  plegar (ie) *to fold up*
  pleno, –a *full*
el **plomo** *lead*
la **pluma** *pen; feather*
  poblarse (ue) *to become populated*
la **pócima** *potion*
  poderoso, –a *powerful*
el **policía** *policeman*
la **policía** *police force; (m.) policeman*
  mujer policía *policewoman*
el **polvo** *dust*
la **pólvora** *gunpowder*
  poner *to put, to place*
   poner a flote *to rescue*
   poner a prueba *to put to the test, to try out*
   poner por caso *to give as an example*
   ponerse *to put on; to become*
   ponerse a *to start to*
   ponerse de moda *to come into style*
   ponerse en (de) pie *to stand up*
el **poniente** *West*
  por *through, by*
   por lo tanto *therefore*
   por lo menos *at least*
   por poco *almost*
   por supuesto *of course*
el **porcentaje** *percentage*
la **porción** *portion, ration*
  poroso, –a *porous*
  porfiar *to wrangle*
el **porrazo** *heavy blow*
el **portal** *doorway porch*
el **portarretrato** *picture holder, frame*
  portentoso, –a *forbidding*
el **porteño, –a** *from Buenos Aires*

el/la **portero, –a** *doorman*
el **portón** *gate*
el **porvenir** *future*
  posar *to put, to place*
  poseer *to possess*
  potente *powerful*
el **pozo** *water well*
la **pradera** *prairie, meadows*
  precavido, –a *forewarned*
  predecir *to forecast*
el/la **preguntón, –a** *nosy person*
el **prejuicio** *prejudice*
la **prensa** *press*
  preocuparse *to worry*
los **preparativos** *preparations*
la **presencia: hacer acto de presencia** *to make a personal*
  appearance
  presentar(se) *to introduce (oneself)*
  presentir (ie) *to have a hunch (foreboding)*
  presionar *to pressure*
el **préstamo** *loan*
  prestar un servicio *to serve*
el **presupuesto** *budget*
  prevalecer *to prevail*
la **princesa** *princess*
el **príncipe** *prince*
el **principio** *beginning*
la **prisa** *hurry*
   tener prisa *to be in a hurry*
la **privada** *privy, toilet*
el **privilegio** *privilege*
  probar (ue) *to try, to test*
el **procedimiento** *procedure*
el **proceso** *procedure, process; lawsuit*
  procurar *to obtain; to try*
  profundizar *to deepen*
los **progenitores** *parents*
la **promesa** *promise*
el **promedio** *average*
  pronto *soon;* **de pronto** *suddenly*
   tan pronto como *as soon as*
la **propiedad** *property*
el/la **propietario, –a** *owner*
el/la **protagonista** *lead character, protagonist*
el **provecho** *profit, advantage*
  provechoso, –a *profitable, useful*
  provisto, –a de *provided with*
  provocar *to provoke*
  proyectar *to project, to intend to*
la **prueba** *test, exam, proof*
la **prueba de selectividad** *university entrance exam*
el **pueblo** *town; people*

el **puesto** *job, position; newspaper stand*
    puesto que *since, because*
    puesto de observación *observation point*
    tener puesto *to be wearing*
la **pugna** *fight, struggle*
el **pulgar** *thumb*
la **pulgada** *inch*
  pulir *to polish; to wear out*
la **pulsera** *bracelet*
la **puntería** *aim*
la **puntuación** *points (grading)*
el **punto** *point*
    ¡y punto! *and that's it!*
    punto cardinal *main point*
    punto de vista *point of view*
    estar a punto de *to be about to*
el **puñal** *dagger*
el **puño** *fist; handle*
el **pupitre** *student desk*
la **pureza** *purity*

Q

  quebrar *to break*
  quedar(se) *to remain, to stay*
el **quehacer** *task, duty*
  quejarse *to complain*
  quemar *to burn*
    quemarse las pestañas *to work hard*
  querido, –a *dear, beloved*
  quisiera *would like to*
  quitar(se) *to take out; to take off; to take away from*

R

la **rabia** *anger, ire*
la **rabieta** *tantrum*
el **rabillo del ojo** *corner of the eye*
el **rabito** *little tail*
  raído, –a *threadbare*
la **raíz** *root*
la **rama** *branch;* **el ramaje** *branches*
la **rana** *frog*
el **rango** *rank*
el **rápido** *train*
el **rascacielos** *skyscraper*
  rascar(se) *to scratch (oneself)*
el **rasgo** *characteristic, trait*
el **rato** *short while*
el **rayo** *lightning, electrical discharge*
la **razón** *reason*
    a razón de *at the rate of*
el **razonamiento** *reasoning*
  reaccionar *to react*

  real *royal; real*
  realizar *to carry out, to achieve*
  reanudar *to begin again; to restore*
  rebajar *to reduce*
    rebajar de peso *to lose weight*
  rebelarse contra *to rebel against*
la **rebeldía** *rebellion*
  rebosante *overflowing*
  rebuznar *to bray*
la **recámara** *bedroom (Mexico)*
el **recargo** *surcharge*
el **recaudador** *tax collector*
la **receta** *recipe; prescription*
  recetar *to prescribe*
  recién: recién pintado *recently painted*
  reclamar *to complain, to make a claim*
  recoger *to pick (up), to gather*
    recoger la mesa *to clear the table*
  recompensar *to reward*
  reconocer *to recognize*
  recopilar *to compile*
  recordar (ue) *to remember*
  recorrer *to travel over, to go over*
el **recorrido** *route*
  rectificar *to rectify, to correct*
  recto, –a *straight*
el/la **rector, –a** *university president*
el **recuerdo** *souvenir; remembrance*
  recurrir *to appeal to*
el **recurso** *resource*
el **rechazo** *rejection*
la **red** *net*
    red nacional *national network*
el **reducto** *redoubt, refuge*
  reflejar *to reflect*
el/la **refugiado, –a** *refugee*
  refugiarse *to take refuge*
  regañar *to scold*
  regar (ie) *to water*
  regio, –a *royal*
  regir (i) *to govern, rule*
la **regla** *rule*
    en regla *in order*
el **reglamento** *regulation*
  regresar *to return*
la **reina** *queen*
el **reinado** *reign;* **reinar** *to reign*
  reír *to laugh*
la **reja** *railing, grille, gate*
  relajar *to relax*
el **relámpago** *lightning*
  relinchar *to neigh*

el **relleno** *filling, stuffing*
remediar *to remedy*
el **remordimiento** *remorse*
rendirse (i) *to surrender*
renovarse (ue) *to renovate*
renunciar *to give up*; **la renuncia** *sacrifice*
reñir (i) *to fight; to scold*
reparar *to repair; to notice*
el **reparo** *objection; apprehension*
repartir *to share; to deliver*
el **repartidor** *delivery man*
repasar *to review*
repleto, –a *full, packed*
el **reportaje** *report*
reportar *to report*
el **requisito** *requirement, requisite*
resaltar *to stand out*
resbalar *to slip, to slide*
el **resfriado,** el **resfrío** *head cold*
resignarse a *to resign oneself to*
resolver (ue) *to solve*
el **resorte** *spring*
el **resultado** *result*
el **resumen** *summary*
el **reto** *challenge*
retorcido, –a *twisted*
el **retraso** *backwardness*
la **reunión** *meeting*
revolverse (ue) *to toss and turn*
el **rey** *king*
rezar *to pray*; **el rezo** *prayer*
el **riesgo** *risk*
correr el riesgo *to run the risk of*
la **rifa** *drawing, lottery*
el **rincón** *corner*
la **riña** *fight*
la **risa** *laughter*
el **robo** *robbery*
rociar *to sprinkle, to spray*
rodar (ue) *to spin; to film*
rodar (ue) por las escaleras *to roll down the stairs*
rodeado, –a *surrounded*
la **rodilla** *knee*
estar de rodillas *to be kneeling*
rogar (ue) *to beg*
el **rol** *role*
romper *to break*
romper con alguien *to break off with someone*
el **ron** *rum*
el **rostro** *face*
el **rubro** *category*
la **rueda** *wheel*

rugir *to roar*
el **ruido** *noise*
el **rumbo** *direction, course*
rumbo a *en route to*
la **ruta** *route*
rutinaria: en forma rutinaria *routinely*

S

sabatino, –a *Saturday (adj.)*
saber: no sabe a nada *has no flavor*
la **sabiduría** *wisdom*
sabio, –a *wise*
el **sabor** *taste*
saborear *to taste, to relish*
sabroso, –a *tasty; enjoyable*
sacar *to take out, to get*
sacar de las casillas (a alguien) *to enrage*
sacar el boleto *to buy the ticket*
sacarse/ganar la lotería *to win the lottery*
el **sacerdote** *priest*
sacudir *to shake*
la **sala** *living room*
sala de espera *waiting room*
el **salario** *wages*
el **salchichón** *sausage*
la **salida** *exit; departure*
salir *to leave*
salir sangre *to bleed*
el **salitre** *saltpeter*
la **salsa** *sauce*
saltar *to jump*
saltar a la vista *to be obvious*
la **salud** *health*; **saludable** *healthy*
salvaje *savage, wild*
salvo *except*
a salvo *safe*
la **sangre** *blood*
sano, –a *healthy*
el **santo de su devoción** *one's cup of tea*
sarnoso, –a *mangy*
sazonar *to season*
¡se acabó! *that's it!*
secar *to dry*
la **seda** *silk*
la **sede** *headquarters*
el/la **seguidor, –a** *follower*
seguir (i) *to follow*
seguir de cerca *to follow closely*
según *according to*
seleccionar *to select*
la **selva** *jungle*
el **semanario** *weekly*

semejante *similar*
la **semilla** *seed*
el **semillero** *seeder*
la **sencillez** *simplicity*
sencillo, –a *easy*
   habitación sencilla *single room*
el **sendero** *path*
la **sensación** *sense, feeling*
sensato, –a *reasonable*
el **sentido** *sense*
sentimental *romantic*
los **sentimientos** *feelings*
sentir(se) (ie) *to feel*
   sentirse a salvo *to feel safe*
la **señal** *sign*
señalar *to signal, to point out*
las **señas** *characteristics, traits*
la **sepultura** *grave*
la **serpiente** *snake*
el **servicio** *service*
   prestar servicio *to fulfill a duty*
el **seudónimo** *pseudonym*
la **sevillana corva** *curved-blade pocket knife*
el/la **sicólogo, –a** *psychologist*
la **sien** *temple (part of the head)*
la **siesta** *nap*
el **siglo** *century*
el **significado** *meaning*
el **signo** *sign*
siguiente *following*
la **sílaba** *syllable*
silvestre *wild*
simpatizar con *to get on well with (someone)*
sin *without*
   sin embargo *however*
siquiera: ni siquiera *not even*
el **sitio** *place, site*
sito en *located at*
situarse *to place oneself; to be located*
el **sobrante** *surplus*
la **sobremesa** *after-dinner conversation*
sobregirado, –a *overdrawn*
sobreimpreso, –a *superimposed*
sobrepasar *to outdo, to exceed*
el **sobresalto** *alarm, sudden fright*
el **solar** *plot of land*
la **soledad** *solitude*
soler (ue) *to be accustomed to, used to*
solicitar *to request*
la **solicitud** *request; application*
soltar(se) (ue) *to free (oneself)*
solucionar *to resolve*

sollozar *to sob*
sombrío, –a *dark*
someter *to submit*
sonar (ue) *to sound*
sondar (sondear) *to fathom*
el **sonido** *sound*
sonoro, –a *loud and clear*
sonreír *to smile*
la **sonrisa** *smile*
el/la **soñador, –a** *dreamer*
soñar (ue) *to dream*
   soñar despierto *to daydream*
sopesar *to weigh*
soportar *to tolerate*
sorber *to sip*
la **sordera** *deafness*
el/la **sordomudo, –a** *deaf-mute*
sorprender *to surprise*
la **sorpresa** *surprise*
sortear *to raffle, to draw lots for*
el **sorteo** *lottery, drawing*
sosegado, –a *calm*
sospechar *to suspect*
sostener (ie) *to support*
suave *soft*
la **subasta** *auction*
el **súbdito** *subject (people)*
subir(se) *to go up, rise*
subrayar *to underline*
el **suceso** *event, happening*
sucio, –a *dirty*
el **sudor** *sweat*
el **sueldo** *salary*
suelto, –a *free, unattached*
el **suelo** *ground*
la **suerte** *luck; set of circumstances*
   tener suerte *to be lucky*
   una suerte de *a kind of*
el **sueño** *dream; sleep*
el **sufijo** *suffix*
sufrir *to suffer*
sugerir (ie) *to suggest*
la **suma** *sum, total*
sumiso, –a *submissive*
suntuoso, –a *sumptuous*
superar *to overcome; to exceed*
la **superficie** *surface*
suplicar *to beg, to plead*
suplir(se) *to supply (oneself)*
el **surgimiento** *appearance, emergence*
surgir *to emerge*
suscitar *to provoke*

suspirar por *to sigh; to yearn for*
sustituir *to replace*
la **sutileza** *subtlety*

T

la **taberna** *tavern, inn*
la **tabla** *board*
el **tablero** *game board*
la **tableta: tableta de chocolate** *chocolate bar*
tacaño, –a *stingy*
el **tacto** *touch*
el **tajo** *slash*
la **tala** *cut*
la **taladrar** *to pierce, to drill*
tallar *to deal (cards)*
el **taller** *(repair) shop; workshop*
el **tallo** *stem*
el **tamaño** *size*
tanto: un tanto *somewhat*
tapar *to cover*
la **tapia** *garden wall*
tapiar *to build a wall, to close*
la **taquería** *taco shop*
la **tara** *defect (hereditary)*
tardar en *to delay, to take time*
la **tarea** *task, homework*
la **tarifa** *fare, fee*
la **tarjeta** *card*
    tarjeta de crédito *credit card*
    tarjeta postal *post card*
la **taza** *cup*
el **techo** *roof*
la **teja** *roof tile*
tejer *to knit, to weave*
la **tela** *material, fabric*
el **telar** *loom*
la **tele(visión)** *television*
el **tema** *topic, issue; theme*
temblequeante *shaking, ramshackle*
tembloroso, –a *shaking*
temer *to fear;* el **temor** *fear*
temible *fearful*
la **temporada** *period of time; season*
    temporada de secas *dry season*
tender (ie) a *to tend to*
    tenderse (ie) *to lie down*
el **tenedor** *fork*
tener *to have, to possess*
    tener en cuenta *to consider*
    tener presente *to be aware of*
    tener prisa *to be in a hurry*
la **tensión** *pressure*

tentador, –a *tempting*
teñido, –a *dyed*
el **terreno** *plot of land, terrain*
terrestre *terrestrial*
el **tiburón** *shark*
tierno, –a *tender*
la **tierra** *earth; soil*
el **timbre** *bell*
la **tina** *bathtub*
la **tiniebla** *semi-darkness*
el **tintineo** *tinkling*
el **tiovivo** *merry-go-round*
la **tira: tiras cómicas** *comic strips*
tirar *to throw;* **tirarse encima** *to spill on oneself*
el **tiro** *shot*
    tiro al blanco *shooting gallery*
el **titular** *headline*
el **título** *title; degree; deed*
la **tiza** *chalk*
el **tobogán** *sled*
el **tocadiscos** *record player*
tocar: tocarle a uno *to be one's turn*
tomar *to take; to drink*
    tomar una decisión *to decide, to make a decision*
    tomar una copa *to have a drink*
el **tonel de vino** *wine cask*
la **tontería** *foolishness*
    ¡Qué tontería! *How foolish!*
toparse con *to meet by chance*
la **tormenta** *storm*
el **toro** *bull*
la **torre** *tower*
la **torta** *pie*
la **tortuga** *turtle*
tosco, –a *rough, coarse*
la **traba** *obstacle*
la **traducción** *translation*
traducir *to translate*
tragar *to swallow*
tranquilo, –a *calm*
la **traje** *suit*
    traje de baño *bathing suit*
el **trámite** *procedure*
el **trance** *moment*
transcurrir *to elapse*
el **transcurso** *course, passing (of time)*
transmitir *to broadcast*
trasladarse *to be transferred, to move*
trasnochar *to stay up all night*
el **trastorno** *trouble, upset*
    darle/causarle a uno transtornos *to cause trouble*

tratar *to try*
   tratarse de *to be a question of*
travieso, –a *mischievous*
el **trayecto** *trip, route*
   trazar *to trace*
el **tren** *train*
   a todo tren *very fast*
   tren de vida *lifestyle*
la **trenza** *braid*
   trepar *to climb*
el **tribunal: tribunal de examen** *exam committee*
   triunfar *to triumph*
la **tromba** *tornado*
el **trono** *throne*
el **tropel: en tropel** *in a mad rush*
   tropezar (ie) *to trip, stumble*
el **trozo** *piece, chunk*
el **truco** *trick*
el **trueno** *thunder*
la **tumba** *tomb*
   turbio, –a *muddy, murky*
el **turismo** *tourism*

U

último, –a *last*
el **umbral** *threshold*
   uno, –a de cada *one out of*
la **uña** *nail*
la **utilidad** *usefulness*
la **uva** *grape*
   grano de uva *one grape*
   ubicado, –a *located*

V

vacante *vacant*
vacío, –a *empty*
el **vacío** *emptiness; vacuum*
   vagar por *to wander through*
el **vagón** *car (train)*
   valerse por uno, –a, mismo, –a *to take care of oneself*
   valiente *brave;* **valentía** *bravery*
la **valija** *valise, carry-all*
el **valor** *value, valor*
el **valle** *valley*
la **vara** *stick, pole*
el **varón** *male, male child*
el **vástago** *descendant*
la **vecindad** *neighborhood*
el/la **vecino, –a** *neighbor*
la **vega** *fields*
el **vegetal** *vegetable*
   velar *to watch over*

veloz *quick*
el **venado** *deer*
   vencer *to conquer*
la **venda** *bandage;* **vendar** *to bandage*
   vendar los ojos *to blindfold*
el/la **vendedor, –a** *salesman, saleswoman*
   vendedor ambulante *traveling salesman*
   vendible *marketable*
   venir *to come*
   venir(se) abajo *to come falling down*
   venir al mundo *to be born*
   venirle bien *to come in handy*
la **ventaja** *advantage*
el **ventanal** *large window*
el **ventorrillo** *small neighborhood store (Puerto Rico)*
el **verano** *summer*
las **verduras** *vegetables, greens*
la **vergüenza** *shame*
   verificar *to verify, to check*
   verse precisado, –a a *to be forced to*
   verter (ie) *to spill, to pour*
el **vértigo** *dizziness*
el **vestidor** *closet; dressing room*
   vestir(se) (i) *to dress; to get dressed*
   vestirse de etiqueta *to wear a tuxedo*
la **vez** *time, turn*
   a su vez *in turn*
   a veces *sometimes*
el **viaje** *trip*
   agencia de viajes *travel agent*
el/la **viajero, –a** *traveler*
el **vidrio** *glass*
la **viga** *beam*
   vigente *in use*
   vigilar *to watch over, to supervise*
   vinculado, –a a *connected to*
la **virtud** *virtue*
el/la **visitante** *visitor*
la **vista** *sight*
   en vista de (que) *since, because of*
el **vistazo** *look, glance*
la **vitrina** *store window, showcase*
el/la **viudo, –a** *widower, widow*
la **vivienda** *housing*
el **vocablo** *word*
   vociferar *to shout*
   volar (ue) *to fly*
   voltear *to turn over*
el **volumen** *volume*
la **voluntad** *will;* **buena voluntad** *good will*

volver (ue) *to return*
    volver a *to do . . . again*
    volver en sí *to regain consciousness*
    volverse *to become*
la **voz** *voice*
el **vuelo** *flight*
la **vuelta: dar una vuelta** *to take a walk*
    darse vuelta *to turn around*
    estar de vuelta *to return*

Y

yacer *to lie*
el **yacimiento** *bed (deposit)*
el **yerno** *son-in-law*

Z

zafarse *to escape*
el **zanjón** *deep ditch*
las **zapatillas** *slippers*
    zapatillas de género *cloth slippers*
el **zinc** *galvanized metal sheet*
el **zopilote** *turkey buzzard*
zumbar *to buzz (fly)*
zurdo, –a *left-handed*

PHOTO CREDITS

Page 2: (1) Mario Algaze, The Image Works; (2) © Benainous-Duclos/Gamma; (3) John Roca, LGI; (4) John Roca, LGI; (5) Beryl Goldberg; (6) Reuters/Joe Giza/Archive Photos. **p. 6:** © Beryl Goldberg, photographer. **p. 10:** Larry Mangino, The Image Works. **p. 18:** Chip Hires/Gamma Liaison. **p. 19:** © Dallas and John Heaton/Stock Boston. **p. 44:** Larry Mangino, The Image Works. **p. 48:** Bettmann, Inc. **p. 49:** © Stock Boston, Inc. 1990. **p. 55:** © Stuart Cohen, Comstock 1988. **p. 61:** © Stock Boston, Inc. 1991, all rights reserved, Peter Menzel. **p. 67:** Bernard Pierre Wolff, Photo Researchers. **p. 76:** Carl Frank, Photo Researchers. **p. 80:** © Stuart Cohen, Comstock 1989. **p. 91:** Erika Stone. **p. 97:** Stuart Cohen, Comstock 1989. **p. 103:** (top left) *«The Dressmaker,»* Fernando Botero, Bridgman/Art Resource; (top right) *«La danza de la alegría,»* Rufino Tamayo, private collection, Art Resource; (bottom) *«Guernica,»* Pablo Picasso, Museo del Prado, Madrid, Spain. **p. 105:** © 1990 Sotheby's Inc. **p. 111:** *«La planta del cacao,»* Diego Rivera, Palacio Nacional, México. **p. 131:** © Stock Boston, Inc. 1981. **p. 135:** © Stuart Cohen, Comstock 1989. **p. 147:** Martha Bates, Stock Boston. **p. 151:** © Peter Menzel, Stock Boston. **p. 168:** © Cameramann/ The Image Works. **p. 169:** George Gerster, Comstock. **p. 172:** UPI, Bettmann. **p. 179:** © Joe Sohm, Chromosohn, Stock Boston, Inc. 1990. **p. 180:** © Comstock 1989. **p. 185:** Wolfgang Kaehler/Gamma Liaison. **p. 190:** Klaus Francke, Peter Arnold. **p. 195:** Peter Menzel, Stock Boston. **p. 197:** *«Argentina,»* © Secretaria de Turismo de la Nación. **p. 203:** M. Antman/The Image Works. **p. 227:** Frank Salmo, Black Star.

REALIA and READING PERMISSIONS

Page 5: "Si te toca una fiesta aburrida..." from *Buenhogar*, Vol. 24, No. 5, February 1989, p. 10, reprinted by permission from Editorial América, S.A. d/b/a Editorial Televisa. **p. 7:** "Haz de tu fantasía algo provechoso," from *Coqueta*, Vol. 4, No. 14, June 1982, reprinted by permission from Editorial América, S.A. d/b/a Editorial Televisa. **p. 11:** Adapted from "Entrevista con Hugo Sánchez," from *Lecturas*, No. 1887, June 8, 1988, pp. 70–73, by permission of publisher. **p. 13:** Adapted from "La balada de Gloria Estefan," *Más*, Vol. II, No. 1, Fall 1990, by permission of publisher. **p. 17:** "El Ángelus" by Elena Poniatowska from *Más largo el silencio*, 1980 by Ediciones Era, S.A. **p. 20:** "Poesía y trabajo" by Gabriel Celaya from *Inquisición a la poesía*, by Taurus Ediciones, S.A. **p. 22:** "Si viene ahora..." Renfe, *El País*, July 1, 1990. **p. 28:** "Comida celestial" by Turulo W., illustration by El Genio, *Ercilla*, Año LVII, No. 2.857, May 2, 1990, reprinted by permission. **p. 31:** "Estas vacaciones vienen..." Eastern Airlines, *Vanidades*, No. 1, 26 de mayo de 1987. **p. 34:** Adapted from "Los nudistas se instalan en las cálidas playas españolas," by Javier Montoya, *Cambio 16*, No. 968, June 11, 1990, pp. 112–114, by permission of publisher. **p. 40:** "Viaje al pueblo de vidrio" from *Viajes y flores* by Mercè Rodoreda, © 1980, reprinted by permission of Edhasa. **p. 44:** "La universidad de los '90", *Caretas*, Año XXXIV, No. 1096, February 19, 1990, reprinted by permission. **p. 48:** "El azar decide el futuro profesional de 300.000 jóvenes," *Cambio 16*, No. 968, June 11, 1990, pp. 93–96, reprinted by permission. **p. 51:** "Premio a la nueva mujer europea," *El País*, May 12, 1996, p. 28, reprinted by permission. **p. 54:** "La problemática universitaria de Perú" and "Universidades del Perú," *Caretas*, Año XXXIV, No. 1096, February 19, 1990, reprinted by permission. **p. 60:** *"Yuppies* y estudiantes practican el inglés mientras toman una copa" by Julia Sousa, *Tribuna*, January 9, 1989, pp. 86–88. **p. 62:** "Un sistema como éste..." Reprinted by permission of the British Broadcasting Corporation. **p. 65:** "Al colegio" from *Mis páginas mejores* by Carmen Laforet, © 1956, reprinted by permission of author. **p. 69:** "Nocturno" by Juan Ramón Jiménez, reprinted by permission of heirs of author. **p. 70:** "Contrato de arrendamiento," Jürgen Kempff, reprinted by permission. **p. 73:** "Gustos" by Ignacio Carrión, from *El País,* July 25, 1991. **p. 74:** "Traidora," © *Selecciones del Reader's Digest,* August 1990, p. 78, reprinted by permission. **p. 75:** "Miedo" from *Poesías completas de Gabriela Mistral,* © 1924, 1935 by Gabriela Mistral, reprinted by arrangement with Doris Dana, c/o Joan Daves Agency as agent of the proprietor, copyright 1961, 1964, 1970, 1971 by Doris Dana. **p. 79:** "¡Viva la igualdad de los sexos!" by Daniel Sampler in *A mí que me esculquen,* 1980, pp. 17–18, reprinted by permission of *El Tiempo* (Bogotá). **p. 83:** "La casa nueva" by Silvia Molina in *Narrativa* *hispanoamérica 1816–1981 historia y antología: VI La generación de 1939 en adelante,* ed. Ángel Flores, reprinted by permission of Siglo XXI Editores, S.A. de C.V. **p. 88:** "Mi padre" by Manuel del Toro in *Antología general del cuento puertorriqueño,* tomo segundo, segunda edición, pp. 233–235, reprinted by permission of author. **p. 91:** "Han venido" en *Poesías de Alfonsina Storni,* 1961, reprinted by permission of EUDEBA (Editorial Universitaria de Buenos Aires) S.E.M. **p. 101:** "El agua mineral" by Vicente Verdú from *Vogue España,* No. 25, April 1990, p. 24, reprinted by permission of author. **p. 104:** "Más de un millón de dólares" reprinted from *Américas,* Vol. 42, No. 3, (1990) pp. 2–3, a bimonthly magazine published in English and Spanish by the General Secretariat of the Organization of American States. **p. 108:** "El cacao vino de América" by Guillermo Soreda Molina, *Mundo hispánico,* No. 367, December 1977, pp. 40–42. **p. 113:** "Las buenas inversiones" by Julio Cortázar in *Último Round,* Siglo XXI Editores, S.A., México, 1969, reprinted by permission of author. **p. 116:** Cartoon from *Cambio 16,* No. 527, January 4, 1982. **p. 117:** "Oda a las calcetines" from *Odas elementales* by Pablo Neruda. © Pablo Neruda y Fundación Pablo Neruda, reprinted by permission. **p. 125:** "Usted vs. su médico" by Marilou Cross de Narboda in *Cosmopólitan,* November 1983, pp. 44–45, reprinted by permission from Editorial América, S.A. d/b/a Editorial Televisa. **p. 127:** "Pacienta complicada" by Silvio, *Réplica,* Año XXI, No. 882, June 1990, reprinted by permission of publisher. **p. 129:** "Pizzas, perritos y hamburguesas ceban la dieta española" by Fernando Álvarez in *Cambio 16,* No. 967, April 6, 1990, pp. 138–142, reprinted by permission of publisher. **p. 135:** "Para el éxito profesional: Libérese del estrés del trabajo," *Buena Salud,* Vol. V, No. 4, August/September 1990, p. 64, reprinted by permission of publisher. **p. 137:** "Baby H.P." from *Obras de Juan José Arreola: Confabulario,* pp. 79-81, reprinted by permission of Editorial Joaquín Mortiz, S.A., México. **p. 141:** "Valium 10" by Rosario Castellanos in *Poesía no eres tú,* Fondo de Cultura Económica de México, 1972. **p. 144:** "Madrid: plano monumental" and "Una gran movida," reprinted by permission of Turespaña, Madrid. **p. 151:** "Estrueno" by Joaquín Vidal from *El País,* July 24, 1990. **p. 153:** "El circuito del tango" by Alejandro Stilman from *Clarín,* June 16, 1996, p. 18. **p. 158:** "Cuánto ganan los gerentes argentinos" by Sabina Amoage and Cecilia de Castro from *Clarín,* June 16, 1996, p. 6. **p. 160:** "Trabajo difícil" by Conrade Nalé Roxlo, reprinted by permission of Editorial Huemul (Buenos Aires). **p. 163:** "Reclamaciones" cartoon from *Temas,* Año 22, No. 379, October 30, 1982, reprinted by permission. **p. 164:** "Mujer con alcuza" by Dámaso Alonso in *Hijos de la ira,* Edición Elias Rivers, p. 73 and pp. 75–76. **p. 167:** "Población" table by Juan Kattán-Ibarra from *Perspectivas culturales de Hispanoamérica,* 1995, pp. 176–177, reprinted by permission of National Textbook Company. **p. 170:** "Dioses de México antiguo" from *Excelsior,* June 16, 1996, p. 30A, reprinted by permission of publisher. **p. 173:** "OEA: Un modelo de cooperación," *Américas,* Vol. 42, No. 3, p. 56, a bimonthly magazine published in English and Spanish by the General Secretariat of the Organization of American States, reprinted by permission. **p. 177:** "El futuro de Hispanoamérica" by José Manuel Paz Agüeras, *Gráfica,* Vol. 34, No. 214, October 1980. **p. 181:** "La cautiva" de José Emilio Pacheco from *El viento distante,* México: Ediciones Era, S.A. 1969/1990, pp. 41–45. **p. 184:** "Quia nominor leo" by José de Diego from *José de Diego y su poesía,* 1972, p. 116. **p. 189:** "Fiestas: El chupinazo" by Carlos Carnicero in *Cambio 16,* No. 501, July 6, 1981, reprinted by permission of publisher. **p. 192:** "Cuando suenas las doce campanadas" by Manuel Amat, *Destino,* No. 1839, December 30, 1972. **p. 196:** "Tradiciones: Fiestas de plata" by Alejandra Sosa in *Caminos del aire,* reprinted by permission of publisher. **p. 199:** "La muerte vista por el mexicano de hoy" by Luis Alberto Vargas G., *Artes de México,* Año XVIII, No. 145, 1971, reprinted by permission of publisher. **p. 202:** "Gran fandango" illustration by José Guadalupe Posada from *Posada's Popular Mexican Prints,* Dover Publications, Inc. 1972. **p. 205, 212:** Adapted from "El palacio de la Alhambra" and "La aventura del albañil" from *La Alhambra* by Washington Irving, © Editorial Escudo, S.A., 1981, pp. 29–31 and pp. 78–81. **p. 215:** "XXXIV" by José Martí from *Versos sencillos.* **p. 216:** *La Opinión,* July 8, 1996, reprinted by permission. **p. 218:** "Para leer de lejos" from *El País,* July 28, 1990. **p. 219:** "Las películas" by Luis Martínez, *El País,* July 4, 1996, p. 62. **p. 221:** Cartoon from *Wildlife Preserves* by Gary Larson, The Far Side, Farworks, Inc./distributed by Universal Press Syndicate, reprinted by permission, all rights reserved. **p. 222:** "Las editoriales lanzan una campaña" in *El Hispano,* June 28, 1996, p. 2, reprinted by permission of publisher. **p. 225:** "El telegrama" by Noel Clarasó in "Espejos y espejismos" in *Destino,* No. 2.205, January 10–16, 1980. **p. 228:** "Por favor mantente en sintonía..." (cartoon), *Vanidades,* No. 14, año 19, July 10, 1979. **p. 231:** "Anónimo" by Esther Díaz Llanillo in *Cuentos cubanos*, Editorial Laia, Barcelona, 1974, pp. 113–116. **p. 235:** "Descubra al culpable: Un asesino en el jardín" by Alex Leroy, *Dominical, El País.* July 28, 1990, reprinted by permission of publisher. **p. 236:** "Dos cuerpos" by Octavio Paz from *Libertad bajo palabra*, México: Fondo de Cultura Económica, 1960, p. 43.